KB064860

알기 쉬운 상수역학

象數易學

김진희

보고사

머리말

역학易學의 내용과 범위는 아주 넓다. 그래서 역학의 근본인 『역경』에 대한 주석자도 셀 수 없이 많다. 공자 이래 역학 연구서는 6천-7천여 종에 달하고, 현존하는 것만도 3천여 종이 넘는다고 한다.

그러나 역학서가 많다고 하여 모두가 역의 원리를 올바르게 꿰고 있다고 보기는 어렵다. 그러므로 역을 공부하는 사람에게는 이렇게 많은 역학서가 오히려 장애가 될 수도 있다. 학문에서 근본을 모르면 샛길로 빠지거나 지엽말단을 좇기 쉽기 때문이다.

따라서 역을 공부하는 사람은 역학이 어떤 과학적 원리에 근거한 것인지를 확실히 연구하여 그 바른 도리를 알아야 한다. 그런 다음에 역을 실제에 어떻게 쓸 것인가를 생각해볼 수 있을 것이다.

역학은 역의 이치를 연구하는 것이다. 역의 이치는 『역경』에 담겨 있고, 『역경』은 역의 이치를 괘상卦象·역수易數·괘효사卦爻辭라는 세 가지로 표현하고 있다.

괘효사는 괘상에 대한 풀이글이다. 괘상이 없으면 괘효사도 나올 수 없다는 말이다. 그리고 괘상은 역수를 계산해서 얻은 것이다. 그렇기 때문에 역학은 괘상을 구하는 일, 즉 서법筮法에서부터 시작해야 된다고 하는 것이다.

역의 인륜도덕적 측면을 중시하여 역으로 점치는 것을 멀리했다는 공자조차도 역의 덕의德義를 제대로 밝히려면 점서占筮를 통해 역수易數의 이치에 통달해야 하는 점을 강조했다. 역학에서 점서의 원리에 정통해야 되는 이유가 이렇게 분명하다.

그런데 점서의 원리는 다름 아닌 역수曆數로 표현되는 천문운행질서와 불가분의 관계를 갖고 있다.

본서는 역학의 발전과정과 역의 원리를 표현하는 내용들을 일목요연하게 정리하여 개괄적으로 설명하려고 시도한 책이다.

서술 순서는 먼저 괘상과 역수가 역학의 근본이 되는 이유를 말하고, 이어서 괘상에 의한 역의 해석과 괘기 · 역도易圖 · 역수易數에 의한 역리 탐구 내용을 설명했다. 더하여 기氣의 실체를 파악하는 율려律呂, 역학과 관련한 천문 내용을 약술했다.

이런 편제와 내용은 역학에 대한 전체를 조망하고, 그동안 단편적으로 취급돼온 분야별 내용을 체계적으로 망라한 것이다. 이런 시도는 아마도 국내외에서 처음일 것으로 생각한다.

모쪼록 본서가 역을 공부하는 사람들에게 조금이라도 도움이 되길 바라는 마음 간절하다.

필자는 본서의 과오가 적지 않을 것으로 보지만 미력하여 이를 제대로 깨닫지 못하는 바에 대하여 독자 여러분의 질정을 바란다.

2013년 5월

김진희 씀

목차

괘상역학

괘기역학

도상역학圖象易學

역수역학曆數易學

기氣의 실체와 율려律呂

역학 천문학

표 목차

상수가 역학의 근본인 이유

1. 왜 우주법칙을 알아야 하나

1) 사람은 우주의 일원이다

동양학문의 바탕에는 우주와 사람은 본래 하나라는 생각이 자리잡고 있다. 이른바 '천인합일사상天人合一思想'이다.

옛날에는 왕을 '천자天子'라고 했다. 백성을 다스리는 자가 천자이면 백성 또한 하늘의 아들이 아닐 수 없다. 왕은 백성의 어버이라고 했으니 그래야 말의 앞뒤가 맞는 것이다. 곧 사람은 하늘의 자식이라는 말이다. 그렇다면 하늘과 사람이 같다는 말이다.

유학儒學의 경전이고 사서삼경의 하나인 『중용中庸』은 사람의 본성은 하늘로부터 부여받은 것이라고 한다.[1] 사람이 타고난 성품은 하늘이 준 것이라는 말은 곧 사람과 하늘이 하나라는 것이다.

한의학에서는 하늘을 대우주大宇宙, 사람은 소우주小宇宙로 본다. 즉 사람은 우주의 축소판이라는 것이다. 그리고 이런 관점을 전제로

---

1) 『中庸』 제1장, "天命之謂性"

사람의 질병을 진단하고 치료하는 방법을 세웠다.

이렇게 사람이 우주의 일원이라는 생각의 근거는 태극론太極論에서 찾을 수 있다. 주역周易은 우주만물의 근원은 태극이라고 본다. 즉 우주의 발전단계는 태극에서 음과 양으로 나뉘고, 음양은 사상四象으로 나뉘며, 사상은 다시 팔괘八卦가 되고, 팔괘는 우주만물을 상징한다는 것이다.2)

풀어서 말하면 우주만물을 하나로 보면 태극이고, 나누어 보면 각각의 만물이라는 이야기가 된다. 각각의 만물이 하나의 우주를 이룬다는 말이기도 하다. 이는 만물의 하나인 사람도 곧 우주이며, 태극에서 나왔다는 논리이자 명제다.

2) 같은 기운은 서로 통한다

기운이 같은 사물은 서로 응한다. 물은 물과 어울리고, 기름은 기름과 엉기는 것이 대표적인 예다. 사람도 서로 성향이 같은 사람끼리 어울리고, 깃털이 같은 새는 서로 모인다. 이른바 유유상종類類相從이다.

주역은 사물의 선과 악은 같은 종류끼리 모이고, 만물은 무리를 지어 나뉜다고 한다.3) 또 같은 소리는 서로 응하며, 같은 기운끼리는 서로 구해서 물은 젖은 곳으로 흐르고, 불은 마른 곳으로 향한다고 한다.4)

---

2) 「繫辭傳」 4장, "易與天地準", 11장, "易有太極 是生兩儀 兩儀生四象 四象生八卦", 『易緯:乾鑿度』 上, "孔子曰 易始于太極 太極分而爲二 故生天地 天地有春秋冬夏之節 故生四時 四時各有陰陽剛柔之分 故生八卦 八卦成列 天地之道立 雷風水火山澤之象定矣"

3) 「계사전」 상1장, "方以類聚 物以群分"

4) 乾卦 「文言傳」, "同聲相應 同氣相求 水流濕 火就燥"

'같은 기운끼리는 서로 응한다'는 원리는 현대과학에서는 '공명共鳴' 내지는 '공진共振'으로 표현한다. 공명현상은 예를 들어 진동소리가 같은 소리굽쇠를 접근시키고, 한 쪽을 때리면 다른 쪽 소리굽쇠도 같이 울리는 것을 말한다. 즉 같은 주파수끼리는 서로 통한다는 것이 공명원리인 것이다. '같은 기운끼리는 서로 구한다'는 말도 역시 과학적으로 증명되는 원리다.

주역을 응용한 풍수지리학이 성립할 수 있는 이론적 근거도 '같은 기운은 서로 통한다'는 동기감응론同氣感應論이다. 땅의 좋은 기가 뭉친 곳에 조상을 모시면 자손이 좋은 기의 영향을 받아 잘 된다는 것이다. 이것은 조상과 자손은 같은 기를 갖고 있기 때문이다. 명당에 집을 짓고 살면 흥성한다는 양택론의 근거도 같은 기운은 통한다는 논리에서 출발하기는 마찬가지라고 할 수 있다. 천지와 사람은 하나이므로 땅의 기운은 사람에게 영향을 줄 수 있다고 보는 것이다.

3) 우주의 법칙은 사람의 법칙이다

천지만물이 태어나서 자라고 죽는 생장소멸生長消滅의 과정에는 반드시 그에 따른 법칙이 있다. 이것을 '우주의 운행 법칙' 내지는 '우주변화의 원리'라고 표현한다.

그런데 사람도 우주의 일원이라고 했으니 우주의 운행 법칙을 알 수 있다면 이것을 통해 사람이 생장소멸하는 이치를 파악할 수 있을 것이다.

더구나 같은 기운을 가진 사물은 서로 통한다고 하므로 우주의 법칙과 사람의 법칙이 서로 일치한다는 것은 분명하다고 할 수 있다.

그러므로 우주변화의 원리를 알면 사람의 일을 예측할 수 있는 것이다.

주역은 바로 우주변화의 원리를 파악하여 사람의 문제인 인사人事를 이해하고자 하는 데서 비롯된 책이고, 학문인 것이다.

2. 우주법칙은 무엇으로 알 수 있나

1) 우주법칙을 적어 놓은 책 –『역경易經』

(1) '역易'이란 글자의 의미

주역을 공부하려면 먼저 『역경』, 『역전』, '주역', '역학易學'이란 말의 의미를 구분하는 것이 필요하다. 말의 의미를 정확히 구분하지 못하면 글의 뜻을 이해할 수 없고, 그렇게 되면 얻고자 하는 것을 얻을 수 없다.

『역경』, 『역전』, '주역', '역학'의 의미를 구분하기에 앞서 '역易'이란 글자의 뜻부터 풀어보자. '易'자는 해를 나타내는 '일日'자와 달을 나타내는 '월月'자를 위와 아래로 합한 자가 된다.

그런데 해는 아침에 뜨고 저녁에 져서 하루를 이루고, 하루하루가 쌓여서 한 달을 만들고, 1년을 이루어 연년을 이어간다. 달 또한 그믐에서 보름이 되고, 다시 기울어 그름이 되고 보름을 이루며 차고 기우는 일을 반복한다. 이처럼 해와 달은 번갈아가며 자리를 바꾸면서 사시사철의 변화를 만든다. 그러므로 '日'과 '月'을 합친 '易'자는 바뀜·변화 등의 의미가 있는 것이다.

'易'자는 또 도마뱀의 모양을 본뜬 것(日+勿)으로도 볼 수 있다. '日'은 눈이 박힌 도마뱀의 머리 모양이고, '勿'은 네 발과 꼬리가 달린 몸통과 닮았다. 도마뱀은 보호색을 가지고 위험이 닥치면 몸의 색을 바꾸어 스스로를 보호한다. 따라서 '易'자가 도마뱀을 형상한 글자라고 하더라도 때와 상황에 따라 변화한다는 뜻이 담겨 있다.

이와 같이 변화의 의미를 담고 있는 '역'자는 주역에서는 그 뜻이 더욱 확장돼서 만물이 태어나서 자라고 소멸하는 과정, 즉 만물이 생장소멸하는 과정을 반복하는 우주변화의 이치 내지는 규율이라는 의미를 갖고 있다.

그러므로 '易'자가 들어가는 『역경』, 『역전』, '주역', '역학'은 모두 우주변화의 법칙 혹은 우주변화의 원리를 담고 있는 것이다.

그런데 『역경』은 처음 지어진 본래의 책이 있고, 본래의 『역경』을 공자와 그 제자들이 해설한 것으로 전해지는 『역전』까지 포함하여 부르기도 한다. 그래서 연구하거나 공부할 때 상황에 따라 본경 『역경』인지 아니면 『역전』을 포함하는 지를 명확히 구분할 필요가 있는 것이다.

그리고 '역학'이란 단어는 『역경』과 『역전』 등 역易에 대한 학문적 탐구활동을 말한다.

'주역'은 통상 본경 『역경』과 『역전』을 합하여 말하는 것이다. 그러나 여기에 '역학'을 포함해 역에 관한 광범위한 지식체계까지를 가리키기도 한다. 그러므로 엄밀히 말하면 『역경』과 『역전』만을 말하는 경우는 책으로서 『주역』으로 표현해야 되고, 역에 관한 광범위한 지식체계를 말할 때는 '주역'으로 써도 무방한 것이다.

(2) 『역경』은 어떻게 우주법칙을 얻었을까

『역경』이 우주변화의 법칙을 담고 있다면 어떻게 그것을 얻었을

까? 그 해답은 『역경』을 처음 해설한 『역전』에서 찾을 수 있다.

『역전』은 옛적에 복희씨가 천하를 다스릴 때 우러러 하늘의 상象을 관찰하고, 굽혀 땅의 법法을 살피고, 새와 짐승의 무늬와 땅의 마땅함을 보고, 가깝게는 사람의 몸에서 취하고, 멀리는 물건에서 취해서 팔괘八卦를 만들었다고 설명한다.[5] 이것은 천문·지리·인사는 물론 만물 등 삼라만상을 관찰하여 모두에 적용되는 일반적 이치를 찾아내어 팔괘로 압축 상징했다는 말이다. 곧 팔괘가 우주만물이 돌아가는 원리를 상징하고 있다는 것이다.

그런데 이렇게 우주만물을 관찰하여 얻은 법칙이 오늘날 말하는 과학성이 있는 것일까? 두 말할 것 없이 과학성이 있다.

과학적 연구방법 중에는 귀납법이라는 것이 있다. 귀납법은 귀납적 추리의 방법과 절차를 논리적으로 체계화한 것이다. 귀납이란 개별적 특수한 사실이나 현상을 관찰하여 얻은 인식을 같은 부류의 전체에 대한 일반적 인식으로 결론을 이끌어 가는 절차를 말한다. 즉 사람의 다양한 경험·실험·실천 등에 의한 결과를 일반화하는 사고방식이다.

『역전』은 "성인이 천하의 잡다함을 보고서 그 형용을 본떠서 만물의 마땅함을 형상화했으니 이것이 팔괘의 상이다."[6]고 한 뒤 다시 "(사물의 선과 악은) 같은 종류끼리 모이고, 만물은 무리를 지어 나뉜다."[7]고 설명한다. 이것은 『역경』을 지은 성인이 잡다한 우주만물을 팔괘의 유형별로 귀납하였다는 것을 말하는 것이다.

---

5) 「계사전」 상2장, "古者包犧氏之王天下也 仰則觀象於天 俯則觀法於地 觀鳥獸之文與地之宜 近取諸身 遠取諸物 於是始作八卦"

6) 「계사전」 상8장, "聖人有以見天下之賾 而擬諸其形容 象其物宜 是故謂之象"

7) 「계사전」 상1장, "方以類聚 物以群分"

2) 『역경』은 우주법칙을 괘로 표현했다

『역경』은 팔괘가 아닌 팔괘를 겹쳐서 만든 64괘로 이루어졌다. 그러나 팔괘를 바탕으로 한 것이기 때문에 우주의 운행법칙을 담고 있다.

무엇보다 『역경』은 앞서 설명한 바와 같이 삼라만상을 치밀하게 관찰하여 얻은 우주운행법칙이기 때문에 천지와 똑 같고, 넓고 커서 하늘과 땅 사이의 모든 것을 다 갖추고 있다.[8)]

그러므로 역은 하늘이 운행하는 이치와 사람이 살아가는 도리를 갖추고 있는 것이다.[9)] 하늘의 이치로 말하면 우주는 태극에서 천지음양으로 나뉘고, 이것이 사시사철이 되고, 다시 우주만물을 이루는 우주생성의 법칙을 설명한다.[10)]

또 사람도 우주의 일원이기 때문에 천지의 운행 법칙에 맞춰 어기지 않아야 하니, 그것을 아는 바가 만물에 두루 미치고, 도리가 천하를 바르게 하는 일이 지나치지 않게 된다. 이렇게 하면 곁으로 가도 흐르지 않고, 하늘을 알고 천명을 알아서 근심하지 않으며, 주어진 자리에 편안하고, 어짐을 돈독히 하여 사랑할 수 있다.[11)] 이는 바로 사람이 어떻게 살아야 하는 지에 대해 말하는 것이다.

미래를 예측하는 일에 관한 내용도 많다. 예컨대 역은 지나간 것을 밝히고, 다가올 것을 살피며, 은밀한 것을 드러내고, 그윽한 것을 밝힐 수 있다.[12)] 또 역의 수數를 치밀하게 계산하면 앞으로 다가올

---

8) 「계사전」 상4장, "易與天地準", 6장, "夫易廣矣大矣 以言乎遠則不禦 以言乎邇則靜而正 以言乎天地之間則備矣"

9) 「계사전」 하10장, "有天道焉 有人道焉"

10) 「계사전」 상11장, "易有太極 是生兩儀 兩儀生四象 四象生八卦",

11) 「계사전」 상4장, "與天地相似 故不違 知周乎萬物而道濟天下 故不過 旁行而不流 樂天知命 故不憂 安土敦乎仁 故能愛"

12) 「계사전」 하6장, "夫易 彰往而察來 而微顯闡幽"

일을 알 수 있고, 변화에 통할 수 있는데, 이것을 점이라고 하고, 일이라고 하는 것이다.13)

종합하면 옛사람들은 우주만물을 관찰하여 우주의 운행법칙을 발견하고, 이것을 괘라는 부호로 상징하였다. 다시 말해 우주 변화의 원리는 괘라는 상징부호로 알 수 있는 것이다.

3) 『역경』은 우주법칙을 왜 괘로 표현했나

『역경』의 가장 큰 특성은 괘라는 상象으로 기록됐다는 점이다. 양의 부호인 —와 음의 부호인 --를 기초로 하여 이들 부호를 포개서 3획괘인 팔괘와 팔괘를 겹친 64괘가 『역경』을 이루는 기본이다.

『역경』은 64괘로 우주만물이 생성변화하는 이치를 모두 설명한다. 64괘가 자연현상과 인사변화를 상징하고, 우주만물을 서술하는 상징부호인 것이다.

64괘가 표현하는 직접성·활발한 변화·심오한 함축성 등은 말과 글로는 다 설명할 수 없다. 이렇게 간단하면서도 정연하고 개괄적으로 우주의 법칙을 심오하고 광범위하게 표현하는 과학적이고 철학적인 부호는 인류 역사 이래 없었다.

『역경』이 이렇게 64괘라는 괘상으로 우주법칙을 기록한 이유는 무엇일까? 어떤 이는 옛날에는 문자가 없었기 때문에 부호로 기록할 수밖에 없었다고 한다. 하지만 이보다는 당시 사람들의 뛰어난 지혜에서 비롯됐다고 해야 옳을 것이다. 본래 글로는 말을 다할 수 없고, 말로는 뜻을 다할 수 없다. 하지만 괘상과 같은 부호는 뜻을 모두 나타낼 수 있다. 오늘날의 수학기호가 그것을 뒷받침하고 있다. 공

---

13) 「계사전」 상5장, "極數知來謂之占 通變之謂事"

자도 일찍이 "글로는 말을 다할 수 없으며, 말로는 뜻을 다할 수 없으니 그렇다면 성인의 뜻을 보지 못하는 것인가? (그래서) 성인이 상을 세워 뜻을 다했다."[14]고 했다.

3. 괘상은 역수曆數를 품고 있다

1) 괘상은 우주법칙의 공간적 표현이다

(1) 괘卦의 의미

『역경』은 괘卦라는 부호로 기록됐으므로 먼저 괘의 의미를 파악할 필요가 있다.

중국 한나라 때의 허신許愼이 만든 문자 해설서 『설문해자說文解字』에 따르면 '괘'라는 글자는 점치는 것을 말한다. 규圭는 소리를 나타내고, 복卜은 글자의 뜻을 표현한다. 여기서 卜은 점친다는 의미다.[15] 이것은 『역경』이 처음 지어졌을 때 점을 치기 위한 것이었음을 말하는 것이다.

중국 당나라 때 공영달孔穎達이 지은 『주역정의周易正義』에서는 괘는 물건의 형상을 내걸어서 사람에게 보이는 것이라고 한다.[16] 이 말은 우주만물의 운행법칙을 형상화하여 사람들에게 알려주는 것이 괘라는 의미라고 해석할 수 있다.

「설괘전說卦傳」에서는 괘는 음양의 변화를 관찰하여 만든 것이라

---

14) 「계사전」 상12장, "子曰書不盡言 言不盡意 然則聖人之意 其不可見乎 子曰聖人立象以盡意"

15) 『설문해자』, "卦所以筮也 從卜 圭聲"

16) 『주역정의』, 周易兼義上經 乾卷 第1 乾卦, "卦者挂也 言懸卦物象 以示于人 故謂之卦"

고 한다.[17] 이 말은 천지만물은 음과 양이 서로 조화를 이루면서 생장소멸의 변화 과정을 반복하는 것인데. 이런 법칙을 관찰하여 표현한 부호가 괘라는 뜻이다.

현대의 학자들은 괘라는 글자는 진흙을 쌓아서 만든 흙기둥으로 해의 그림자를 측정하는 데 쓰는 토규土圭를 이르는 것이라고 한다. 즉 흙을 쌓은 기둥(圭)에 해가 비치면 그림자가 생기고, 여기에 그림자를 측정하는 모양의 卜자를 더한 글자가 卦라는 말이다.

이상을 종합해보면 '괘'라는 글자는 처음에는 점을 하는 의미로 사용됐으나 사람들의 인식수준이 향상하면서 자연현상과 인사변화를 파악하여 상징하는 뜻으로 전환되고, 드디어는 우주만물의 생성변화의 법칙을 나태는 부호로 자리 잡게 된 것이다.

즉 '괘'는 '역'과 같은 의미라고 할 수 있다.

(2) 상象의 의미

『역경』에서는 괘를 '괘상卦象'이라고도 하고, '상象'이라고도 부른다. 또 괘가 역을 표현하므로 '역상易象'이라고도 한다.

본래 象이란 글자는 보통 코끼리 내지는 그것의 어금니라는 뜻으로 읽힌다. 하지만 꼴·모양·형상形像이라는 명사와 '상징하다'·'본뜨다'·'본받다(법法)'는 의미의 동사로 쓰이기도 한다.

『역경』에서는 모양·형상 내지는 '상징하다'·'본받다' 등의 의미로 쓰인다. 특히 『역경』에서 사용하는 상의 의미는 중의重義적으로 쓰여서 그것의 쓰임에 따라 어떤 뜻으로 쓰였는지를 주의하여 살펴야 한다.

『역경』에서 사용된 상은 드러난 것으로서의 상과 드러나지 않은

---

17) 「설괘전」, "觀變於陰陽而立卦"

것으로서의 상으로 나눌 수 있다. 드러난 것으로서의 상은 괘가 대표적이다. 이것은 양(⚊)과 음(⚋)의 부호를 겹쳐서 만든 것으로, 겉으로 모양이 드러나 공간성을 쉽게 확인할 수 있다. 「계사전」에서는 "팔괘가 열을 이루니 상이 그 가운데 있다."[18]고 한다. 이때 상은 괘의 형체를 말하는 것이다. 또 팔괘도八卦圖, 64괘도六十四卦圖, 태극도太極圖 등의 그림도 드러난 모양의 상에 해당한다. 드러나지 않은 상은 괘상이나 역의 이치를 나타내는 그림과 같이 드러난 상이 은밀하게 암시하는 상징을 말한다. 드러난 상이 은밀하게 암시하는 것은 물론 우주만물과 그것이 생성소멸하는 법칙이다. 이것은 괘상과 괘상이 의미하는 상징의 내용으로 구분한 것이다.

상은 괘를 만들 때 그 대상, 즉 취상의 대상에 따라 물상物象과 사상事象으로 구분할 수 있다.

물상은 취상의 대상이 눈으로 보고 만져서 느낄 수 있는 물건 혹은 눈으로 볼 수는 있지만 형체가 없는 광선 따위와 같은 것, 즉 현상現象 혹은 형상形象을 말한다.

사상은 취상의 대상이 볼 수도 없고 촉감으로 느낄 수도 없지만 그 정신이나 작용과 같은 것이다. 즉 우주만물의 운행원리와 같은 것이다.

그리고 이렇게 물상과 사상을 대상으로 괘를 취하는 취상取象을 법상法象이라고 한다. 「계사전」에는 "성인이 천하의 잡다하고 어지러움을 보고 그 형상과 모양(형용形容)을 본뜨고, 물건의 마땅함을 형상하였다. 그러므로 상이라고 일렀다."[19]는 말 있다. 이 말은 역을 지은 성인이 어지럽게 난립한 천하의 잡다함을 보고, 그 모양의 유

---

18) 「계사전」 하1장, "八卦成列 象在其中矣"

19) 「계사전」 상8장, "聖人有以見天下之賾 而擬諸其形容 象其物宜 是故謂之象"

사한 무리별로 나누어서 팔괘로 정리했다. 그러므로 팔괘를 상이라고 한다는 것이다. 즉 '팔괘의 상을 만들었다'는 의미의 '상'은 '본뜨다' 내지는 '모의했다'는 법상의 뜻이다. 그래서 「계사전」은 "상을 본뜸은 천지보다 큰 것이 없다."[20]고 밝히고 있다.

이렇게 보면 상은 괘를 말하고, 그래서 괘를 괘상이라고 하는 이유가 명확해지는 것이다. 더 나아가서 괘는 『역경』을 대표하므로 괘상은 역을 의미하며, 따라서 괘상은 역상과 같은 말이 됨을 알 수 있다. 그래서 「계사전」에서도 "역은 상이다."[21]고 한 것이다. 「계사전」은 또 "상을 세워 뜻을 다하고, 괘로서 진정과 거짓을 다한다."[22]고 밝히고 있다. 이것은 역은 곧 상이고, 상은 괘를 통해서 표시하는 것이라고 인식하는 것이다.

이렇기 때문에 춘추시대에는 역을 '역상'이라고 칭했다. 『춘추좌전』의 기록에는 기원전 540년인 노魯나라 소공昭公 2년에 진晉나라 사신 한선자韓宣子가 노나라를 방문하여 『역상易象』과 『노나라 춘추春秋』를 보았다는 대목이 보인다. 여기서 말하는 『역상』은 곧 『역경』인 『주역』을 말하는 것이다.

정리해보면 『역경』은 우주만물과 그것의 변화법칙을 괘상으로 상징하여 표현하고 있는 것이다. 그래서 괘와 상과 괘상과 역상은 같은 의미를 갖고 있다는 것이다. 그리고 괘상은 공간성을 가진 형상이라는 점을 알 수 있는 것이다.

---

20) 「계사전」 상11장, "法象莫大乎天地"

21) 「계사전」 하3장, "易者象也"

22) 「계사전」 상12장, "立象以盡意. 設卦以盡情僞"

2) 역수易數는 우주법칙의 시간적 표현이다

(1) 역수易數는 무엇을 말하나

『역경』에는 괘상과 괘상을 설명하는 괘풀이 글(괘사卦辭 또는 계사繫辭)만 있다. 그런데 역수易數는 무엇을 말하는가?

괘사는 정확하게 말하면 괘를 설명하는 괘사와 괘를 구성하는 각각의 효를 설명하는 효사爻辭로 구분된다. 그런데 효사를 보면 양효를 나타내는 9라는 수와 음효를 말하는 6이라는 수가 나온다. 이 9와 6은 효의 제목이라는 의미로 '효제爻題' 또는 효의 자리를 표시한다고 해서 '효위수爻位數'라고 부른다.

효위수 9와 6을 역수라고 하는 것이다. 그런데 역수는 9와 6만 있는 것이 아니라 7과 8도 있지만 괘효사에는 나오지 않는다. 그렇지만 『역경』의 역수는 9, 6, 7, 8이라는 4개가 된다.

역수 9, 6, 7, 8은 이른바 사상四象을 나타내는 수다. 9는 태양, 6은 태음, 7은 소양, 8은 소음의 수다. 사상은 우주의 변화를 4단계로 구분한 것이다. 우주의 변화는 소양, 태양, 소음, 태음, 다시 소양의 과정을 반복한다. 즉 양의 기운이 처음 시작되는 때를 소양, 소양이 점차 커져서 극에 이르면 태양, 양이 극에 이르면 음의 기운이 시작되므로 이때를 소음, 소음이 극에 달하면 태음이다.

그러므로 계사에 나오는 9와 6은 사상 가운데 각각 태양과 태음을 말하며, 양효와 음효를 가리키는 수자다. 그리고 음효와 양효는 우주의 변화법칙을 표현하는 괘상 내지는 역상을 구성하고 있다. 따라서 9와 6을 역수라고 하는 것이다.

(2) 역수易數는 역수曆數다

역수易數는 역수曆數라고 할 수 있다. 「계사전」은 시초를 세어서 괘를 이루는 과정을 설명하고 있다.

> "크게 넓혀진 수가 50이고, 그것의 씀은 49이다. 이를 나누어 둘로 만들어 양의를 상징하고, 하나를 걸어서 삼재를 상징하고, 넷으로 세어 사시를 상징하고, 남는 것을 손가락에 끼워서 윤달을 상징하니 5년에 윤달이 두 번이므로 두 번 낀 뒤에 거는 것이다. 건의 책수가 216이요, 곤의 책수가 144이다. 그러므로 모두 360이니 1년의 수인 360에 해당하고, 상하 두 편의 책수가 1만 1천 520이니 만물의 수에 해당한다. 이러므로 네 번 경영하여 역을 이루고 18번 변해서 괘를 이룬다."[23)]

괘를 만들기 위해서는 이처럼 시초를 가지고 수를 계산해야 한다. 이렇게 하여 소양 수인 7, 태양 수인 9, 소음 수인 8, 태음 수인 6을 얻은 다음 이를 음양효로 바꿔서 괘를 만드는 것이다.

그런데 여기에 보이는 사시四時·윤달·5년 재윤·1년 360일 등의 표현은 모두 역법曆法과 관계되는 말이다. 즉 역易의 수數는 역법曆法을 이루는 역수曆數임을 알 수 있다.

(3) 역수曆數는 우주법칙을 파악하는 시간성의 수다

하늘에는 무수히 많은 별들이 존재한다. 그 가운데 지구에 가장

---

23) 「계사전」 상9장, "大衍之數 五十 其用四十九 分爲二以象兩 掛一以象三 揲之以四以象四時 歸奇于扐以象閏 五歲再閏 故再扐而後掛 乾之策二百十有六 坤之策百四十有四 凡三百有六十 當期之日 二編之策 萬有一千五百二十 當萬物之數也 是故四營而成易 十有八變而成卦"

영향을 미치는 별은 태양과 달이다. 다음은 수성·금성·화성·목성·토성의 5성이다. 지구와 5성은 태양의 주위를 도는 태양계의 별이다. 그리고 달은 지구를 도는 지구의 위성이다. 지구는 태양과 달, 그리고 5성 외에 북극성을 비롯해 28수宿의 영향도 받는다.

그런데 이들 별은 각자 하늘에서 한 바퀴씩 돌아가는 주기가 다르다. 시계로 비유하면 초침, 분침, 시침의 주기가 다른 것과 같다. 기계로 말하면 원의 크기가 다른 여러 개의 톱니바퀴가 서로 맞물려 돌아가는 것이다. 이렇게 각자 다른 주기의 별들이 우주를 선회하면서 지구에 영향을 미치게 되므로 매시간, 매일, 매주, 매월, 매년 지구가 받는 우주의 상황과 기운이 다르게 나타날 수밖에 없다.

우주변화의 원리를 파악한다는 것은 바로 이렇게 각자 다른 천체들의 순환주기를 정확히 계산하고, 이를 토대로 매순간마다 지구에서 일어날 상황을 예측하는 것이라고 할 수 있다.

그리고 지구를 중심으로 한 태양과 달의 순환주기를 파악하기 위해 역수曆數를 계산하여 얻은 결과물이 역법曆法이다. 그런데 천체의 순환주기를 파악하는 것은 곧 천체의 순환시간을 계산하는 것이다.

정리하면 역법은 우주변화의 법칙을 시간으로 계산하여 얻은 것이다. 즉 역법은 우주변화의 법칙을 시간성으로 표현한 결과물이라고 할 수 있다.

3) 괘상과 역수는 동전의 양면과 같다

괘상과 역수는 어떤 관계일까? 지금까지 살펴본 바에 의하면 괘상과 역수는 똑같이 우주의 변화법칙을 표현하고 있다. 다만 괘상은 괘라는 공간성의 부호를 통해서 우주법칙을 상징하고 있고, 역수는 시간성의 수로써 그것을 나타내고 있다는 점이 다를 뿐이다.

다시 말해 괘상은 우주의 운행법칙에 대한 형상화이고, 역수는 수리화된 표시다. 그렇기 때문에 괘상은 정적인 성격이 있고, 역수는 동적인 면이 있다. 괘상과 역수는 이렇게 하나이면서 2면을 가지고 있는 동전과 같다고 볼 수 있다.

역사적으로 끊임없이 벌여온 괘상이 먼저냐 혹은 역수가 먼저냐는 논쟁은 별 의미가 없는 것이다.

4. 주역공부는 괘상·역수의 이해가 기본이다

1) 『역경』은 점치는 책이다

(1) 『역경』이 첨치는 책인 근거

『역경』은 본래 점치는 책이었다. 『역경』의 괘와 효를 풀이한 괘사와 효사에는 길吉·흉凶·회悔·인吝·구咎·려厲 등의 용어가 자주 등장한다. 길은 복을 얻는 것이고, 흉은 재앙이 닥쳐 복을 잃는 것을 말한다. 회는 후회한다는 것이며, 인은 곤궁한 상황에 처한다는 것이다. 구는 허물(과過)의 의미이고, 려는 위태하다는 뜻이다.

이들 용어는 점을 쳐서 얻은 괘상을 보고 길한 것인지 혹은 흉한 것인지, 후회하거나 곤궁한 처지에 놓이는지, 허물이 있거나 위태로운 상황에 이르는지 등을 알 수 있게 하는 말이다. 즉 점의 결과를 판단하는 용어들이다.

고대로부터 나라의 큰일을 결정할 때 『역경』으로 점을 쳤음을 알려주는 기록은 여러 책에서 확인된다.

『서경書經』에는 은나라 말기의 기자箕子와 주나라 무왕武王의 문답 가운데 "의심을 묻는다는 것은 복점과 서점을 치는 사람을 골라 세우고 복점과 서점을 치도록 하는 것이다."[24]는 내용이 나온다. 여기서 복점은 거북점을 말하고 서점은 시초로 괘상을 뽑아 길흉을 판단하는 『역경』의 점을 이른다.

『주례周禮』에는 "무릇 나라의 큰일에는 먼저 서점을 하고 다음에 거북점을 친다."[25]고 했다.

춘추시대에도 『역경』으로 점을 친 기록이 있다. 『춘추좌전』에는 "남괴가 모반하려 할 때 점을 치니 곤괘가 비괘로 변하는 점괘가 나왔는데, 그 점사는 '황색치마면 크게 길하다'고 한다."[26]는 내용이 있다. 춘추시대에 『역경』으로 점친 사례는 『춘추좌전』에 19개, 『국어』에 3개가 기록돼 있다.

공자가 점친 기록도 있다. 『백서주역帛書周易』에는 공자가 "내가 백 번 점을 치면 칠십 번 적중했다."[27]는 대목이 있다. 또 『여씨춘추呂氏春秋』에는 "공자가 점을 쳐서 비괘를 얻었다. 공자는 '불길하다'고 했다. 자공이 '비괘도 좋은데 어째서 불길하다고 하십니까?"[28]라는 기록도 있다.

「계사전」은 "성인이 괘를 만들어 그 상을 보고 풀이하는 말을 붙여서 길흉을 밝혔다."[29]고 하는 등 『역경』이 점치는 책이었음을 말하는 내용이 곳곳에 등장한다.

---

24) 『서경』「周書 洪範」, "稽疑 擇建立卜筮人 乃命卜筮"
25) 『주례』「春官 宗伯」, "凡國之大事 先筮而后卜"
26) 『춘추좌전』 昭公十二年條, "南蒯之將叛也 枚筮之 遇坤之比 曰 黃裳元吉 以爲大吉也"
27) 『帛書周易』「要」, "吾百占而七十当"
28) 『여씨춘추』「壹行」, "孔子卜 得賁 孔子曰 不吉 子貢曰 夫賁亦好矣 何爲不吉乎"
29) 「계사전」 상2장, "聖人設卦觀象 繫辭焉而明吉凶"

(2) 역점易占의 다변화

① 괘상에 역수를 결합한 점법

본래 『역경』으로 치는 점법은 궁금한 일에 대해 점괘를 뽑고, 이 점괘에 붙은 괘와 효를 풀이하는 글인 괘효사卦爻辭를 보고 길흉을 판별하는 것이다. 이런 점법은 전통주역점법이라고 부를 수 있다.

그러나 한나라 초기부터 새로운 역점법이 생겨났다. 괘상에 역수曆數를 결합하여 길흉을 판단하는 점법이 나타난 것이다. 여기서 역수라고 하는 것은 앞서 설명한 바 있는 9, 6, 7, 8과 같은 효제 또는 효위수를 말하는 것이 아니다. 즉 역법을 표현하는 간지음양오행干支陰陽五行의 수數를 말하는 것이다.

간지는 갑甲·을乙·병丙·정丁·무戊·기己·경庚·신辛·임壬·계癸라는 10개의 천간天干과 자子·축丑·인寅·묘卯·진辰·사巳·오午·미未·신申·유酉·술戌·해亥라는 12개 지지地支를 말한다.

이들 천간·지지는 각각 음양과 오행으로 구분된다. 10개의 천간 가운데 갑·병·무·경·임 5개는 양의 천간, 을·정·기·신·계 5개는 음의 천간이다. 또 12지지 가운데 자·인·진·오·신·술 6개는 양의 지지, 축·묘·사·미·유·해 6개는 음의 지지다.

오행별 천간은 갑을 목木, 병정 화火, 무기 토土, 경신 금金, 임계 수水이고, 지지는 해자 수, 인묘 목, 사오 화, 유신 금, 진술축미 토가 된다.

이렇게 음양과 오행으로 구분되는 천간과 지지를 서로 짝을 지운 것을 '간지갑자干支甲子'라고 한다.

그런데 괘상과 괘별 각 효에 간지를 붙인 다음 괘상이 속한 오행과 효별로 붙인 오행의 상생상극相生相剋 관계를 따져서 길흉을 판단하는 점법이 한나라 때 경방京房[30]에 의해 개발된 것이다.

경방의 이 새로운 점법을 '경방역점' 내지는 '오행점五行占' 혹은 '육효점六爻占'이라고 한다.

경방역점은 점을 치기 위해 괘상을 뽑긴 하지만 길흉판단은 괘효사에 의지하지 않고 역수인 간지를 붙여서 오행의 상생상극 관계를 계산하여 길흉을 판단하는 것이다.

이렇게 전통주역점과 경방역점은 상당한 차이가 있다.[31]

경방역점은 후에 점괘를 시초를 사용하는 대신 동전을 던지거나 점치는 시간의 연·월·일·시 혹은 다른 셀 수 있는 수로 괘를 뽑는 방법에 따라 '문왕과文王果'(이것은 '척전법擲錢法'이라고도 하고 '화주림법火珠林法'이라고도 함)와 '매화역수梅花易數'로 분화한다. 즉 동전을 던져서 괘를 얻는 법은 문왕과, 점치는 시간을 수로 계산해 괘를 뽑는 법은 매화역수라고 한다.

② 괘상 없이 역수로만 치는 점법

괘상을 뽑지 않고 오로지 간지갑자로만 길흉을 판단하는 역점법도 등장했다. 대표적으로 사주추명학四柱推命學을 들 수 있다. 사주추명학은 당唐나라 덕종德宗 때 이허중李虛中이 처음으로 사용한 뒤 송宋나라 초기 서자평徐子平이 완성한 것으로 전해진다.

자평명리학으로도 불리는 이 사주추명학은 사람의 생년·월·일·시의 간지 8자로 사주四柱를 정하고, 8개의 간지로 음양의 조화와 오

---

30) 경방京房은 기원전 77년에서 기원전 37년까지 생존한 서한西漢의 금문역학자今文易學者로 『주역周易』을 길흉을 점치는 전적으로 보고 많은 점산체례占算體例를 만들고 점후술占侯術을 말함으로써 이름을 떨쳤다.

31) 경방역점의 원리에 대한 내용은 졸저 『주역 읽기 첫걸음』(보고사, 2012) 〈경방역점의 이해〉를 참고 바람.

행의 상생상극 관계를 계산하여 그 사람의 길흉화복의 명운을 판단한다.

한의학에서 주로 활용하는 오운육기론도 역수에 의한 점법의 하나라고 할 수 있다. 오운육기론은 간지오행으로 하늘의 오운과 땅의 육기의 순환주기를 계산하여 계절기후의 변화를 예측하고, 이를 바탕으로 사람의 질병을 진단하고 예방과 치료법을 세우는 근거로 삼는다.

이처럼 처음엔 괘상을 통해 길흉을 판단하던 역점은 사람의 인식수준과 천문과학의 발달로 괘상에 역수를 결합하거나 아예 괘상 없이 역수로만 길흉화복을 예측하는 높은 수준의 예측술로 다변화 하였다.

2) 역점은 의리를 전제로 한다

(1) 길흉판단은 천지자연의 이치에 근거한다

역점易占은 점괘를 뽑아서 괘의 상을 보고 길흉을 판단하는 것이다. 그런데 앞서 설명한 바와 같이 괘상은 우주만물 즉 천지자연이 생성변화하는 이치를 관찰하여 상징한 부호라고 했다. 그렇기 때문에 괘상은 천지자연의 운행이치를 담은 것이다. 따라서 괘상을 보고 길흉을 판단하는 역점은 천지자연의 이치에 근거한다.

천지자연이 돌아가는 이치는 변화무상하지만 거기에는 일정한 기준과 규칙이 있어서 그것에서 한 치의 오차나 벗어남이 없다. 이것이 바로 우주만물의 바른 도리道理이자 의리義理다.

우리가 역점을 친다는 것은 바로 이와 같은 의리, 즉 역도에 근거하여 길흉을 판단하는 것이다.

(2) 점치는 사람은 의리에 따라야 한다

사람은 우주만물의 일원이기 때문에 우주의 법칙을 따르는 것이 의리로 보나 논리적으로 보나 당연한 일이다. 그렇기 때문에 점치는 사람은 우주자연의 법칙, 즉 의리를 따라야 한다.

실제로 역점은 사람들이 의리를 준수해야 함을 강조하고 있다. 괘상을 보고 길흉을 판단할 때 가장 중요하게 보는 효의 위치(위位)와 때(시時)를 예로 들어 보자.

점을 쳐서 건乾괘 초효에 해당하는 점괘를 얻었다고 하자. 그것의 길흉판단은 "물에 잠겨 있는 용이니 쓰지 말라.[32]"이다. 풀어서 말하면 점친 자의 위치가 아직 어리고 미약하므로 사회적으로 나서서 드러내고 활동할 때가 아니라는 의미다. 이렇게 판단하는 근거는 『역경』의 첫괘인 건괘는 하늘을 의미하고, 동지부터 하지까지의 양의 기운이 주도하는 봄과 여름의 시기를 나타내는 괘다. 그리고 건괘 6개효는 아래로부터 동지가 지나서 태양이 북쪽으로 올라오기 시작하는 자子월부터 북쪽 끝에 이르는 하지 전의 사巳월까지 6개월을 각각 표현한다. 그러므로 건괘 초효는 태양의 기운이 가장 미약한 자월을 말하는 것이다.

이렇게 보면 길흉판단의 근거는 천지자연의 이러한 상황을 점치는 사람의 위치와 때에 비유한 것임을 알 수 있다.

건乾괘 상구上九효의 예를 하나 더 들어본다. 점치는 사람이 이 효에 해당하는 점괘를 얻었다면 길흉은 "끝까지 올라간 용이니 후회가 있다."[33]로 판단한다. 이 말은 점치는 사람이 위치가 너무 높이 올

32) 『역경』 「乾卦」, "初九 潛龍勿用"
33) 『역경』 「乾卦」, "上九 亢龍有悔"

라갔기 때문에 추락할 위험에 처했다는 것이다. 『역경』 건괘 상효는 양의 기운이 극에 이른 하지 때를 나타낸다. 하지가 지나면 북쪽 끝에 이른 태양은 다시 남쪽으로 내려가기 시작한다. 이렇게 되면 가을이 시작되고 이어서 한 겨울에 이른다. 즉 음의 기운이 주도하는 가을과 겨울이 닥칠 것을 예시하는 효이다. 그러니 따뜻한 기운으로 만물이 생장하고 꽃을 피우던 봄과 여름은 가고 만물이 시들고 동면에 들어가는 시기가 시작되는 때다.

사람이 이런 자리와 때에 처했다면 후회가 닥칠 것은 뻔하다.

이렇게 역점은 자연의 이치에 근거하므로 점치는 사람은 언제나 자연의 이치, 즉 의리를 따를 것을 강조한다.

점괘를 얻어서 길흉을 판단하는 기준인 『역경』의 괘사와 효사는 길吉 · 흉凶 · 회悔 · 인吝 · 무구无咎라는 말로 요약할 수 있다. 여기서 '길'한 것은 얻음이 있는 것이고, '흉'한 것은 잃는 것을 말한다. '회'와 '인'은 약간의 흠이 있는 것을 말하고, '무구'는 과실을 잘 보충한 것을 말한다.[34)]

『역경』의 괘사와 효사가 이렇게 점괘를 판단하는 기준을 길한 것과 흉한 것만 말하지 않고 회悔 · 인吝 · 무구无咎를 더한 것은 점의 결과가 흉하더라도 반성하고 바로잡으면 흉함을 피할 수 있다는 것을 보여주는 것이다. 즉 점의 결과가 길하더라도 무조건 좋기만 한 것이 아니고, 흉하더라도 문제되는 부분에 대해 뉘우치고 고치면 다시 길하게 되거나 흉함을 피할 수 있음을 말한다. 점치는 사람은 자연의 도리를 따라 의리에 맞게 대처해야 함을 역설하는 것이다.

예를 들어 건乾괘 괘사는"크게 형통하고 정함이 이롭다."[35)]이다.

---

34) 「계사전」 상3장, "吉凶者 言乎其失得也 悔吝者 言乎其小疵也 无咎者 善補過也"
35) 「乾괘」 卦辭, "乾 元亨 利貞"

얼핏 보기에는 점을 하여 이 괘를 얻고, 점괘의 풀이가 이 괘사에 해당된다면 매우 길한 것으로 단정할 수 있다. 그러나 여기에는 '정하여야만 이롭다'는 조건이 있다. 정貞은 바르고 굳음을 말한다. 그러므로 점괘의 해석은 마땅히 '크게 형통하다'고 할 수 있지만 이렇게 점괘가 대통하려면 점친 사람의 마음과 자세가 바르고 굳어야만 하는 것이다.

또 태泰괘의 괘사는 "작은 것이 가고 큰 것이 오니 길하여 형통하다."[36]고 한다. 점치는 사람이 태괘를 얻어 괘사에 해당하는 점괘를 얻었다고 해서 역시 모두 다 좋은 것은 아니다. 태泰괘는 양陽이 안에 있고 음陰이 밖에 있으며, 굳셈이 안에 있고 순함이 밖에 있으며, 군자가 안에 있고 소인이 밖에 있는 것으로서 군자의 도가 자라고 소인의 도가 사라지는 것을 의미한다.[37] 그러므로 태泰괘의 괘사에 해당하는 점괘를 얻어 길한 사람은 군자君子이어야 한다.

사람은 흠이 있으면 뉘우침이 있게 마련이다. 건乾괘 상구 효사는 "끝까지 올라간 용이니, 뉘우침이 있다."[38]고 한다. 건乾괘의 여섯 효는 강한 성질의 양陽 효爻이고, 그 중 다섯 번째 효는 바르고 중도를 얻은 자리여서 때를 얻음이 지극한데, 이것을 지나면 지나치게 높음이 된다. 그러므로 맨 위의 효는 지나치게 높은 자리에 이르렀으므로 뉘우침이 있는 것이다. 지나침이 있으면 뉘우침이 있음을 말하는 것이다. 따라서 나가고 물러날 때를 아는 사람만이 뉘우침에 이르지 않을 수 있는 것이다.

흠을 보충하면 뉘우침에 이르지 않는다. 복復괘 다섯 번째 효사는

---

36) 「泰괘」 卦辭, "泰 小往 大來 吉 亨"

37) 「泰괘」 「단전彖傳」, "內陽而外陰 內健而外順 內君子以外小人 君子道長 小人道消也"

38) 「건괘」 상구 효사, "亢龍 有悔"

"돌아옴에 도타움이 있어 뉘우침이 없다."[39]고 한다. 이것은 복괘의 다섯 번째 효의 자리가 치우침이 없고 유순한 덕德으로 군왕의 자리에 있어서 잘못이 있더라도 곧 선善에 돌아오기를 잘하는 사람을 가리킨다. 그러므로 뉘우침이 없는 것이다.[40]

주자朱子에 의하면 길과 흉은 서로 상대가 되고, 회와 인은 그 중간에 위치한다. 그리고 회는 흉함으로부터 길함으로 나가는 것이고, 인은 길함으로부터 흉함으로 향하는 것이다.[41] 그러므로 회와 인을 걱정하여 잘못을 뉘우치고 고치게 되면 허물이 없어질 수 있는 것이다. 곧 회와 인을 걱정하는 것은 선·악이 이미 동하였으나 아직 나타나지 않은 때이어서 이때 근심하면 회와 인에 이르지 않는다. 또 뉘우칠 줄 알면 허물을 보충하려는 마음을 움직여서 허물을 없게 할 수 있는 것이다.[42]

이는 길흉을 판단할 때 "인간의 대응이 이러하면 결과가 이렇다"는 것을 말하는 것이다. 즉 인간의 대응방법이 의리에 부합하는가 아닌가에 따라 결과가 달라지기 때문에 사람의 대응이 의리에 맞는가 아닌가가 중요하다는 것을 가리키고 있다. 역점에서 점괘의 괘상과 괘효사는 그 사태 자체가 초래하는 길흉의 단순한 결과만을 보여주는 것이 아니라 인간의 대응 여부에 따라 달라질 수 있음을 말하여, 사람이 점의 결과에 대해 의리에 맞는 판단과 대응을 하는 것이 중요함을 강조하는 것이다.

---

39) 「復괘」 효사, "六五 敦復 无悔"

40) 『정전程傳』 「復괘」, "六五以中順之德 處君位 能敦篤於復善者也 故无悔"

41) 「계사전」 상2장, "吉凶者 得失之象也 悔吝者 憂虞之象也"의 『本義』 주석, "蓋吉凶相對而悔吝居其中間 悔 自凶而趨吉 吝 自吉而向凶也"

42) 「계사전」 상3장, 『주역본의』, "蓋善惡而動已未形之時也 於此憂之 則不至於悔吝矣 震動也 知悔則有以動其補過之心而可以无咎矣"

(3) 괘효사는 의리역학의 출발점이다

『역경』의 괘효사는 괘상을 보고 길흉판단을 설명하는 글이다. 즉 괘효사는 점사占辭라는 말이다.

앞서 살핀 바와 같이 괘효사는 괘효상의 의리를 통해 사람의 도리를 말하고 있다. 이것은 괘효상이 천지자연의 운행이치를 담고 있기 때문에 이 우주법칙을 분석하고, 사람은 이 의리에 맞게 생각하고 행동하고 살아야 하는 것이 필연적이라는 것을 역설하는 것이기도 하다. 다시 말해 괘효사는『역경』의 괘효상을 보고 그것이 내포하고 있는 의리를 드러내서 밝혀 기록한 첫 시도라고 할 수 있다.

이렇게 볼 때『역경』의 괘효사는 점치는 책『역경』을 의리의 책으로 전환하는 시발점이 된다. 물론『역경』의 괘효상 자체가 의리를 포함하고 있으므로 그 해석 또한 의리를 벗어날 수 없기는 하다. 하지만 괘상이 품고 있는 의리를 처음으로 글로 표현한 점은 부인할 수 없는 것이다.

또 괘효사에는 이것을 쓴 사람들의 개인적 관점과 의식의 기준, 즉 의리를 중시하는 철학이 더해졌다는 사실도 간과할 수 없는 대목이다. 통상『역경』의 괘효사는 주나라 문왕 혹은 문왕과 그의 아들 주공 단이 지었다고 전해져 왔다. 그러나 근래의 학자들 은 당시 조정에는 역점을 담당하는 관리들이 있었고, 이들은 1년 동안 역점을 친 결과를 기록한 점사들을 창고에 보관하고 있다가 이것들을 빼고 다듬어서 가장 보편적이고 적중성이 높은 점사들만 모아서 해당되는 괘와 효에 풀이글을 달았다고 주장한다.

이런 주장의 근거는 괘효사 가운데 포함된 주나라 문왕이나 혹은 그의 아들 주공 단이 생존하던 이후 시대의 내용들이다. 다시 말해 괘효사를 문왕이나 주공이 지었다면 그들 이후의 내용이 포함될 수 없기 때문이다.

따라서 괘효사는 여러 해 동안 많은 역관들의 손을 거쳐 만들어졌다는 것이 현재의 통설이 되고 있다. 그렇다면 괘효사는 여러 역관들의 개인적 사상과 가치관이 더해진 결과물이 되는 것이다. 즉 괘효상을 처음으로 분석하고 설명한 『역경』의 첫 해석인 것이다.

결론적으로 말해 괘효사는 의리역학의 출발점이라고 하겠다.

3) 『역경』의 점과 의리는 괘상·역수에서 나온다

역점은 괘를 뽑아 괘상을 보고 길흉을 판단하는 것이라고 했다. 역점은 초기 『역경』의 64괘를 통한 길흉판단에서 한대漢代에 이르러 괘상과 역수를 결합한 점법으로 분화하고, 이어 괘상을 제외한 역수로만 길흉을 판단하는 점법으로 다변화했다.

이렇든 저렇든 역점은 괘상과 역수를 떠나서는 길흉을 판단할 수 없다는 점은 분명하다.

괘효상을 보고 길흉을 판단하는 괘효사 혹은 점사 또한 괘효상이 없다면 나올 수 없다. 더구나 괘효상은 역수에서 나온다는 점을 인식하고 이해한다면 괘효사는 괘상과 역수를 이해하지 않고는 해석할 수 없다.

그리고 괘효사는 『역경』이 담고 있는 도리 혹은 의리를 연구하고 이끌어내는 역학의 시발점이므로 의리역학 또한 괘상과 역수를 바탕으로 하고 있는 것이다.

다시 말해 역을 공부하는 사람은 역점을 쳐서 판단하는 일을 하지 않을 수는 있지만 역점을 치는 법과 그 근거인 상과 수를 모르고는 역학을 올바르게 이해할 수 없다.

의리역학과 유학의 시조라고 하는 공자도 "내가 백 번 점을 치면 칠십 번 적중했다. …… 역시 그 점을 따르는 경우도 많았다. 하지만 나는 역에서 점을 하여 복을 비는 성분은 버리고, 그것의 덕의德義만을 살필 뿐이다."[43]고 한 뒤 다만 "점을 하여 점괘를 뽑는 시초蓍草의 책수策數에 통달하여야 수를 밝게 알아서 덕의에 도달할 수 있다. …… 점을 하여 수에 통달하지 못하면 즉 그 행위는 점치는 것에 그치고, 수에 밝지 못하면 덕의에 이를 수 없다."[44]고 말한다.

공자의 이 말은 그가 역의 계사를 즐기고, 그 덕의를 살피고, 그 덕을 구하지만 복을 비는 행위는 버리고 따르지 않는다는 것이다. 그러나 괘상과 역수로 점을 치는 방법에 밝지 못하면 역수易數를 이해하지 못하고, 그러면 『주역』의 덕의를 밝게 알 수 없다는 것이다. 다시 말해 공자도 역점을 치지 않는다고 해도 천도를 점치는 것을 근본으로 삼아 『역경』의 의리를 구하여 의리에 부합하는 덕행을 베풀 수 있다고 본 것이다.

송나라 때 주자학을 세운 주자 또한 역을 점치는 책이라고 하면서 『역경』을 올바로 이해하려면 괘상과 역수를 알아야 한다고 보고 『역학계몽』이라는 괘상·역수를 해설하는 책을 썼다.

정리하면 역점을 연구하던 의리철학을 공부하던지 간에 괘상과 역수를 모르고는 그 목적을 이룰 수 없다는 것이다.

---

43) 『帛書周易』「要」, "吾百占而七十当……亦必從其多者而已矣 易 我后亓祝卜矣 我觀亓德義耳也"

44) 『帛書周易』「要」, "幽贊而達乎數 明數而達乎德 …… 贊而不達乎數 則亓爲之巫 數而不達于德"

5. 괘상卦象·역수易數 연구는 어떻게 진행됐나

1) 우주법칙의 탐구가 역학易學이다

『역경』은 우주만물의 변화하는 이치를 기록한 책이다. 그리고 우주만물의 변화하는 이치를 '역易'이라고 말한다.

그러므로 '역학'이란 우주만물이 변화하는 이치를 탐구하는 것이다. 따라서 역학은 『역경』에 대한 연구라고 할 수 있다. 한마디로 역의 이치를 탐구하는 것이 역학이다.

그런데 『역경』은 본경 『역경』과 이것에 대한 최초의 해설서인 『역전』을 포함하여 말하기도 한다. 따라서 역학은 본경 『역경』과 해설서인 『역전』을 포함한 『역경』, 즉 『주역』에 대한 학문적 탐구활동을 말한다.

역학은 본경 『역경』의 괘상을 보고 풀이글, 즉 괘효사를 붙일 때부터 시작됐다. 하지만 『역경』의 해설서인 『역전』이 본격적인 역학의 출발이라고 할 수 있다.

그리고 『역전』이 나온 뒤 전국시대를 거쳐 한나라 때에 이르러서는 천문과학 등 문명의 발달로 역학에 대한 연구가 더욱 깊고 광범위하게 진행됐다. 『주역』으로 점치는 방법에 대한 것은 물론 『주역』에 담긴 도리에 대해서도 탐구가 진행됐다. 또 『역경』의 계사에 대한 해석, 즉 훈고訓詁[45]와 과학적 연구를 통해 우주와 천지 및 사람이 살아가는 일인 인사人事의 변화를 설명하고자 했다.

이런 『주역』에 대한 연구는 중국의 문예 사상은 물론 철학, 의학, 사학, 건축 등 각종 문화방면에 영향을 미치지 않은 곳이 없다. 2천

45) 고문古文의 자구字句를 해석하는 것을 훈고訓詁라고 함.

년이 넘는 세월 동안『주역』에 관한 연구 저작은 6천-7천여 종에 달하고, 현재까지 존재하는 저작만도 3천여 종을 넘을 만큼 방대한 학술 영역을 구축하였다.

『주역』에 대한 연구가 이렇게 방대하지만 역학의 유파는 전통적으로 상수역학파와 의리역학파로 구분한다.

2) 괘상·역수 탐구파는 천문에 중점을 둔다

괘상과 역수를 중심으로 역의 이치를 탐구하는 역학을 상수역학이라고 한다.

『역경』은 너무 심오해서 보통사람이 이해하기가 쉽지 않다. 공자를 비롯한 후학들이 그 깊은 이치를 해설하는『역전』을 지은 다음에서야 사람들은 '아! 그런 이치가 있었구나!'라고 이해할 수 있었다.

이처럼『역경』해설서인『역전』이 나오고 여기에 더하여 중국 한나라 때에 이르러 천문·수학 등의 과학적 발견이 축적되면서『역경』의 괘상과 역수를 탐구하여 역의 이치를 밝히는 학술이 성행하게 됐다. 즉 괘의 상象과 역수易數 또는 역수歷數로 역의 이치를 탐구하는 학풍이 조성된 것이다. 이 때문에 '상수역학象數易學'이라는 이름이 붙여진 것이다.

한나라 초기부터 시작돼 성행한 상수역학은 역의 원리를 천문과 수학적 관점에서 설명하는 과학적 연구방법이다. 한대의 상수역학은 괘상卦象에다가 해·달·별과 같은 각각의 천체가 돌아가는 사이클인 운행도수運行度數를 파악하여 일식과 월식 등 천체의 이변과 기상 변화와 철이나 기후에 따라 변화하는 만물의 형상인 물후物候를 예측하는데도 관심을 가졌다.

특히 당시에는 상수역학의 이 같은 미래예측 기능이 정치와 연관돼 천자가 하늘의 뜻을 따르면 하늘이 길조를 보이고, 하늘의 뜻을 거스르면 재앙을 내린다는 '천인상응설天人相應說'이 유행했다. 이 미래 예측법은 뒤에 민간으로 전파돼 운명을 점치는 점술로 더욱 성행하게 되었다.

이 때문에 인간의 자유의지를 존중하는 유가로부터 외면당하게 됐다. 보다 정확하게 말하면 상수역학은 괘상과 역수로 역의 의리를 탐구하는 것으로 인식되기보다는 점술 내지는 술수라는 의미로 통하게 된 것이다.

3) 의리 탐구파는 도덕 등 인사문제를 중시한다

의리역학파는 본경 『역경』의 괘명과 괘효사가 갖고 있는 올바른 뜻을 파악하여 인륜도덕과 우주철학적 관점에서 역의 이치를 탐구한다.

다시 말해 의리역학은 역의 이치와 의미를 연구하는 데 있어서 『역경』의 괘상과 역수에 중점을 두기보다는 『역경』에 쓰여진 괘의 이름과 괘사와 효사를 해석하는 것에 중점을 두는 연구방법이다.

역사적으로는 한나라 때 성행한 상수역학이 너무 번잡스럽고 점에 치우치는 경향이 나타나자 이에 대한 반동으로 삼국시대 말기인 위魏나라와 진晉나라 시기부터 의리역학이 성행했다. 물론 의리역학은 『역경』의 괘상을 보고 그 뜻을 설명한 괘효사를 붙인 때부터 시작됐으며, 『역전』이 지어지면서 본격화됐다.

의리역학에서는 인간이 살아가는 법칙은 천지자연의 운행법칙을 따라야 한다고 생각한다. 그렇다면 천지자연의 운행법칙을 먼저 이해하는 것이 필요한 것은 당연한 일이다. 그리하여 천지자연, 즉 우주의 근원은 무엇인가와 같은 문제로부터 출발하여 우주 만물이 어떻게 태어나서 번성하고 소멸하는 과정을 반복할 수 있는지 등의 우주철학적 문제에 대한 해답을 찾으려고 하는 것이다. 그런 다음에 이 우주의 법칙을 사람이 살아가는 과정에 적용하는 문제를 이야기한다. 이처럼 사람이 천지자연의 법칙을 따라야 하는 근거는 우주와 사람은 본래 하나라는 생각에 바탕을 둔 것이다. 즉 하늘과 사람이 하나라고 하는 말을 한자로 표현한 것이 이른바 천인합일'天人合一'사상이다.

그런데 천인합일 사상이 나올 수 있는 근거는 바로 우주의 본원에 대한 질문의 해답에서 찾을 수 있다. 『주역』에서 우주의 본원은 태극이라고 보고, 태극에서 양의로 나뉘고, 양의가 다시 사상으로 나누어지고, 사상은 팔괘가 되고, 팔괘는 64괘가 되어 만물을 이룬다고 파악하고 있다. 그렇기 때문에 우주의 본원과 만물은 하나라는 논리가 성립되는 것이고, 만물의 하나인 사람은 당연히 우주와 동일하다는 주장이 나오는 것이다.

이와 같이 우주철학을 연구하고, 이를 바탕으로 인간이 살아가는 방법을 설명하는 것에 중점을 두는 역학을 의리역학이라고 하는 것이다.

그런데 한나라 때부터 '임금에 충성하고 부모에 효도하는 충군효친忠君孝親'을 정통이념으로 삼는 유가의 철학이 정치이념으로 채택되면서 이런 통치이념에 그다지 중요하지 않은 고대의 과학기술은 상대적으로 대접을 받지 못했다. 우주의 운행법칙을 탐구하는 것이 천문과학이지만 이런 기술은 사악하고 음험한 기교인 '기기음교奇技淫巧'로 치부됐다. 더구나 음양재이를 점치는 술수術數에 치중한 『주역』의 괘상·역수 체계는 위나라와 진나라 이후 정통학술체계에서 배척받아 축출됐다.

이렇게 정통학술 부류에서 소외된 상수역학은 현대에 이르도록 경시되면서 깊고 체계화된 연구가 의리역학에 비해 상대적으로 부진한 것이 현실이라고 할 수 있다.

4) 상수역학의 2대 흐름 : 한대 괘기역과 송대 도상역

『역경』은 본래 우주의 운행법칙을 괘라는 부호로 상징하였고, 괘는 역수를 내포하고 있기 때문에『역경』의 이치를 탐구하는 것은 괘상과 역수를 대상으로 하는 것이 필수다. 이렇게 괘상과 역수를 바탕으로 역의 이치를 연구하는 것을 '상수역학'이라고 부른다.

그런데 상수역학은 역사적으로 크게 두 흐름을 형성하였다. 하나는 한나라 때 형성돼 성행한 괘기卦氣 중심의 상수역학이고, 다른 하나는 송나라 때 출현한 도상圖象 중심의 상수역학이다.

괘기라는 말은『역경』의 괘상과 절기節氣를 배합한 것이다. 즉 괘상의 괘卦와 절기의 기氣를 합한 말이다. 따라서 괘기역학은 역의 괘와 1년의 천기天氣를 파악하는 24절기를 서로 배합하여 역의 이치를 탐구하는 방법이다.

밤과 낮의 길이가 길고 짧음에 따라 사시사철의 변화가 일어난다. 사시의 변화는 춥고 더움을 낳고, 비와 눈과 바람과 서리 등 자연의 변화를 가져온다. 이렇게 자연의 변화현상을 일으키는 것은 하늘에서 일어나는 기운, 즉 천기의 움직임에 따른 것이다. 그리고 이런 천기의 변화를 알 수 있게 만든 것이 역법의 절기다. 곧 절기는 천지자연의 운행규율을 파악하는 수단이고 역수曆數 구성 부분인 것이다.

정리하면 천체의 운행규율을 상징한 괘상에 역시 천체의 운행규율을 파악하는 역수를 대입하여 천체의 운행규율을 확실하게 파악하기 위한 것이 괘기 상수역학이다.

한대 괘기 상수역학의 이론으로는 4정괘·12벽괘·8궁괘·괘변·효진·납갑 등등이 있다.

도상圖象은 그림이란 말이다. 그러므로 도상역학은 역의 이치를 그림을 통해서 파악하고 설명하는 방법이다.

팔괘와 64괘를 각각 생성 차례를 나타내는 차서도를 만들고, 선천도와 후천도를 그리고, 방위를 표시하는 방위도를 통해 역의 이치를 탐구한다.

하도와 낙서, 태극도 등도 모두 송나라 때 역의 이치를 밝히기 위해 나온 역학의 한 방법이다.

6. 상수象數학파는 우주와 인간을 어떻게 보나

1) 우주는 기氣에 의해 생성변화한다

괘상과 역수를 바탕으로 역의 이치를 파악하려는 학파는 우주가 기氣로 이루어졌다고 본다. 따라서 우주는 기에 의해 만물이 생겨나고 소멸하는 변화를 이어간다고 생각한다. 즉 우주만물의 본원은 기이고, 우주변화는 기의 변화라는 말이다.

그러므로 우주변화의 법칙을 상징한 괘와 괘효는 기의 변화과정을 상징하는 부호에 불과한 것이다. 물론 괘가 내포하고 있는 역수도 기의 변화 과정을 나타내는 수數이다.

「계사전」에서는 "역에 태극이 있고, 태극은 음과 양을 낳는다."[46] 고 한다. 이 말은 역이 곧 태극이고, 태극은 음과 양 둘로 갈라진다는 것이다. 즉 우주의 본원은 태극인데, 이 태극은 다시 음의 기운과 양의 기운으로 분화한다는 말이다. 우주의 본원이 기로 이루어졌다는 것이다.

한나라 상수역학자들은 「계사전」의 이런 관점을 계승하여 괘상에 천기를 파악할 수 있는 24절기를 배합하여 역의 이치를 탐구한 것이다. 이것이 바로 괘기역학卦氣易學이다.

그런데 절기를 파악하는 것은 역법曆法이고, 역법은 역수曆數로 표현된다. 앞서 괘상은 역수를 계산해서 나온다고 설명한 바 있다. 그렇다면 괘상卦象과 역수曆數는 본래 하나이므로 괘기역학은 새로운 것이 아니라고 할 수 있다.

주역의 괘상이 우주변화과정을 기의 변화로 나타내는 것은 괘를 이루고 있는 6개의 효를 통해서다. 즉 양과 음을 나타내는 괘의 효는 천기의 변화 상태에 따라 음효가 되기도 하고 양효가 되기도 하는 것이다. 다시 말해 음과 양 두 기운의 변화에 따라 괘의 효가 음에서 양으로, 또는 양에서 음으로 변화하기 마련이다. 그리고 이와 같은 음양효의 변화에 따라 괘상도 변화하게 된다. 이것을 괘변이라고 하는 것이다.

한나라 때 상수역학자들은 주로 이 괘기와 괘변으로 역의 이치를 파악하고자 했다. 또 송나라 때 상수역학자들은 팔괘도와 64괘도, 그리고 하도·낙서·태극도 등 도상圖象과 이들 도상이 내포한 수를 통해서 우주변화과정을 이해하고 설명한다.

---

46) 「계사전」 상11장, "易有太極 是生兩儀"

이처럼 한대와 송대의 상수역학자들이 우주의 본원이 기라고 보지만 그 내부적으로는 다시 우주의 본원을 기라고 하는 부류와 이理라고 하는 부류로 나뉜다. 즉 괘상을 중시하는 학자들은 괘상이 기를 나타내는 것이라고 보고, 역수를 중시하는 부류는 역수가 이理를 나타내는 것이라고 주장한다.

그러나 전체적으로는 기가 우주생성변화의 근본이며, 우주의 생성변화는 기가 변화하며 유행流行하는 과정으로 본다.

또 역학사易學史 전체로는 상수역학파는 기를 중시하고, 의리학파는 이를 중시한다.

2) 우주의 일원인 인간은 우주법칙에 따라야 한다

일반적으로 괘상·역수를 중심으로 역의 이치를 탐구하는 상수역학파는 우주변화의 법칙을 통해 인간사의 길흉을 점치는 것에 중점을 두고, 의리역학파는 인륜도덕과 우주철학적인 것을 중시하는 것으로 인식되고 있다.

그러나 실은 상수역학파나 의리역학파 모두 우주변화의 규율을 파악해 사람이 사는 문제를 해결하고자 하는 것에 초점이 맞춰지고 있다. 이것을 요약하여 말하면 '하늘의 이치를 미루어 사람의 일을 밝힌다(추천도推天道 명인사明人事)'고 정리할 수 있다.

하늘의 도를 파악해서 사람의 일을 밝힐 수 있는 근거는 물론 하늘과 사람이 하나로 합일하기 때문이다. 사람이 소우주로서 대우주의 일원이기 때문에 당연히 사람은 하늘의 이치에 따라야 한다는 논리인 것이다.

예를 들어보면 한대 경방은 오행역점법을 창안한 사람이다. 그래서 많은 사람들이 경방의 역학을 점을 치기 위한 술수학이라고 폄하하여 말한다. 하지만 그의 역학이 점치는 법을 설명한다고 해서 술수라고 치부할 일만은 아니다. 그는 자신의 저서 『경씨역전』에서 역은 하늘의 때를 파악하여 인사를 살피고, 인륜을 정하며, 왕도를 밝히는 것이라고 적고 있다.47) 이 말은 경방이 역을 공부하는 목적도 결국은 우주의 법칙을 헤아려서 사람도 그에 맞게 사는 방법을 찾는데 있는 것이다.

그렇기 때문에 자연의 법칙은 곧 사람의 법칙이 되는 것이다.

사람이 가져야 할 상도常道에서 가장 중요한 오상五常 혹은 오덕五德은 인仁·의義·예禮·지智·신信이다. 이 오덕은 주역의 8괘와 5행론에서 따온 것이다. 한대에 나온 『역위』에는 "공자가 이르기를 팔괘의 차례가 성립함은 곧 오기가 변형한 것이다. 그러므로 사람이 나면 팔괘와 응하여 오기를 얻어서 오상이 된다. 오상은 인·의·예·지·신이다."48)고 한다.

그리고 또 "사람의 도는 인에서 일어나고, 예에서 서며, 의에서 다스려지고, 신에서 평정되고, 지에서 이루어진다. 이 다섯은 오덕의 분지로 하늘과 사람이 만나는 경계다. 그러므로 성인이 하늘의 뜻에 통할 수 있어서 인륜을 다스리고, 지극한 도를 밝히는 것이다."49)고 한다.

이 말의 뜻을 이해하기 위해서는 먼저 팔괘와 오행과 오기의 관계를 설명할 필요가 있다. 오행은 목·화·토·금·수의 다섯 가지 기운

---

47) 『京氏易傳』 하권, "故易所以斷天下之理 定之以人倫而明王道"

48) 『易緯』「乾鑿度」, "孔子曰 八卦之序成立 則五氣變形 故人生而應八卦之體 得五氣而爲五常 仁義禮智信是也"

49) 『易緯』「乾鑿度」, "故道興于仁 立于禮 理于義 定于信 成于智 五者道德之分 聖人之際也 聖人所以通天意 理人倫而明至道也"

으로 방위로는 목은 동방, 화는 남방, 토는 중앙, 금은 서방, 수는 북방에 해당한다. 그리고 팔괘와 오행의 관계는 동방은 진震괘, 남방은 이離괘, 서방은 태兌괘, 북방은 감坎괘에 대응하고, 중앙은 대응하는 괘가 없다. 팔괘 가운데 진·이·태·감 4괘는 4정방에 위치하고, 나머지 건·곤·간·손 4괘는 네 모퉁이에 해당된다. 팔괘와 대응이 없는 중앙은 사방을 통솔하고 묶는 역할을 하는 자리다.

이렇게 보면 『역위』는 인·의·예·지·신 오덕을 인륜의 강상과 나라를 다스리는 도로 보는 것이다. 다시 말하면 팔괘에서 따온 오상의 덕은 우주 법도의 모방인 것이다.

이처럼 우주와 사람이 서로 응하고 통한다는 천인상응天人相應의 관점은 물론 역학에서 상수학파나 의리학파 모두 동일하지만 상수역학파의 입장은 더욱 현실적이고 직접적이라고 할 수 있다.

정리하면 상수역학파는 인간은 우주의 일원으로서 우주의 법칙을 따라야 하며, 그렇게 하는 것이 길한 것을 따르고 흉한 것을 피하는 것으로 보고 있는 것이다. 물론 추길피흉뿐만 아니라 천도에 부합하는 인문가치의 실현도 가능하다는 입장이다.

괘상역학

1. 음양의 이치理致로 역의 도리道理를 판단한다

1) 괘에 대한 기본적 이해

(1) 괘의 구성

『역경』을 구성하는 가장 으뜸은 괘卦다. 괘는 천지만물과 그것의 변화원리를 상징하므로 괘상卦象이라고도 한다.

『역경』의 괘는 모두 64개다. 그리고 한 괘는 6개의 효爻로 이루어졌다. 그래서 6획괘라고 한다. 그런데 6획괘는 3개의 효로 된 팔괘八卦를 겹쳐서 만든 것이다. 3획괘인 팔괘는 『역경』이 지어지기 전에 복희伏羲가 만든 것으로 전해지고 있다. 그래서 『역경』의 6획괘는 팔괘를 겹쳤다는 의미로 '중괘重卦'라고도 한다.

팔괘나 64괘는 모두 효라는 부호를 쌓아서 만든 것이다. 효는 양의 부호인 '—'와 음의 부호인 '--' 로 구분된다.

(2) 음효와 양효는 서로 친하다

음과 양은 서로 다른 성질을 갖고 있다. 양은 밝음, 따뜻함, 강함,

밖으로 확산함, 살아 있음 등을 나타낸다. 반면에 음은 어두움, 추움, 약함, 안으로 응축함, 죽음 등을 의미한다.

이런 음과 양은 같은 성분끼리는 친하지 않고 서로 배척한다. 오히려 다른 성분끼리는 서로 친하고 끌어당기는 성질이 있다. 음전기와 양전기가 서로 친하고 같은 전극끼리 충돌하는 것이나, 암수가 서로 사귀고, 남녀가 사랑하는 것이 좋은 예다.

(3) 괘에는 음효와 양효의 자리가 있다

6획 괘에서 아래로부터 첫째는 양, 둘째는 음, 셋째는 양, 넷째는 음, 다섯째는 양, 여섯째는 음의 자리다. 그리고 한 괘의 여섯 효를 자리에 따라 붙인 이름을 효제爻題 또는 효위爻位라고 한다.

그런데 여섯 효가 각각 음양의 자리가 있지만 반드시 음의 자리에 음이 오고, 양의 자리에 양이 오는 것이 아니다. 그래서 한 괘에서 양효는 구九, 음효는 육六으로 부른다. 그러므로 괘에서 효제 또는 효위는 아래로부터 위로 어떤 효가 위치하는 지에 따라서 이름이 달라진다.

예를 들면 여섯 효가 모두 양효로 된 건乾괘(䷀)는 맨 아래 효는 초구初九, 둘째는 구이九二, 셋째는 구삼九三, 넷째는 구사九四, 다섯째는 구오九五, 여섯째는 상구上九로 부른다. 또 여섯 효가 모두 음효인 곤坤괘(䷁)는 초효는 초육初六, 둘째는 육이, 셋째는 육삼, 넷째는 육사, 다섯째는 육오, 여섯째는 상육이라고 한다. 아래로부터 양, 음, 양, 음, 양, 음효가 자리하는 기제旣濟괘(䷾)는 초구, 육이, 구삼, 육사, 구오, 상육으로 부른다. 다른 괘도 이런 원리로 효제를 붙인다.

(4) 괘에는 존비尊卑의 자리가 있다

한 괘의 여섯 효에서 초효부터 상효까지 효의 위치에 따라 등급을 달리 하는 것을 말한다. 고대 사회의 계급으로 예를 들면 초효는 원사元士, 2효는 대부大夫, 3효는 삼공三公, 4효는 제후諸侯, 5효는 국왕國王, 상효는 종묘宗廟 등으로 구분하는 것이다. 즉 효의 위치에 따라 귀천, 존비를 상징한 것이다.

효의 존비의 자리는 「계사전」의 "하늘은 높고 땅은 낮으니 건·곤이 결정된다. 높고 낮은 것을 늘어놓으니 귀천이 제자리가 있다."[1]고 하고, 다시 "귀천을 나열하는 것은 그 위치에 있다."[2]고 한 것에서 근거하는 것이다.

그래서 괘를 해석할 때 2효는 신하로 보고 5효를 군주로 보는 것이다.

(5) 괘에는 삼재三才의 자리가 있다

괘의 여섯 효 가운데 초효와 2효는 땅의 자리가 되고, 3효와 4효는 사람의 자리, 5효와 상효는 하늘의 자리가 된다.

괘를 삼재의 자리로 나누는 것은 3획괘인 팔괘에서도 마찬가지다. 초효는 땅, 중효는 사람, 상효는 하늘을 상징한다.

「계사전」은 "역이라는 책은 매우 범위가 넓고 모든 것을 갖추고 있다. 천도가 있고, 인도가 있으며, 땅의 도도 있다. 삼재를 겸하고 그것을 음양으로 나누었다. 그러므로 6이다. 6이란 다름이 아니라 바로 삼재의 도이다."[3]고 설명하고 있다.

---

1) 「계사전」 상1장, "天尊地卑 乾坤定矣 卑高以陳 貴賤位矣"

2) 「계사전」 상3장, "列貴賤者 存乎位"

3) 「계사전」 하10장, "易之爲書也 廣大悉備 有天道焉 有人道焉 有地道焉 兼三才而兩之

그래서 역易에서 하늘의 도를 말할 때는 음과 양으로 말하고, 땅의 도를 말할 경우는 강剛과 유柔라고 하며, 사람의 도리를 말할 때는 인仁과 의義라고 한다."4)

2) 역의 이치는 어떻게 파악하나

(1) 중中과 정正

팔괘에서는 중간 자리가 중中이 된다. 팔괘는 3획으로 구성되므로 2번째 효가 중이 되는 것이다.

64괘에서는 아래 괘 또는 내괘內卦의 중앙인 2효와 상괘上卦 또는 외괘外卦의 중앙인 5효가 중이다.

정正은 한 괘에서 양효가 양의 자리에 있거나 음효가 음의 자리에 있는 경우를 말한다. 만약에 양효가 음의 자리에 있거나 음효가 양의 자리에 있다면 '부정不正'이라고 한다. 자리가 바르지 못하기 때문이다.

그리고 중의 자리에 있는 효가 정을 얻으면 '중정中正'이라고 한다.

괘를 해석할 때 가장 먼저 그리고 중요하게 보는 것이 중과 정이다. 괘가 중이거나 정이면 길한 것이다. 물론 중이면서 정이면 대길大吉로 본다. 중도 아니고 정도 아니면 흉한 것이다. 중과 정에서는 중이 정보다 비중이 크다. 중은 중용의 덕이 있기 때문이다.

(2) 응應과 비比

응應은 감응한다는 뜻이다. 한 괘의 여섯 효 가운데에서 초효는 4

故六 六者非他也 三才之道也"

4) 「설괘전」 2장, "是以立天之道曰陰與陽 立地之道曰柔與剛 立人之道曰仁與義"

효, 2효는 5효, 3효는 상효와 서로 대응이 된다. 서로 대응하는 효가 서로 음양이 다르면 끌어당기고, 음양이 같으면 배척한다. 이 때 서로 끌어당기는 것은 '정응正應'이라고 하며, 서로 배척하는 것은 '불응不應' 또는 '적응敵應'이라고 한다.

괘에서 대응하는 효가 정응이 되면 길한 것이고, 불응이 되면 흉하다.

우주만물은 음과 양이 서로 감응하여야만 생성변화를 이룰 수 있다. 괘의 해석에서 효의 적응 여부를 보는 것은 '음양감응원리陰陽感應原理'에 근거한 것이다.

'비比'는 '친하다'는 뜻이다. 괘에서 이웃하는 효가 하나는 양이고, 다른 하나는 음일 경우 서로 끌어당기는 친한 사이가 된다. 이것을 '비'라고 한다. 만약에 서로 이웃하는 효가 음양이 같다면 비가 되지 않는다. 괘의 해석에서 비가 되면 길하고, 그렇지 못하면 길하지 못한 것으로 본다.

(3) 승承과 승乘

'승承'은 '받든다'는 의미다. 그리고 '승乘'은 '올라탄다'는 뜻이다. 한 괘의 서로 이웃하는 효에서 음효가 양효의 아래에 있는 경우 '승承'이 된다. 반대로 양효가 아래에 있고 음효가 위에 있다면 '승乘'이 된다. 음효가 양효를 타고 있다는 의미다. 음효가 양효의 아래에 있는 '承'은 '순順'하고, 음효가 양효를 타고 있는 '乘'은 거역하는 '역逆'이 된다.

그러므로 '承'은 길하고, '乘'은 불길한 것으로 해석한다.

〈표 1〉 괘효의 중정 응비 승승

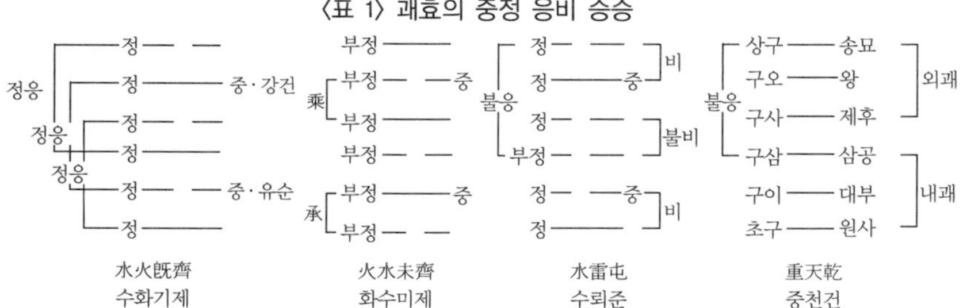

(4) 음괘와 양괘

팔괘는 3개의 효로 이루어진다. 팔괘에서 3개효 모두 양효인 건乾☰괘는 양괘가 되고, 모두 음효인 곤坤☷괘는 음괘가 된다. 그리고 건괘와 곤괘를 제외한 나머지 여섯 괘는 음효가 많으면 양괘가 되고, 양효가 많으면 음괘가 된다. 즉 진震☳, 감坎☵, 간艮☶괘는 양괘이고, 손巽☴, 이離☲, 태兌☱괘는 음괘다.

팔괘에서 건괘는 양괘가 되고, 곤괘는 음괘가 되는 이유는 분명하다. 3개 효 모두 순양과 순음이기 때문이다. 그런데 나머지 6개 괘는 음이 많으면 양이 되고, 양이 많으면 음이 되는 이유는 설명이 필요하다. 역易에서는 홀수와 짝수를 놓고 중요도를 평가할 때 홀수가 우선한다. 홀수는 양이고 짝수는 음으로 보기 때문이다. 그러므로 3개 효 가운데 음이 2개에 양이 1개이면 1양 2음으로 홀수인 1양이 중심이 되어 양괘가 되는 것이다. 또 양효가 2개에 음효가 1개인 괘는 2양 1음으로 음효가 홀수가 되므로 음효가 중심이 되어 음괘가 된다.

「계사전」은 "양괘는 음이 많고 음괘는 양이 많다. 그 이유는 양괘는 홀수이고 음괘는 짝수이기 때문이다."[5]고 밝히고 있다.

---

5) 「계사전」 하4장, "陽卦多陰 陰卦多陽 其故何也 陽卦奇 陰卦耦"

그런데 양은 임금으로 보고 음은 백성으로 본다. 그러므로 괘를 해석할 양효 하나에 음효 둘인 양괘는 한 임금에 두 백성이므로 군자의 도를 나타내는 것으로 본다. 반면에 양효 둘에 음효 하나인 음괘는 두 임금에 한 백성이 되므로 소인의 도를 보여주는 것이 된다.[6)]

2. 괘가 나타내는 상징으로 역리易理를 판단한다

1) 괘상으로 역의 이치를 알 수 있는 이유

괘는 우주만물과 그것이 생성변화하는 원리를 상징한 우주법칙이다.

괘가 우주법칙의 상징부호가 되는 이유는 앞서 설명한 바 있다. 다시 말하면 선인들은 우주만물의 생성변화과정을 관찰하여 그것의 운행 이치를 괘로 상징한 것이다. 이런 과정과 방법을 취상取象이라고 한다. 취상의 결과는 물상物象과 사상事象으로 나타난다.

물상은 사람의 눈과 감각으로 보고 느낄 수 있는 모든 자연물을 말하고, 사상은 물건의 형체는 없으나 상상할 수 있는 일들을 말한다.

정리하면 드러난 현상의 물상과 그 이면의 질서나 법칙 등의 사상은 곧 우주만물과 그것의 운행법칙을 통틀어 말하는 것이다. 그러하므로 괘로 우주의 법칙인 역의 이치를 알 수 있는 것이다.

6) 「계사전」 하4장, "陽一君而二民 君子之道也 陰二君而一民 小人之道也"

2) 「설괘전」에 나타난 팔괘의 상징 내용

(1) 건乾괘

서북방, 굳셈(건健), 말(마馬), 머리(수首), 하늘(천天), 부父, 둥근 것(환圜), 임금(군君), 옥玉, 금金, 추위(한寒), 얼음(빙氷), 붉은색(적赤), 좋은 말(양마良馬), 늙은 말(노마老馬), 수척한 말(척마瘠馬), 얼룩말(박마駁馬), 나무의 과일(목과木果).

(2) 곤坤괘

서남방(표현은 안됐으나 추정할 수 있음), 순함(순順), 소(우牛), 배(복服), 땅(지地), 모母, 삼베(포布), 가마솥(부釜), 인색함(색嗇), 균등함(균均), 새끼 많이 낳은 어미소(자모우子母牛), 큰 수레(여輿), 문文, 무리(중衆), 자루(병柄), 흑색(흑黑).

(3) 진震괘

동쪽, 동함(동動), 용(용龍), 발(족足), 장남長男, 우레(뢰雷), 검정과 황색(현황玄黃), 꽃(부旉), 큰 길(대도大塗), 결단하기 조급함(결조決躁), 푸른 대나무(창랑죽蒼筤竹), 갈대(환위萑葦), 말이 잘 움(마선명馬善鳴), 말의 왼쪽 뒷발이 흼(마주족馬馵足), 말의 발이 빠름(마행족馬行足), 말의 이마가 흼(마적상馬的顙), 곡식이 껍질을 뒤집어쓰고 나옴(가반생稼反生), 곡식이 궁극에 굳셈(가구위건稼究爲健), 곡식이 번성하고 고움(가위번선稼爲蕃鮮).

(4) 손巽괘

동남방, 들어감(입入), 닭(계鷄), 다리(고股), 장녀長女, 목木, 풍風, 먹줄이 곧음(승직繩直), 장인(공장工匠), 백색, 긺(장長), 높음(고高), 나가고 물러남(진퇴進退), 과단성 없음(불과不果), 냄새(취臭), 사람의 머리털이 적음(인과발人寡髮), 넓은 이마(광상廣顙), 흰 자위가 많은 눈(다백안多白眼), 이익을 가까이 하여 이익을 세 배로 남김(근리시삼배近利市三倍), 궁극에는 조급함(究爲躁).

(5) 감坎괘

북방, 빠짐(함陷), 돼지(시豕), 귀(이耳), 중남中男, 수水, 도랑(구독溝瀆), 숨음(은복隱伏), 바로잡거나 휨(교유矯輮), 활과 바퀴(궁륜弓輪), 사람에게서는 근심을 더함(加憂) · 심병心病 · 귀 아픔(이통耳痛) · 피(혈血), 적색赤色, 말의 등마루가 아름다움(미척美脊) · 성질이 급함(극심亟心) · 머리를 아래로 떨굼(하수下首) · 발굽이 얇음(박제薄蹄) · 끄는 것(예曳), 수레에서 허물이 많음(다생多眚), 통함(통通), 월月, 도둑(도盜), 나무에서 단단하고 속이 많음(목견다심木堅多心).

(6) 이離괘

남방, 걸림(리麗), 꿩(치雉), 눈(목目), 중녀中女, 화火, 해(일日), 번개(전電), 갑옷(갑주甲胄), 창과 병기(과병戈兵), 배가 큰 사람(대복大腹), 건괘乾卦, 자라(별鼈), 게(해蟹), 소라(나蠃), 대합(방蚌), 거북(구龜), 나무에서 가운데가 비고 위가 마름(목과상고木科上槁).

(7) 간艮괘

동북방, 그침(지止), 개(구狗), 손(수手), 소남少男, 산山, 작은 길(경로徑路), 작은 돌(소석小石), 문(문궐門闕), 과일나무 열매(과라果蓏), 내시內侍, 손가락(지指), 쥐(서鼠), 부리가 검은 짐승(검훼지속黔喙之屬), 나무에서 단단하고 마디가 많음(목견다절木堅多節).

(8) 태兌괘

서방, 기뻐함(열說), 양(羊), 입(구口), 소녀少女, 연못(택澤), 무당(무巫), 입과 혀(구설口舌), 훼손함(훼절毁折), 붙었다 떨어짐(부결附決), 단단한 소금밭(강로剛鹵), 첩妾.

3) 「춘추좌전」·「국어」의 팔괘 상징 내용

(1) 건乾괘

천天·왕王·군君·부父.

(2) 곤坤괘

토土·마馬·백帛·모母·중衆.

(3) 감坎괘

수水·천川·중衆·부夫.

(4) 이離괘

화火·일日·조鳥·우牛·충蟲·후侯.

(5) 진震괘

뇌雷 · 동東 · 족足 · 형兄 · 남男.

(6) 손巽괘

풍風 · 여女.

(7) 간艮괘

산山 · 남男 · 정庭.

(8) 태兌괘

택澤 · 기旗.

「춘추좌전」과 「국어」는 중국의 전국시대에 지어진 역사서로 「설괘전」을 포함하는 『역전』보다 앞서 지어진 것으로 전해지고 있다. 그런데 이들 책에 기록된 팔괘의 상징 내용은 「설괘전」의 것보다 그 종류가 적지만 대체적으로 내용이 중첩됨을 알 수 있다. 이것은 『역경』의 최초 해설서인 『역전』이 지어지기 이전부터 괘가 상징하는 내용으로 『역경』을 해석했다는 것을 말하는 것이다.

다시 말해 『역전』은 춘추전국시기까지 『역경』 해석 방법으로 유행하던 팔괘의 상징 내용을 바탕으로 하여 그 내용을 더욱 보충 확대하였다고 볼 수 있는 것이다.

그러나 근세 대만의 역학자 상병화에 따르면 팔괘의 상징 내용은 『역전』에 기록된 것보다 훨씬 많았으나 서한 이후 대부분 망실됐다고 주장한다.

상씨는 서한 초에 지어진 것으로 전해지는 『초씨역림』을 연구하여 많은 물상을 더 찾아냈다. 그리고 찾아낸 물상으로 『초씨역림』을 해석한 결과 완벽하게 이해할 수 있다고 밝히고 있다.

3. 괘상의 변화로 역리를 파악한다

1) 괘변은 두 가지가 있다

상수역학象數易學에서 말하는 괘변卦變은 크게 두 종류로 구분할 수 았다.

하나는 한나라 경방의 8궁괘변으로 기존 「서괘전」에 의한 64괘의 배열순서와 달리 8개의 기본괘를 궁괘로 삼고 궁괘별로 8개의 괘를 배열하는 방식을 말한다.

다른 하나는 한대 상수역학가들이 말하는 괘변이다. 이것은 괘의 변화 상태를 보고 역도를 해석하는 방법이다. 승강升降, 방통旁通, 왕래往來, 소식消息, 호체互體, 도전倒顚, 반상半象 등등의 괘상의 변화 방식과 변화된 괘상이 있다.

2) 양효는 올라가고 음효는 내려온다(陽升陰降)

양승음강설은 한대 순상荀爽[7]이 처음 들고 나온 뒤 우번虞翻[8]이 발전시켰다. "양은 나가고 음은 물러난다."[9]는 원리에 근거하여 역

7) 순상-한나라 순제順帝 영건永建 3년 영천穎川 출생, 자字 자명慈明.

8) 우번-한나라 말기 삼국시기 학자로 자는 중상仲翔, 회계會稽 여요餘姚 사람.

9) 『역위』 「건착도」 하, "陽動而進 陰動而退"

을 주석하는 것이다.

건乾괘는 양을 대표하고 곤坤괘는 음을 대표하므로 '건승곤강乾升坤降'이라고 하며, 줄여서 '양승음강陽升陰降' 또는 '승강升降'이라고도 한다.

우번의 괘변설을 요약하면 하나는 건乾괘와 곤坤괘라는 부모괘에서 감坎 · 이離 · 진震 · 손巽 · 간艮 · 태兌의 6자괘가 나왔다는 것이다. 건곤은 태일에서 생겨난 양의로 부모괘이고, 부모괘의 2효와 5효가 변역하면 감괘와 이괘가 나온다. 즉 부父괘인 건괘의 2효가 곤괘의 5효로 올라가고, 모母괘인 곤괘의 5효가 건괘의 2효로 내려와서 감괘와 이괘가 나온다. 또 이離괘의 2효에서 4효까지가 손괘가 되고, 3효에서 5효까지는 태兌괘가 된다. 감괘의 2효에서 4효까지는 진震괘가 되고, 3효에서 5효까지는 간艮괘를 이룬다.

다른 하나는 건乾괘와 곤坤괘 2괘가 10벽十辟괘를 낳고, 다시 10벽괘가 변화하여 52괘를 낳아 64괘가 된다는 것이다.

우번은 건乾이 곤坤을 밀어내는 것을 궁리窮理라고 하며, 곤坤이 건乾을 변화시키는 것을 진성盡性이라고 말한다.10) 이것은 한 괘에서 양효가 자라 올라가는 것과 음효가 자라 올라가는 것을 말하는 것이다.

예를 들면 지뢰복地雷復괘는 맨 아래 1개의 양효와 위로 5개의 음효로 이루어졌다. 그런데 지택림地澤臨, 지천태地天泰, 뇌천대장雷天大壯, 택천쾌澤天夬의 괘를 보면 복괘의 맨 처음 하나의 양효가 점점 위로 음효를 밀어내고 있다.

또 천풍구天風姤괘는 맨 아래에 1개의 음효와 위로 5개의 양효로 구성됐다. 그런데 천산돈天山遯, 천지비天地否, 풍지관風地觀, 산지박

---

10) 이정조, 『주역집해』, "以乾推坤謂之窮理 以坤變乾謂之盡性"

山地剝괘를 보면 구괘의 맨 처음 하나의 음효가 점점 위로 올라가면 양효를 음효로 변화시키고 있다.

이처럼 아래부터 차례로 양이 자라고 음이 변화하는 10개 괘에 건괘와 곤괘를 더하면 12월괘가 된다. 즉 건괘와 곤괘가 10괘를 낳아서 12벽괘가 되는 것이다.

그런데 복괘는 1양효의 괘, 구괘는 1음효의 괘, 임괘는 2양효, 둔괘는 2음효, 태괘는 3양효, 비괘는 3음효, 대장괘는 4양효, 관괘는 4음효임을 알 수 있다.

이들 괘를 제외한 다른 괘들도 음효와 양효의 수를 기준으로 분류하여 각 부류에 대입하면 매 부류마다 나머지 괘는 해당 소식괘의 효상이 서로 변역한 결과가 된다.

후세의 역학자들이 이런 원리로 64괘를 분류하여 그린 괘변도가 '우번의 괘변도'인 것이다.

즉 우번의 괘변에 의하면 한 괘의 효가 모두 양인괘는 건괘, 모두 음효인 괘는 곤괘다.

양효 1개에 음효 5개인 괘는 복復 사師 겸謙 예豫 비比 박剝의 6개다.

음효 1개에 양효 5개인 괘는 구姤 동인同人 이履 소축小畜 대유大有 쾌夬의 6개다.

2양4음인괘는 임臨 명이明夷 진震 둔屯 이頤 승升 해解 감坎 몽蒙 소과小過 건蹇 간艮 췌萃 진晉 관觀의 15개다.

2음4양인 괘는 돈遯 송訟 대축大畜 정鼎 대과大過 무망无妄 가인家人 이離 혁革 중부中孚 규睽 태兌 손巽 대장大壯 수需의 15개다.

3양3음인괘는 태泰 귀매歸妹 절節 손損 풍豊 기제旣濟 비賁 수隨 서합噬嗑 익益 항恒 정井 고蠱 곤困 미제未濟 환渙 함咸 려旅 점漸 비否의 20개다.

3) 방통旁通

음효와 양효가 완전히 상반되는 두 괘를 '방통旁通'이라고 한다. 즉 하나의 괘에서 여섯 효 모두가 변해 대립되는 괘로 바뀌는 것을 말한다.

방통은 우번이 사용한 괘변의 한 방법이긴 하지만 『주역』 「문언전」의 "여섯 효가 발양하여 실정에 두루 통한다."[11]는 말에서 근거를 찾을 수 있다.

방통하는 괘는 모두 32짝이 된다.

상수역학자들은 방통을 특정괘의 효사와 다른 괘 사이의 관계를 해석하는 데 활용했다.

예를 들면 뇌화풍雷火豊괘의 구사 효사는 "그 이주夷主를 만난다."[12]고 하는 데, 풍수환風水渙괘의 육사 효사에는 "이夷의 생각이 미칠 바가 아니다."[13]고 한다. 이처럼 두 괘의 효사에 모두 '夷'자가 있는 것은 풍괘와 환괘가 방통하기 때문이라는 것이다.

4) 호체互體

호체는 한 괘에서 상괘와 하괘 외에 여섯 효의 2효·3효·4효로 구성되는 새로운 경괘와 3효·4효·5효로 구성되는 새로운 경괘를 말한다.

호체는 경방의 역학에서 처음보이고, 후한의 우번과 정현 등의 학자들이 역을 해석하는 데 사용했다.

---

11) 「문언전」 "六爻發揮 旁通情也"

12) "遇其夷主"

13) "匪夷所思"

하지만 그 연원은 「계사전」에서 찾을 수 있다. 「계사전」에서는 "물건을 뒤섞음과 덕을 잡음과 시비를 가리는 것과 같은 것은 가운데 효가 아니면 갖추지 못한다."[14]고 한 뒤 "(한 괘의 여섯 효 가운데) 2효와 4효는 공은 같으나 자리가 달라 선함이 같지 않고, …… 3효와 5효는 공은 같으나 자리가 달라 3은 흉이 많고 5는 공이 많음은 귀천의 차등 때문이다."[15]고 한다.

이것은 한 괘의 상괘와 하괘 말고도 2효·3효·4효·5효가 역의 이치를 탐구하는 데 적지 않은 역할을 하고 있다는 의미다.

이런 근거에 의해 상수역학자들은 어떤 괘효사는 상괘와 하괘 2괘의 상과 관련이 없더라도 호체로 해석이 가능하다고 본 것이다.

예를 들면 수뢰둔괘水雷屯卦의 육삼효사는 "사슴을 좇음에 몰이꾼이 없다. 오직 숲속으로 들어감이니 군자는 기미를 알아 그치는 것만 못하여 가면 인색할 것이다."[16]이다. 둔괘의 상괘는 감坎(☵)괘 즉 물을 말하고, 하괘는 진震(☳)괘로 천둥·번개 등을 나타낸다. 그런데 괘의 육삼효사에는 '숲속'이나 '그침' 등의 말이 나온다. 다시 말해 물, 뇌성, 숲속, 그침은 서로 관계가 없는데 어떻게 이런 해석이 나온 것인가? 그것은 육삼효의 아래 2효와 위의 4효를 겸하여 내호괘를 만들면 간艮(☶)괘가 되는 데에서 연유한다. 즉 간괘는 산을 상징하고, 그침의 의미를 갖는다. 그러므로 수뢰둔괘 육삼효사는 내호괘에 근거한 해석임을 알 수 있다.

---

14) 「계사전」 하9장, "雜物 撰德 辨是與非 則非其中爻不備"

15) 「계사전」 하9장, "二與四 同功異位 其善不同 …… 三與五 同功異位 三多凶五多功 貴賤之等也"

16) 「屯卦」 六三, "卽鹿无虞 惟入于林中 君子 幾 不如舍 往 吝"

5) 상괘와 하괘가 뒤바뀐 괘상 –환상換象

한 괘에서 상괘와 하괘가 서로 바뀐 괘를 '환상換象'라고 한다. 교괘는 또 '교착괘交錯卦', '상하역上下易', '양상역兩象易', '교역괘交易卦', '교괘交卦'라고도 한다.

예를 들어 천택리天澤離괘의 내괘와 외괘가 바뀌면 택천쾌澤天夬가 되고, 뇌풍항雷風恒괘가 상하가 바뀌면 풍뢰익風雷益괘가 된다.

6) 반상半象

반상은 괘상의 반을 취하는 것을 말한다. 예를 들면 팔경괘인 진괘☳의 반상은 ⚏이거나 ⚎이고, 이괘의 반상은 ⚍이거나 ⚎가 된다.

7) 일상逸象

'일逸' 자는 '실전되다' 또는 '잃어버리다'는 의미가 있다. 따라서 일상이라고 하면 괘상이 의미하는 물상物象이 실전된 것을 말한다. 다시 말해 「설괘전」에는 팔괘가 상징하는 물상을 열거하고 있는 데, 한나라 때 상수역학자들은 팔괘의 물상이 실제로는 「설괘전」에 열거된 것보다 많았으나 실전된 것이 많다고 생각했다. 그리하여 일상을 보충하여 역을 해석하는 데 사용했다.

일상을 보충한 역학자들로는 순상荀爽 · 경방京房 · 마융馬融 · 정현鄭玄 · 송충宋衷 · 우번虞翻 · 육적陸績 · 요신姚信 · 구자현瞿子玄 등이 있다. 이들 9명이 보충한 일상을 '구가일상九家逸象'이라고 한다.

4. 괘상 중심의 역학은 우주법칙의 구체적 파악이 어렵다

1) 괘상 중심의 역리탐구는 의리에 치우친다

『역경』의 64괘는 팔괘를 중첩하여 이루어진 것이다. 그래서 팔괘가 상징하는 내용을 바탕으로 하여 64괘의 해석이 가능한 것이다.

그런데 이렇게 괘상을 보고 괘효사를 해석하는 것에 중점을 두는 역학은 자연법칙을 바탕으로 사람이 살아가는 문제를 밝히는 것에 중점이 주어진다. 그래서 팔괘가 상징하는 자연현상으로 먼저 『역경』의 괘상을 해석하고, 이후 이것을 사람의 일에 비유하여 사람이 살아가는 문제를 설명하는 것이다.

다시 말해 괘상과 괘의 이름 등이 갖는 자연법칙을 밝히고, 이를 근거로 사람이 살아가면서 마땅히 준수해야 할 규칙을 강조하는 것이다. 사람이 준수해야 할 규칙은 인륜도덕을 중심으로 한 사회질서의 윤리화라고 할 수 있다. 이것이 의리역학의 본질이다.

2) 공간성의 괘상은 계절변화의 파악이 어렵다

앞서 알아본 봐와 같이 괘상을 통해서 파악할 수 있는 것은 공간상에 드러난 괘상을 보고 그것이 내포하고 있는 이치를 터득한 다음 그 이치를 바탕으로 사람이 본받고 준수해야 할 정신적 덕목이 주를 이룬다.

그러나 괘상을 보고 자연의 순환이 언제 어떻게 나타나는 지를 구체적으로 이해하기는 어렵다. 다시 말해 봄·여름·가을·겨울의 사시사철이 언제 도래하며, 철마다 어떤 현상이 일어나는 것을 파악하기가 쉽지 않다.

사람이 살아가는 데 있어 중요한 것은 자연의 순환변화를 파악하고 이에 맞는 대응을 하는 것이다. 그렇지 않으면 봄에 밭을 갈아 씨앗을 뿌리고, 여름에 가꾸어서 가을에 거둬들이고, 겨울을 나야 하는 일을 제 때에 맞게 하기 어렵다. 그렇게 되면 사람은 자연에 적응해 살아남을 수 없는 것이다.

쉽게 말하면 계절의 변화를 알아야 계절에 맞는 기후를 파악할 수 있다. 그리고 기후의 변화에 맞는 만물의 변화 상태를 알아야만 인간은 생존할 수 있는 것이다. 이것은 사람이 사회질서를 세우고 윤리를 따르는 일 못지않게 중요하다. 오히려 생존이 우선한다고 해도 과언이 아닐 것이다.

3) 일식·월식 등 천문변화를 읽기 어렵다

인류가 살아가는 데 있어 계절변화 못지않게 중요한 것은 일식이나 월식과 같은 천문변화라고 할 수 있다. 실은 계절변화도 따지고 보면 천문변화에 의한 것이지만 말이다.

계절의 변화는 1년을 주기로 반복되므로 시시각각으로 바뀌는 천문변화보다는 주기가 훨씬 길어서 그것을 구체적으로 계산해내기는 쉽지 않다. 공간상에 그려진 괘상을 보고 이것을 알 수 없다.

오늘날은 천문과학이 발달하여 일월식은 물론 태양의 흑점 폭발이라든가 지구에 영향을 미치는 다른 별들의 동태를 쉽게 파악할 수 있지만 과거에는 모두 미지의 상태나 마찬가지였다.

그러므로 일식이나 월식과 같은 천문변화에 의해 일어나는 미지의 상황들을 보고 '이변異變' 내지는 '재이災異'라고 하면서 사람들은 두려워했다.

이변이나 재이는 곧 사람이 살아가는 데 있어서는 흉이 되고, 더 나아가서는 재앙이 되는 것이다.

정리하면 우주법칙의 구체적 파악은 역수를 알아야만 가능하다. 그 이유는 우주는 본래 공간과 시간으로 구성돼 있으므로 공간적 측면만으로는 시간적 측면을 이해하기 어렵기 때문이다. 물론 『주역』은 시공의 우주법칙을 괘상으로 상징한 것이므로 공간상에 표시된 괘상만으로도 시간적 변화상을 알 수 있는 것이라고 할 수 있으나 범인은 그것이 쉬운 일이 아니다.

괘기역학

1. 우주질서의 구체적 파악을 위한 괘기역학卦氣易學

1) 괘기역학卦氣易學은 무엇인가

(1) 괘상역학 · 괘기역학 · 역수역학

일반적으로 역학은 괘상과 역수를 중심으로 역리를 탐구하는 '상수역학象數易學'과 괘효사를 중심으로 역의 인륜도덕적 측면을 살피는 '의리역학義理易學'으로 구분한다.

그런데 필자는 '상수역학'을 '괘상역학卦象易學'과 '역수역학易數易學', 그리고 '괘기역학卦氣易學(또는 상수역학象數易學)'으로 세분한다.

괘상역학은 앞서 '괘상을 통한 역리 탐구'에서 알아본 바와 같이 괘상을 중심으로 역리를 탐구하는 역학을 말한다. 괘상 중심의 역학은 주로 인륜도덕을 강조하는 의리역학에서 이용한다.

역수역학은 역수曆數로 우주의 운행법칙을 파악하고, 이를 바탕으로 사람의 실생활에 관련된 문제는 물론 사람의 사회적 질서와 인륜도덕 등의 문제도 해결하려는 데에 관심을 갖는다. 여기서 역수'曆數'라고 함은 우주의 시간과 공간을 동시에 파악할 수 있는 부호를 말하는 것이다. 곧 음양과 오행을 포괄하는 간지干支를 가리킨다.

'괘기역학'은 괘상과 역수를 결합하여 계절변화를 파악하고 기후와 물후를 헤아려서 사람이 자연현상변화에 대응하는 데 중점을 둔다. 대표적으로 한나라 시기 맹희孟喜[1]에 의해 시작됐다.

(2) 괘상卦象과 역수曆數의 접목이 괘기역학이다

괘상에 절기節氣를 배합하여 『주역』의 이치를 탐구하는 역학이 괘기역학이다. 다시 말하면 『역경』의 64괘 384효에 1년의 4시·12월·24절기·72후·365일을 대입하여 계절의 변화를 파악하고, 기후와 물후를 예측하는 역학이 괘기역학이다.

그런데 여기서 절기를 파악하는 부호는 다름 아닌 역수曆數임을 고려하면 괘기역학은 괘상에 역수를 결합한 역학이므로 곧 '상수역학象數易學'이 되는 것이다.

(3) 괘기역학은 천문과 계절의 변화를 파악할 수 있다

계절 변화를 알기 위해 1년 365.25일을 마디로 구분하는 것이 절節이다. 그리고 이 절에 해당하는 기운이 추운지 더운지를 겸해서 알고자 하는 것이 절기節氣라고 할 수 있다.

즉 1년을 따뜻한 봄, 더운 여름, 시원한 가을, 추운 겨울의 4마디로 나눈 것이 사시사철이다. 하지만 사시는 절기를 기준으로 말하면 2지2분이 된다. 즉 봄은 춘분, 가을은 추분, 여름은 하지, 겨울은 동지로서 이것을 4절이라고 한다. 그러니 4절은 곧 사시사철을 구분하는 마디인 것이다. 그리고 4절은 각기 그 기운이 다르므로 이렇게

---

1) 맹희孟喜- 자는 장경長卿, 동해 난릉東海 蘭陵(현재 산동山東 창산蒼山 난릉진蘭陵鎭) 사람으로 금문경학자이자 역학자.

다른 기운까지 겸하여 말하면 4절기가 된다.

이때 1절은 90일 남짓한 기일이 된다. 4철 중 1철은 90일여가 되는 것이다.

그리고 4절을 보다 세분하면 8절이 된다. 4절에 봄이 시작되는 입춘, 여름이 시작되는 입하, 가을이 시작되는 입추, 겨울이 시작되는 입동의 4립四立을 더하면 8절이 된다. 8절은 2지2분에 4립을 합하여 말하는 것이다.

8절의 1절은 45일여가 된다. 예를 들면 봄이 시작되는 입춘은 대개 2월 4일쯤 된다. 그리고 춘분은 3월 20일경이 된다. 또 춘분에서 입하까지 45일 남짓이 된다. 이하의 계절도 마찬가지다.

8절을 더 세분하면 12달이 된다. 한 계절마다 초·중·말의 3 등분을 하는 것이다. 봄을 예로 들면 초춘 또는 맹춘·중춘·계춘으로 구분하는 것이다. 12달은 말하자면 12절이 되는 것이다.

1년 12달은 더 세분하면 24절이 된다. 동지冬至부터 시작하면 다음 절기는 소한小寒, 대한大寒, 입춘立春, 우수雨水, 경칩驚蟄, 춘분春分, 청명淸明, 곡우穀雨, 입하立夏, 소만小滿, 망종芒種, 하지夏至, 소서小暑, 대서大暑, 입추立秋, 처서處暑, 백로白露, 추분秋分, 한로寒露, 상강霜降, 입동立冬, 소설小雪, 대설大雪 그리고 다시 동지가 차례로 이어진다. 24절기는 보통 15일여의 간격을 두고 이어진다.

24절기를 다시 세분하면 72후가 된다. 1후는 5일을 말하며, 24절기의 1개 절기는 3후로 이루어진다. 기후의 변화가 5일 단위로 일어난다고 할 수 있다. 기후가 5일 단위로 바뀌는 것은 하늘의 오행의 기가 차례로 돌아가기 때문이다.

이렇게 절기가 생기는 이유는 지구가 태양을 365.25일 단위로 순환하기 때문이다.

그렇다고 절기가 단순히 지구가 태양을 순환하는 것만을 고려한 것은 아니다. 왜냐하면 달이 지구를 순환하는 주기도 고려하여 달력을 만들기 때문이다. 지구는 태양의 영향만 받는 것이 아니라 달의 영향도 받기 때문에 동양에서는 이른바 달력(이것을 학술적으로는 역법이라고 함) 만들 때는 태양력의 1년 365.25일과 달이 지구를 도는 12달의 354.36일을 동시에 고려하여 만든다. 이럴 경우 양력에 비해 음력이 매년 11일 정도 부족하여 3년에 한 번씩 윤달을 두어 양력과 음력의 차이를 맞춘다. 그리고도 양력과 음력의 차이가 추가로 발생하므로 5년마다 윤달을 한 번 더 둔다. 이것이 이른바 '오년재윤五年再閏'이라는 것이다.

이렇게 절기는 지구와 태양과 달이 운행하는 천문의 변화에 따라 지구에서 계절의 변화가 일어나고, 계절에 따라 기후가 다르며, 기후에 따라 만물의 생장수장生長收藏하는 물상이 다르다는 것을 파악할 수 있는 방편이다.

정리하면 괘기역학은 주역의 괘상에 절기를 결합하여 천문과 계절의 변화에 따른 기후와 물후의 변화를 파악하여 사람의 생존전략을 마련하기 위한 것이라고 할 수 있다.

2) 괘기역학은 「계사전」에 근거한다

(1) 의리역학자는 왜 괘기역학을 부정하나

『주역』은 『역경』과 『역전』을 포함하는 의미가 있다. 그런데 『주역』에서 『역경』은 우주법칙을 토대로 사람의 생존과 관련한 일을 점치는 책이다. 그리고 그 내용은 '괘상'으로 구성돼 있다.

『역전』은 점치는 책인 『역경』에는 천지자연의 운행법칙이 담겨 있으며, 사람은 천지자연의 법칙을 본받아야만 흉을 피하고 길함을 얻을 수 있다는 철학적 가르침이 내포돼 있다는 것을 설명하고 있다. 즉 『역전』은 『역경』이 점치는 책일 뿐 아니라 천문과학서이며, 철학서라는 것을 밝히고 있는 것이다.

그런데 『역경』은 한나라 때에 이르러 유가의 경전인 6경에 포함되고, 그것도 6경의 머리에 자리를 잡게 된다. 그러면서 유가의 정통관념에 속박되고 왜곡되게 된다.

유가의 정통관념은 임금에 충성하고 부모에 효도하는 충군효친忠君孝親을 정치적 원칙으로 삼는다. 여기서 충군효친이 나쁘다는 비판을 하고자 하는 것이 아니라 이것을 지나치게 강조하다보니 다른 것을 소홀히 하거나 천시하고 멸시하는 시각의 문제를 지적하고자 하는 것이다.

다시 말해 한대의 충군효친을 중시하는 유가 정치철학은 통치관계에서 중요하다고 보이지 않는 천문과학분야는 사악하고 음험한 기교로 보고 이를 멸시했다. 당시 괘기역학이 음험한 술수로 분류돼서 정통학술 전당殿堂인 대아지당大雅之堂에 오를 수 없었던 것이 이를 대변하는 것이다.

(2) 『역전』은 괘상이 역수에서 나왔음을 밝힌다

「계사전」에는 "넷으로 세어서 사시四時를 형상하고, 나머지를 손가락에 끼워서 윤달을 형상하고, 다섯 해에 두 번 윤달을 두기 때문에 두 번 낀 다음에 건다. 건乾의 책수策數가 216이고 곤坤의 책수가 144이다. 모두 360이니 1년의 날짜에 해당한다."[2]고 하는 대목이 나온다.

이것은 산대를 세어서 괘를 뽑는 방법을 설명하는 것이다.

그런데 여기서 1년 360일, 4시, 윤달, 재윤 등은 지구를 중심으로 해와 달이 운행하는 규칙, 즉 역법의 용어다. 곧 괘상은 역법을 구성하는 역수曆數에서 나왔음을 말하는 것이다.

「설괘전」에서도 "음과 양의 변화를 관찰하여 괘를 세웠다."[3]고 하여 해와 달의 운행 규율을 나타낸 것이 괘라고 한다.

여기서 해와 달의 변화가 어떻게 역수와 관계되는 지를 부연해본다. 앞서 역수曆數는 천지의 운행규율을 파악하는 부호라고 말했다. 즉 1년은 4시4철, 8절, 24절, 72후의 절기로 구분할 수 있으며, 이것은 모두 해와 달의 운행상태에 따라 1년 중에 나타나는 천기天氣의 변화를 파악할 수 있는 방편이다.

천기는 음과 양 두 기운의 변화이며, 음양의 변화는 해와 달의 운행에서 나온다. 그리고 천기의 변화는 춥고 더움으로 나타난다.[4]

이처럼 괘상이 역수에서 나왔음을 설명하는 내용은 『역전』의 곳곳에 산재해 있다.

3) 괘기역학의 학통은 공자로부터 시작됐다

괘상에 절기를 결합하여 역의 이치를 탐구하는 괘기역학은 한나라 초기의 맹희에 의해 처음 나왔다.

---

2) 「계사전」 상9장, "揲之以四 以象四時 歸奇於扐 以象閏 五歲再閏 故再扐而後掛 乾之策二百一十有六 坤之策百四十有四 凡三百有六十 當期之日"

3) 「설괘전」 1장, "觀變於陰陽而立卦"

4) 「계사전」 상1장, "日月運行 一寒一暑"

공자 이후 역학의 전승은 스승으로부터 개별 전수하는 사승師承 또는 사문師門 전수를 중시하는 학술적 특색이 있었다. 그리고 한대 학술풍토는 스승의 학설을 지키는 것을 미덕으로 여겨 스승의 학설을 고치지 않으려 했다.

그런데 맹희의 괘기역학은 이런 사승의 미덕을 버리고 스승의 학설을 고쳤다는 비난을 받았다. 즉 맹희가 스승의 학설을 고쳐서 새로운 학설을 만들어냈다는 것이다. 다시 말해 맹희의 괘기역학은 학통이 없는 역학이라는 것이다.

하지만 맹희의 괘기역학에 대한 이런 비난은 설득력이 없을 뿐 아니라 앞서 밝힌 바와 같이 '충군효친'에 치중한 유가들의 억지에 불과한 것이다.

이를 증명하기 위해 먼저 공자 이후 역학의 전승 관계를 『사기』와 『한서』의 기록을 참고로 살펴보자.

공자는 역을 노魯나라 사람 상구商瞿(자목子木)에게 전했다. 상구는 공자의 1대 제자인 것이다.

상구는 초楚나라 사람 간비馯臂(자 자궁子弓)에게 전했다. 간비는 공자의 2대 제자가 된다.

다시 간비는 강동江東 사람 교자矯疵(혹은 교비橋庇, 자 자용子庸)에게 전했다. 교비는 공자의 3대 제자가 된다.

교비는 연燕나라 사람 주수周竪(혹은 주추周醜, 자 자가子家)에게 전해 주추는 4대가 된다.

주추는 순우淳于 사람 광우光羽(혹은 손우孫虞)에게 전해 5대로 이어진다.

손우는 제齊나라 전하田何에게 전해 6대로 이어진다.

전하는 동무東武 사람 왕동王同, 낙양洛陽 사람 주왕손周王孫, 양梁

나라 사람 정관丁寬, 제齊나라 사람 복생服生 등 4명에게 역을 전한다. 이들은 공자의 7대 제자가 된다.

이들 가운데 정관은 탕碭 사람 전왕손田王孫에게 역을 전한다. 전왕손은 8대 제자인 것이다.

전왕손은 시수施讎, 맹희孟喜, 양구하梁丘賀 등 3인에게 역을 전한다. 이들은 공문孔門의 9대 제자가 된다.

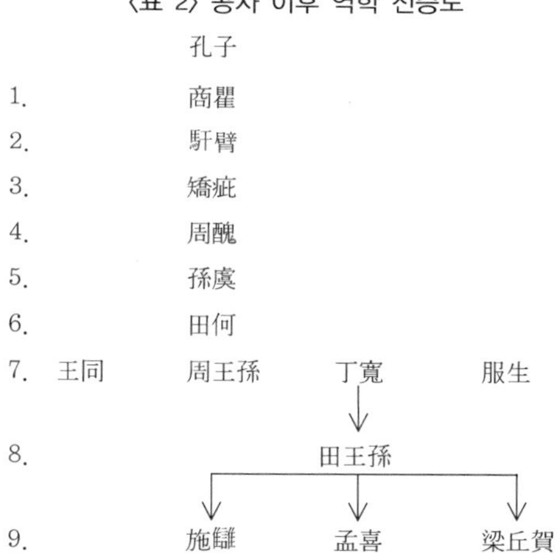

〈표 2〉 공자 이후 역학 전승도

이상의 역학의 전승 관계에서 맹희가 공자로부터 이어지는 공문의 9대 제자임을 알 수 있다.

그런데 문제는 맹희가 스승인 전왕손이 전한 역을 고쳤을 뿐 아니라 거짓말을 하기 때문에 당시 유학자들에 의해 비난을 받아 그의 괘기역학이 정통으로 인정받지 못했다는 대목이다.

『한서』「유림전」에는 맹희가 뽐내기를 좋아하여 『역가易家 후음양재변서候陰陽災變書』를 얻었다고 허풍을 떨고, 스승인 전왕손이 죽을 때 자기 무릎을 베고 역을 전해주었다고 거짓말을 했다는 기록이 있다. 그리고 이어서 맹희의 동문인 양구하가 전왕손은 시수에 의해 장사가 치러졌으며 그 때 맹희는 동해로 돌아가 있었는데 어찌 그런 일이 있을 수 있는가라고 증언을 했다는 기록도 있다.

이 말을 종합하면 맹희의 괘기역학은 스승으로부터 전수받은 것이 아니고 그가 창조한 것이거나 다른 은사로부터 전해 받은 정통성이 없는 역학이라는 것이다.

그런데 여기서 냉정하게 생각해보면 『한서』「유림전」의 기록을 곧이곧대로 받아들일 수 없는 구석이 많다.

우선 맹희의 말이 거짓이라는 양구하의 증언이다. 전왕손의 제자는 양구하 말고도 시수가 있으나 시수는 맹희에 대해 이런 증언을 하지 않고 있다는 점이다. 이것은 양구하가 자신보다 특출한 역학의 조예를 갖고 있는 맹희에 대한 학문적 질투에서 나온 것일 수도 있다고 볼 수 있게 하는 대목이다.

『한서』「유림전」에는 양구하가 한나라 선제 때에 역점을 쳐서 병란이 일어날 것을 미리 알았다는 대목이 나온다. 그렇다면 양구하도 역점에 능했다는 것이고, 다만 새로운 점법인 괘기역에 의한 점을 알지 못했다는 것이다. 즉 양구하가 같은 스승에게서 배웠으나 맹희보다 실력이 떨어져서 맹희를 질투했다는 분석을 가능하게 하는 이유다.

무엇보다 맹희의 괘기역은 공자를 비롯한 공자의 문도들이 지은 것으로 전해지는 『역전』에 근거하고 있음은 앞서 설명한 대로다.

정리하면 맹희는 공자로부터 전수된 역학을 전수한 9대 적통제자이며, 그의 괘기역은 공문에 의해 지어진 『역전』에 근거하고 있다. 따라서 맹희의 괘기역은 학통의 정통성이 있고 명확한 이론적 근거가 있다는 것이다. 다만 맹희는 충군효친에 치중한 유가의 편협된 역학을 벗어나서 『역전』에 제시된 천문과학을 제대로 이해하고 이것을 발전시켰다고 볼 수 있다.

2. 맹희의 괘기역학

맹희는 64괘 384효를 1년의 4시·12월·24절기·72후·365일에 배합해 1년의 절기변화를 해설하고, 『주역』을 해석했다. 이것이 맹희의 괘기학이다. 맹희의 괘기학은 4정괘설四正卦說, 12월괘설, 6일7분법으로 나눠볼 수 있다.

1) 24기를 담당하는 감坎·이離·진震·태兌

맹희는 64괘의 기본괘인 건乾·곤坤·진震·손巽·감坎·이離·간艮·태兌 8괘중에서 감坎·이離·진震·태兌 4괘를 각각 4정방에 배치하여 1년 24절기를 배당한다.

즉 감괘는 정북正北, 진괘는 정동正東, 이괘는 정남正南, 태괘는 정서正西에 배치하여 각각 1효가 1개 절기를 맡도록 하는 것이다.

그리고 감괘의 초효는 동지, 2효는 소설, 3효는 대설, 4효는 입춘, 5효는 우수, 상효는 경칩, 진괘 초효는 춘분, 2효는 청명, 3효는 곡우, 4효는 입하, 5효는 소만, 상효는 망종, 이괘 초효는 하지, 2효는 소서, 3효는 대서, 4효는 입추, 5효는 처서, 상효는 백로, 태괘 초효는 추분, 2효는 한로, 3효는 상강, 4효는 입동, 5효는 소설, 상효는 대설에 배치한다.

이렇게 감坎·이離·진震·태兌 4괘를 4정방에 배치하므로 이것을 '4정괘' 혹은 '4시방백괘四時方伯卦'라고 부른다. 여기서 '방백괘''라고 하는 이유는 한 괘가 한 철을 담당하므로 괘에 벼슬 이름 붙이기를 좋아하던 당시 사람들의 취향에 따른 것이다.

맹희의 학술 내용은 일찍이 실전됐지만 이런 내용은 당나라 승려 일행一行이 『대연역의大衍易議』에서 인용한 『맹씨장구孟氏章句』에서 확인할 수 있다.

〈표 3〉 4정괘와 절기 대응표

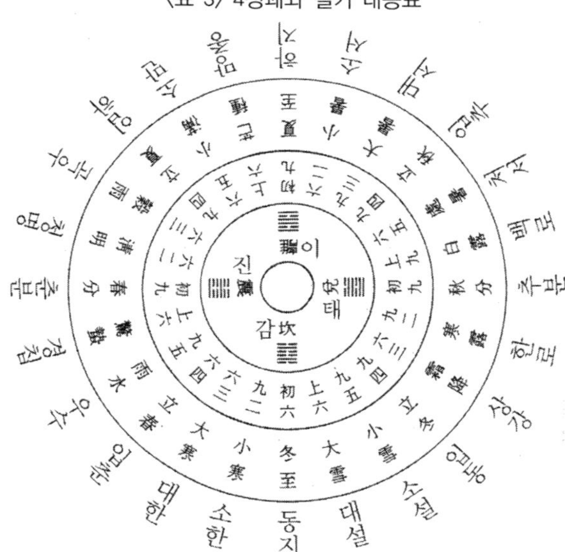

맹희의 방백괘에서는 두 가지 특성을 생각해볼 수 있다.

우선 음양2기설에 근거하고 있다는 점이다. 감괘를 정북에 둔 것은 양기가 아직 본격 활동을 시작하지 않은 때이기 때문이다. 감괘(☵)는 두 음이 하나의 양을 싸고 있는 상이다. 양의 기운이 음의 가운데 머물러 있는 것이다. 태양의 운동 상태로 볼 때 동지는 해가 남쪽 끝까지 내려간 때다. 이때부터 해는 다시 북쪽으로 올라오기 시작한다. 양의 기운이 본격적 운동을 시작하려 하고 있지만 운동이 시작된 것은 아니다. 괘의 상으로 보아 한 겨울인 것이다.

진震(☳)괘는 하나의 양이 아래에서 움직이기 시작한 상이다. 동쪽은 양기가 활동을 시작한 봄을 나타낸다.

이離(☲)괘는 두 양이 하나의 음을 싸고 있다. 하지에는 태양이 북쪽 끝까지 올라와서 이제 남쪽으로 내려가려는 때다. 계절로는 여름이지만 음의 기운이 자라기 시작하려는 것이다.

태兌(☱)괘는 하나의 음이 위에서 움직이기 시작했다. 하지만 음의 기운이 아직 극에 이르지 않아 계절로는 가을에 해당한다.

여기서 양이 자라는 것은 아래부터 시작하고, 음이 자라는 것은 위에서부터 시작하는 것은 양의 기운은 앞으로 나가고, 음의 기운은 뒤로 물러난다고 보기 때문이다.

이렇게 보면 방백괘는 음양 2기를 가지고 24절기의 변화를 설명하려는 의도가 명백하다.

다음은 방백괘가 오행론에 바탕을 두고 있다는 점이다.

방백괘는 『설괘전』에 근거하고 있다.

「설괘전」은 "만물은 진에서 나온다. 진은 동방이다. 손에서 깨끗하다. 손은 동남이다. …… 이는 밝음이다. 만물이 다 서로 만나보니 남방의 괘다. …… 곤은 땅이다. 만물은 모두 기름을 이룬다. …… 태는 바로 가을이다. …… 건은 서북의 괘다. …… 감은 물이다. 바로 북방의 괘다. …… 간은 동북의 괘다. 만물이 마침을 이루고, 시작을 이루는 것이다."[5]라고 한다.

「설괘전」의 이 대목은 '8괘방위설'이라고 하는 후천8괘에 관한 내용이다. 이 내용을 보면 감坎·이離·진震·태兌는 4정방에 위치하고, 8괘 가운데 나머지 건乾괘는 서북, 곤坤괘는 서남, 손巽괘는 동남, 간艮괘는 동북으로 4귀퉁이에 자리한다.

〈표 4〉 후천팔괘도

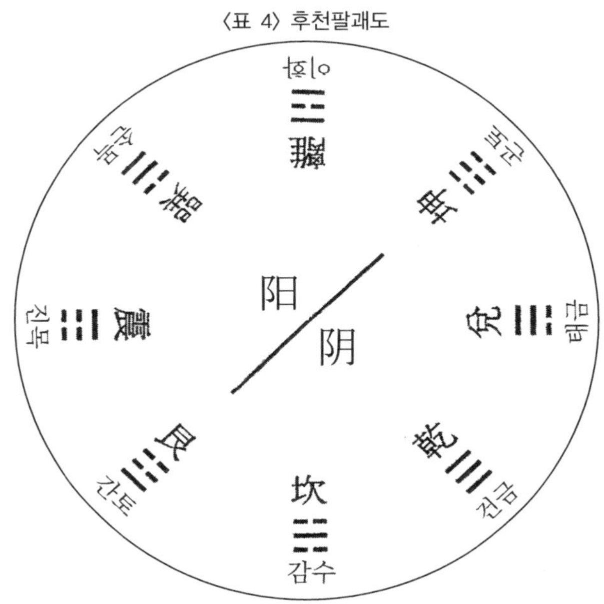

이것을 오행으로 보면 4정괘 가운데 북쪽의 감괘는 물상으로 수水, 동쪽의 진괘는 목木, 남쪽의 이괘는 화火, 서쪽의 태괘는 금金을 나타낸다. 즉 북쪽의 수에서 시작해 동의 목, 남의 화, 서의 금은 오행 가운데 토土를 제외하고 모두 갖추고 있다. 그런데 모퉁이 괘 가운데 동북의 간과 서남의 토는 서로 대칭을 이루면서 모두 토를 나

5) 「설괘전」 5장, "萬物出乎震 震東方也 齊乎巽 巽東南也 …… 離也者 明也 萬物皆相見 南方之卦也 …… 坤也者 地也 萬物皆致養焉 …… 兌 正秋也 …… 乾 西北之卦也 …… 坎者 水也 正北方之卦也 …… 艮 東北之卦也 萬物之所成終 而所成始也"

타내는 괘다. 그림으로 보면 중앙의 간토艮土와 곤토坤土를 중심으로 좌측은 목·화가 자리하고, 우측은 금·수가 자리한다. 즉 북의 수로부터 보면 수·목·화·토·금·수의 차례가 형성된다. 즉 수생목水生木, 목생화木生火, 화생토火生土, 토생금土生金, 금생수金生水의 오행상생관계가 되는 것이다.

본래 「설괘전」의 후천8괘에 관한 내용은 오행에 관한 언급은 없으나 오행사상이 내포돼 있는 것을 확연히 알 수 있는 부분이다.

다시 말해 맹희의 방백괘설은 음양론과 오행론을 바탕에 깔고 있다는 것이다. 단지 음양론은 명백하게 드러나지만 오행론은 읽는 사람이 깊이 생각하여야만 알 수 있다는 점이 다를 뿐이다.

2) 음양 소식消息으로 1년 12달을 설명한다

맹희는 64괘 중 건乾·구姤·돈遯·비否·관觀·박剝·곤坤·복復·임臨·태泰·대장大壯·쾌夬의 12괘를 12달에 배합하여 1년의 절기변화를 설명한다. 이것을 12월괘 또는 12벽辟괘라고 한다. 벽괘라고 한 것은 한 괘가 1달을 군주君主처럼 장악한다는 뜻에서 쓴 것이다.

즉 순 양괘인 건괘는 하지가 들어있는 4월, 한 괘의 6양효 중 아래에 처음으로 음효가 시작되는 구괘는 5월, 2개 효가 음인 돈괘는 6월, 3개효가 음효인 비괘는 7월, 4개효가 음효인 관괘는 8월, 5개효가 음효인 박괘는 9월, 6효 모두 순음인 곤괘는 10월, 여섯 음효에서 처음으로 아래에서 양효 하나가 생기는 복괘는 11월, 2개효가 양효인 임괘는 12월, 3개효가 양효인 태괘는 1월, 4개효가 양효인 대장괘는 2월, 5개효가 양효인 쾌괘는 3월을 각각 담당하는 것이다.

〈표 5〉 12월괘도

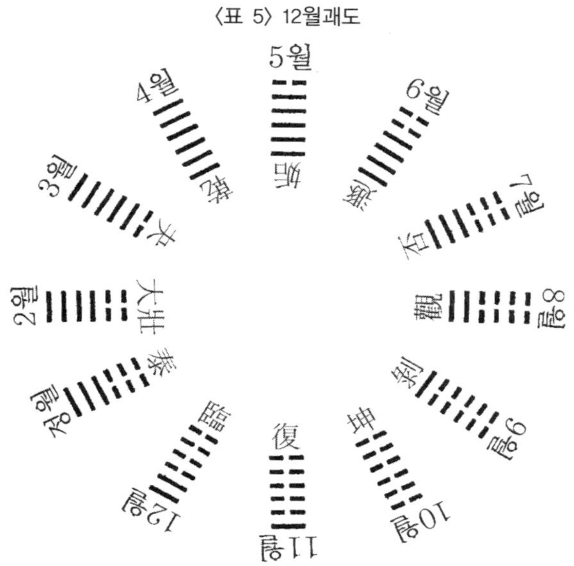

맹희는 12월괘의 12괘 72효에서 1개효가 1후一候(5일)를 담당케 하여 1괘에 6후를 배당한다.

12월괘는 소식消息괘라고도 한다. 소식이란 말은 양의 기운은 확산하는 성질 즉 늘어나는 특성이 있고, 음의 기운은 응축 곧 줄어드는 성질에서 연유한 것이다.

12월괘를 자세히 보면 순양인 건괘에서 구·돈·비·관·박괘까지는 음효가 양효를 위로 밀어내고, 순음인 곤괘에서 복·임·태·대장·쾌괘까지는 양기가 자라면서 음기를 위로 밀어낸다. 즉 양기가 자라면서 음기는 줄어드는 것이다. 양이 자라는 것은 식息, 음이 자라는 것은 소消가 되는 것이다.

본래 소식이란 말은 풍豊괘 「단전」의 "천지가 차고 기우는 것은 때에 따라 늘어나고 줄어든다."[6]고 한 대목과 박剝괘 「단전」의 "군자는 소식영허를 숭상한다."[7]는 대목에서 유래한다.

정리하면 12월괘는 음효와 양효의 소식을 가지고 12달의 기후변화를 파악하려고 한 것임을 알 수 있다.

3) 60괘 360효를 1년 365.25일에 배당한다

4정괘와 12월괘로 1년 24절기 72후를 배합한 맹희는 64괘 384효로 1년 365.25일을 배당하고자 했다. 그러나 384효와 365.25일 딱 맞아 떨어지지 않으므로 4정괘를 제외한 60괘 360효를 365.25일에 배당했다. 이렇게 하더라도 5.25일 남는다. 그래서 1괘당 6일을 배정하고, 다시 남는 5.25를 나누어서 7분을 추가로 배정한다. 이렇게 해서 1괘가 6일7분을 담당하도록 하는 것이다. 이 때문에 '6일7분법'이라고 부르는 것이다.

4) 맹희 괘기역의 문제점

본래 주역 64괘는 역수를 계산하여 얻은 것이므로 괘상과 역수의 배합은 한 치의 오차도 없이 맞아야 한다. 그것이 이치이고 진리다.

이런 논리적 근거로 괘상과 절기를 배합한 맹희의 시도는 신선하다고 볼 수 있다.

하지만 맹희는 간과한 부분이 있다. 『주역』에서 역수曆數는 태양력의 수가 아니다. 태양력과 태음력을 조율한 '태음태양력'이다. 그러함에도 괘상을 태양역을 기준으로 설명하려고 한 것은 심각한 오

6) "天地盈虛 與時消息."

7) "君子尙消息盈虛"

류가 아닐 수 없다.

다행이도 4정괘나 12월괘까지는 크게 드러난 문제가 없어 보인다. 그것은 64괘 가운데 오직 4정괘나 12월괘를 선별하여 4시 24절기를 배합하기 때문이다.

그러나 12월괘를 72후에 배당할 때부터 문제는 드러나고 있다. 12월괘의 효는 모두 72개다. 그래서 72후를 배합하는 것은 오차가 없는 것처럼 보인다. 하지만 여기에는 분명히 오차가 있다. 절기 분류에서 1후는 5일이다. 그렇다면 72후는 360일이다. 이럴 경우 나머지 5.25일은 어떻게 할 것인가?

마찬가지로 64괘 384효에 365.25일을 대입할 수 없고, 60괘 360효에도 365.25일을 배합하는 것은 불가능하다.

태음태양력을 기록하는 방법은 서양력처럼 일반 자연수가 아니다. 즉 간지력이라고 하는 특별한 부호의 수다. 간지력에서 1년의 날수는 해마다 다르다. 왜냐하면 태양력으로 365.25일 1년 안에 두는 달은 달이 차고 기우는 기간인 삭망월을 기준으로 하기 때문이다. 즉 태양력 1년에 태음력 12달을 두게 되는 것인데, 이렇게 하면 해마다 10.89일의 차이가 난다. 그래서 태양력과 태음력을 맞추기 위해 3년에 1차례 윤달을 하나 두고, 그래도 2년이면 부족한 날이 쌓여 다시 5년에 윤달을 하나 더 두게 된다.

다시 말해 태양력으로 19년에 모두 7개의 윤달을 두어야 태양력의 사이클 주기와 태음력의 사이클 주기가 다시 원점으로 돌아오게 된다. 더 부연하면 태양력의 19년 날 수 6,939.75일과 이 기간 7개의 윤달을 두어 235개 삭망월의 날 수가 같아지는 것이다. (1삭망월의 날 수인 29.530851일에 235개 삭망월을 곱하면 6.939.75일이 된다.)

이 때문에 이론적으로 간지력의 1년은 날 수가 가장 적은 해는

354일부터 윤달이 들어 날 수가 가장 많은 해는 384일이 된다. 실제로 음력설이 양력으로 1월 중순에 드는 때가 있는가 하면 2월 중순을 넘기는 경우도 있지 않은가.

그래서 『주역』의 64괘 중에는 1번 건괘부터 59번째 풍수환괘까지 효의 수는 태음력의 1년인 354일인 354효가 된다. 그리고 태양력의 1년은 365.25일지만 4년마다 드는 윤년에는 366일이 되는데, 태양력의 1년을 나타내는 괘는 61번째 괘인 풍택중부괘로 이 괘까지 효의 합은 366효가 된다. 또 윤달이 들어 간지력으로 384일이 1년이 되는 해의 괘는 64번째 괘까지 효의 합인 384효가 된다. 그리고 태양력의 366일과 태음력의 354일을 조율하여 공도수를 이루는 360일을 나타내는 괘는 60번째 괘인 수택절괘가 된다.

주희는 "기氣로써 말하면 366일이고, 삭朔으로서 말하면 354일이다. 지금 기는 가득 차고 삭은 허한 가운데 수를 들어서 말한 것이므로 360일이다."[8]이라고 설명한다. 이 말은 태양의 순환주기 366일과 삭망년의 354일을 통일하여 서술한 것이 360일이라는 것이다. 즉 「계사전」에서 말하는 1년의 날 수가 360일이라는 것은 실제의 태양년 1년의 날짜와 삭망년의 날짜를 말하는 것이 아니라 이들을 통합하여 파악할 수 있는 공도公度를 말하는 것이다.

공도라는 말의 뜻은 둘 또는 둘 이상의 양量이 모두 어느 한 양을 포함하고 있을 때 그 한 양을 말한다. 그런데 여기서 말하는 공도는 해와 달 등 천체가 하늘을 도는 주천도수 360°를 말하는 것이다. 즉 실제의 일월의 순환주기 일 수, 즉 기수와 삭수를 말하는 것이 아니고 이들의 순환주기에 공통으로 포함된 주천공도수周天公度數인 것이

8) 주희 저, 김상섭 해설, 『역학계몽』, 예문서원, 1999, 194쪽.

다. 다시 말해 『주역』의 괘는 주천공도수를 말하는 것이기 때문에 이것은 실제의 기수나 삭수와는 차이가 있을 수밖에 없다. 그러므로 주천공도수가 함축하고 있는 깊은 뜻을 파악하는 것이 중요하다.

무엇보다 괘상은 짝수로 이루어지는 공간성의 상이며, 공도수는 홀수로 나아가는 시간성의 수라는 사실을 간과한 것이다. 즉 괘상이 비록 역수에서 나왔지만 방형方形을 이루고, 역수는 여전히 원형圓形을 내포하고 있다는 사실을 몰랐거나 망각한 것이다. 다시 말해 원형의 직경은 3이지만 방형의 직경은 2이다. 그런데 맹희는 이렇게 다른 기준을 가지고 단순하게 자연수의 법칙을 적용하려 한 것이라는 말이다.

정리하면 맹희의 괘상은 역수에서 나온 것이므로 괘상과 절기를 배합하여 역의 이치를 이해하려는 시도는 좋았으나 절기를 태양력만을 고려하고 실제 주천공도수를 배제한 오류를 범한 것으로 분석할 수 있다.

3. 경방의 괘기역학

1) 경방역의 기본 특성

경방京房은 맹희의 제자 초연수焦延壽로부터 역을 전수받은 것으로 전해진다. 그렇다면 경방은 공자의 11대 제자가 된다.

그런데 맹희가 괘상에 절기를 배합하여 괘기역을 처음으로 시도했다면 경방은 그것을 더욱 발전시켜서 완성했다고 할 수 있다.

왜냐하면 맹희가 괘상에 태양력을 기준으로 한 절기를 배합한 데 비해 경방은 괘상에 간지를 배합한 괘기역을 창안했기 때문이다. 간지는 태양력과 태음력을 결합한 태음태양력을 표시하는 부호다. 또 간지는 음양과 오행을 함께 내포하고 있다. 그래서 경방의 괘기역은 오행역이라고도 부른다.

경방의 괘기론은 『주역』의 경전經傳을 해설하기도 하지만 천문의 변화를 통해 인사를 예측하는 '역점易占'이 탁월하다. 여기서는 주로 역점에 중점을 두고 설명한다.

경방의 역점법은 본래 『역경』에 의한 점법보다 객관적이고 구체적인 특성이 있다.

(1) 경방역의 음양 특성

음양은 상호 대립하면서 이루어주는 '상반상성相反相成'의 특성이 있다. 이것은 음양의 공간적 특성이다. 음양의 또 다른 특성은 음과 양의 두 기운이 하나가 자라면 하나가 줄어들고, 하나가 줄어들면 다른 것이 자라는 소장消長의 과정을 되풀이 하는 것이다. 이것은 '물극필반物極必反' 또는 '순환소장循環消長'이라고 하는 시간적 특성이다.

그런데 경방의 역에서 팔궁괘변과 효의 진퇴 및 유혼·귀혼은 음양의 순환소장에 근거한 것이다. 또 세응世應과 비복飛伏은 음양의 상반상성의 특성에 바탕을 둔 것으로 볼 수 있다.

(2) 경방역의 오행 특성

오행은 상생과 상극의 성질과 사시사철에 따라 특정 오행이 왕성한 힘을 얻거나 힘을 잃는 '휴왕休旺'하는 특성이 있다. 이것을 오행의 '상생상극론相生相剋論'과 '사계휴왕설四季休旺說'이라고 한다.

경방역에서 육친론六親論은 오행생극에 근거한 것이다. 또 일진日辰·월건月建·공망空亡 등은 오행 휴왕설에 따른 것으로 볼 수 있다.

(3) 경방역의 괘기론

맹희의 괘기론이 괘상에 절기를 배합하는 것과 달리 경방은 8순괘에는 천간天干을 배합하고, 8순괘의 각 효에는 지지地支를 배합한다.

8순괘에 천간을 배합하는 것은 납갑納甲이라고 하며, 8순괘의 각 효에 지지를 붙이는 것은 납지納支라고 한다. 이렇게 납갑과 납지는 개념의 차이가 분명하나 통상 납갑과 납지를 합쳐서 '납갑'이라고도 한다.

2) 팔궁괘

(1) 8궁의 배열은 「설괘전」에 근거한다

경방은 64괘 가운데 건乾·진震·감坎·간艮·곤坤·손巽·이離·태兌 8괘를 궁괘宮卦로 정하고, 8궁괘를 8순八純괘라고 부른다.

그런데 건乾·진震·감坎·간艮의 4양괘를 앞에 두고, 곤坤·손巽·이離·태兌의 4음괘를 뒤에 두는 8궁의 배열순서는 「설괘전」에 근거한 것이다. 「설괘전」에서는 부父에 해당하는 건乾괘와 모母에 해당하는 곤坤괘를 바탕으로 하여 이 두 부모괘가 서로 사귀어서 장남인 진震·중남인 감坎·소남인 간艮·장녀인 손巽·중녀인 이離·소녀인 태兌괘를 낳아 8괘를 이루는 것으로 설명한다. 건괘와 곤괘를 부모로 하여 각각 3남3녀를 통솔케 하고, 4양괘를 앞에 두고 4음괘는 뒤에 두는 이른바 '건곤생6자괘乾坤生六子卦'설에 바탕을 두고 있는 것이다.

(2) 음양 2기가 순환소장하여 8궁괘가 배열된다

경방은 음양 2기의 순환소장을 바탕으로 각 순괘별로 아래효부터 음양의 효가 변화하여 7개 괘를 만들어낸다. 이때 각 궁의 순괘의 효가 변화하는 차례대로 1세괘, 2세괘, 3세괘, 4세괘, 5세괘, 유혼游魂괘, 귀혼歸魂괘라는 이름을 붙인다. 다시 말해 순괘는 아직 효의 변화가 없는 괘로 상효가 세世가 된다. 1세괘는 초효가 변화한 괘, 2세괘는 2효까지 변화한 괘, 3세괘는 3효까지 변화한 괘, 4세괘는 4효까지 변화한 괘, 5세괘는 5효까지 변화한 괘, 유혼괘는 5효까지 변화해 된 5세괘에서 4효가 다시 변화를 일으킨 괘, 귀혼괘는 유혼괘에서 3·2·초효 모두 변화를 일으켜 원래로 복귀한 괘를 말한다.

예를 들면 건궁괘에서 순괘인 건괘는 상효가 세효世爻로 효의 변화가 없는 상태다. 건괘의 초9효가 변하면 천풍구天風姤, 초9에 이어 2효까지 변하면 천산돈天山遯, 3효까지 변하면 천지비天地否, 4효까지 변하면 풍지관風地觀, 5효까지 변하면 산지박山地剝, 그리고 박괘에서 다시 4효가 변화하면 화지진火地晉, 진괘에서 3·2·초효가 모두 변화하면 화천대유火天大有괘가 된다. 여기서 건괘는 상세괘, 구괘는 1세괘, 돈괘는 2세괘, 비괘는 3세괘, 관괘는 4세괘, 박괘는 5세괘, 진괘는 유혼괘, 대유괘는 귀혼괘가 되는 것이다.

유혼游魂괘·귀혼歸魂괘는 「계사전」의 "시작을 근원하여 마침에 돌이키므로 삶과 죽음의 연유를 알 수 있다. 정기는 물체가 되고, 혼이 흩어져 변화를 이루므로 귀신의 정상을 알 수 있다."[9]는 말에 연유한다.

'정기精氣'와 유혼'游魂'에 대해서는 여러 해석이 있으나 일반적으로 정기는 음양이 모인 기운으로 생명은 여기에 의존하여 존재하고, 유혼은 혼기가 흩어져서 생기는 변화를 말한다. 왕필王弼은 정기가 뭉쳐서 물체를 이루고, 이것이 극에 달하면 흩어져서 유혼이 되어 변화를 이룬다고 말한다.[10)]

이상을 종합하면 기가 뭉쳐서 물체를 만들고, 이것이 극에 달하면 흩어져서 기로 변화하고, 다시 응취하여 물체를 이룬다는 말이 된다. 즉 음양의 변화를 말한다. 그런데 음양의 변화는 순환반복하므로 처음과 끝이 구분되지 않고 돌고 돌므로(원시반종), 이것의 이치를 알면 삶과 죽음의 문제를 이해할 수 있다는 것이다.

그래서 경방은 효의 변화가 5세까지 진행되면 극에 이르러 다시 돌아서고(유혼), 원래의 시작으로 복귀(귀혼)하는 것으로 보고 유혼과 귀혼을 끌어온 것임을 알 수 있다.

---

9) 「계사전」 상4장, "原始反終 故死生之說 精氣爲物 游魂爲變 是故知鬼神之情狀"
10) 왕필, 『周易注』 권11, "精氣氤氳而成物 聚極而散 而游魂爲變也 游魂言其游散也"

〈표 6〉 경방의 8궁괘변표

	八宮卦							
上世(八純)	乾	震	坎	艮	坤	巽	離	兌
一世	姤	豫	節	賁	復	小畜	旅	困
二世	遁	解	屯	大畜	臨	家人	鼎	萃
三世	否	恒	旣濟	損	泰	益	未濟	感
四世	觀	升	革	睽	大壯	无妄	蒙	蹇
五世	剝	井	豊	履	夬	噬嗑	渙	謙
游魂	晉	大過	明夷	中孚	需	頤	訟	小過
歸魂	大有	隨	師	漸	比	蠱	同人	歸妹

(3) 세효世爻와 응효應爻

경방이 한 괘에서 효가 변화하는 순서에 따라 세를 차례대로 붙이는 것은 해당 괘에서 주체가 되는 효(주사효主事爻)를 구분하기 위한 것이다. 예를 들어 궁괘인 건괘는 아직 효의 변화가 없으므로 상효가 괘의 주체인 주효가 되고, 첫효가 변한 1세괘는 초효, 2세괘는 2

효, 3세괘는 3효, 4세괘는 4효, 5세괘는 5효, 유혼괘는 역으로 돌아서서 다시 5효, 귀혼괘는 4효가 주효가 되는 것이다. 나머지 7개 궁괘도 이와 같은 규칙을 따른다.

이처럼 한 괘에서 세효가 있으면 이에 응하는 응효가 있다. 세世·응應은 바로 세효世爻와 응효應爻의 관계를 말한다. 즉 한 괘의 주체와 객체의 관계를 나타내는 것이다. 다시 말해 나와 상대의 관계를 말하는 것이다.

세효와 응효는 초효와 4효, 2효와 5효, 3효와 상효가 상응한다. 8궁에서 궁괘의 세효는 상효이므로 응효는 3효가 되고, 1세괘는 초효가 세효가 되므로 4효가 응효가 되며, 나머지 3개 괘도 이와 같이 이루어진다.

세응설은 점을 치는데 쓰인다. 경방은 "길흉을 정하는 데는 단지 한 효만을 취한다."[11]고 밝히고 있다. 즉 한 괘의 길흉은 그 괘의 한 효에서 정해진다고 보는 것이다.

경방의 세응설은 「단전」과 「상전」의 응위설應位說을 발전시킨 것이다. 「단전」과 「상전」은 괘효사의 길흉을 해석함에 있어 효위설爻位說을 바탕으로 한다. 예를 들어 무망无妄괘 괘사에 대해 「단전」은 "동하고 굳세며 강이 중에 있고 응하여 크게 형통하여 바르니, 하늘의 명이다."[12]라고 설명한다. 여기서 '강한 효가 중에 위치하고 응함(강중이응剛中而應)'은 5효가 강으로 중정中正에 자리하고, 2효가 다시 중정으로 응하는 것을 말하는 것이다.

또 돈遯괘 「단전」은 "강剛이 존위尊位를 담당하여 응하므로 때에 따라 행한다."[13]고 말한다. 이는 구5효가 강하고 또 양효의 덕을 가

---

11) 『京氏易傳』 상권, "定吉凶只取一爻之象"

12) 无妄괘 「彖傳」, "動而健 剛中而應 大亨以正 天之命也"

지고 중정의 자리에 처하면서 아래로 육2의 중정함과 서로 응하는 것을 설명하는 것이다.

그런데 경방은 한 효에서 주主가 되는 세효世爻를 정하고 이에 대응하는 효를 응효應爻라고 하여 괘의 주체와 객체을 나타낸다. 다시 말해 경방의 세응은 『역전』에 주로 2효와 5효를 중심으로 하여 전개된 응위설을 근거로 하여 전개된 것임을 알 수 있다.

한 괘의 여섯 효는 각기 자기 자리가 있는데 2·4·상은 짝수에 속하기에 음위이고 초·3·5는 홀수에 속하기에 양위로 본다. 그런데 양효가 양위에 오르거나 음효가 음위에 오면 당위 또는 득위라고 하고, 그 반대는 부당위 또는 실위라고 해석한다. 이것이 당위설當位說인데 일반적으로 당위하면 길하고 부당위하면 흉하다고 보고 괘효사의 길흉을 해석한다.

그러나 당위설만으로는 괘효사의 길흉을 충분히 해석할 수 없기 때문에 이의 보완책으로 등장하는 것이 응위설이다. 응위는 초와 4, 2와 5, 3과 상의 효위가 상응되는 관계에 있다는 것이다. 그런데 서로 대응 관계에 있는 효가 항상 응하는 것은 아니고 서로 응함이 있는 경우와 응함이 이루어지지 않는 무응이 있다. 대개 양효와 음효는 상응하기에 유응이지만 양효가 양효를 만나거나 음효가 음효를 만나면 무응이 된다. 일반적으로 유응이면 길하고 무응이면 흉하다.

대유大有괘는 이離(☲)괘가 위에 있고 건乾(☰)괘가 아래에 있어 당위설로 보면 음효인 육5효가 양위에 자리하기에 부당위로 길하지 못한 것이어야 하는데 육5의 효사는 "그 믿음이 서로 사귀니 위엄이 있으면 길하리라."[14]라고 하여 길로 보았다. 「단전」은 "대유大有는

---

13) 遯괘 「彖傳」, "剛当位而應 與時行也"

14) 『易經』 大有괘 六五 爻辭, "厥孚交如 威如 吉"

유柔가 존위尊位를 얻고 크게 中하여 상하가 응하므로 대유라 하였다."[15]라고 괘사의 원형元亨을 해석한다. 육5와 구2가 상응하고 게다가 중의 자리에서 일어나기에 비록 부당위하나 역시 길하다는 것이다.

미제未濟卦괘는 2효가 양효로 음의 자리에 있고 5효가 음효로 양의 자리에 있어 모두 부당위인데 괘사에서 형통이라 한 것도 자리가 제자리를 얻지 못했지만 음효와 양효가 서로 응함이 있기 때문이다. 그래서 「단전」에서는 "비록 자리가 마땅하지 않으나 강함과 유함(강유剛柔)이 서로 응한다."[16]라고 해석한다. "강함과 유함이 서로 응함(강유응剛柔應)"이란 초와 4, 2와 5, 3과 상이 모두 상응의 관계에 있음을 가리킨다.

따라서 당위설만으로 괘효사를 완전히 설명하지 못할 때 보완책으로 등장한 것이 바로 이 응위설임을 알 수 있다. 그래서 경방의 세응설은 바로 응위설에서 발전된 것으로 볼 수 있다.

3) 괘상에 절기를 배합한 납갑·납지

경방은 음양 2기가 소장 순환하는 법칙에 근거하여 64괘를 8궁에 나누어 배열한 다음 8궁괘에 천간을 붙이고, 궁괘의 각 효에 지지를 배합한다.

그런데 천간과 지지는 음양은 물론 오행의 특성을 갖고 있을 뿐 아니라 우주의 시간과 공간의 변화를 파악하는 역법 부호다.

그렇기 때문에 경방이 괘효에 천간과 지지를 배합하는 것은 곧 괘

15) 大有괘 「彖傳」, "大有 有得尊位大中 而上下應之"
16) 未濟괘 「彖傳」, "雖不当位 剛柔應也"

상에 절기를 배합하는 괘기역의 발전된 방법이라고 하는 것이다.

(1) 8궁에 천간을 붙인 납갑

경방은 "천지건곤의 상象을 나누어 갑을과 임계壬癸를 더하고, 진손의 상에 경신庚辛을 배합하며, 감리의 상에 무기戊己를 배합하고, 간태의 상에 병정丙丁을 배합한다."[17]고 밝히고 있다.

즉 경방의 납갑은 건乾에는 천간의 갑甲과 임壬, 곤坤에는 을乙과 계癸, 간艮에 병丙, 태兌에 정丁, 감坎에 무戊, 이離에 기己, 진震에 경庚, 손巽에 신辛을 각각 배합하는 것이다.

그런데 경방이 이렇게 8괘에 천간을 붙인 것은 임의대로 그렇게 한 것이 아니다. 「계사전」의 "상을 걸어 밝음이 드러남은 해와 달보다 큰 것이 없다."[18]에 근거한 것이다. 「계사전」의 이 말은 해와 달이 하늘에 걸려서 8괘의 상이 이루어지는 것이라는 의미다. 즉 팔괘의 상은 해와 달의 운행 상태를 관찰해서 얻은 것이다.

그래서 동한의 우번은 팔괘의 상과 천간의 관계에 대해 다음과 같이 밝힌다.

"해와 달이 하늘에서 팔괘를 이루므로 진震괘의 상은 경庚에서 나오고, 태兌괘의 상은 정丁에서 나타난다. 건乾괘의 상은 갑甲에서 가득차고, 손巽괘의 상은 신辛에서 엎드리고, 간艮괘의 상은 병丙에서 소멸되고, 곤坤괘의 상은 을乙에서 잃는다. 감坎괘의 상은 무戊로 흐르고, 이離괘의 상은 기己로 나간다."[19]라고 한다.

---

17) 『경씨역전』 하권, "分天地乾坤之象 益之以甲乙壬癸 震巽之象配庚辛 坎離之象配戊己 艮兌之象配丙丁"

18) 「계사전」 상9장, "縣象著明 莫大乎日月"

19) 『주역집해』, "謂日月在天成八卦 震象出庚 兌象見丁 乾象盈甲 巽象伏辛 艮象消丙 坤象喪乙 坎象流戊 離象就己 "

위의 내용은 이른바 우번의 '월체납갑설月體納甲說'이라는 것이다. 8괘의 상이 달의 운행상태에서 나온 것이라는 뜻이다.

여기서 말하는 진상震象, 태상兌象 등은 달의 모습(월상月相)을 가리키는 것이다. 즉 달이 어떤 위치에 있을 때의 달의 상을 단괘單卦(삼획괘)로 표시한 것이다. 예를 들어 진상은 그때 달의 상이다. 진괘(☳)의 상은 아래효가 강효(양효), 중효와 상효는 모두 유효(음효)가 된다. 강효는 양성을 갖고 있기 때문에 밝은 달을 표시한다. 유효는 음성을 갖기 때문에 어두움을 표시한다. 따라서 진상은 초승달의 상, 즉 신월新月의 상이다. 그리고 신월은 황혼무렵 서쪽 하늘 가장자리에, 방위로는 경庚의 방향에 위치한다. 그렇기 때문에 진의 상은 경의 방향에서 나온다.

다시 태상을 말하면 단괘 태괘(☱)는 아래와 가운데 효가 강효이고, 상효는 유효다. 그러므로 상현의 때에 위치한 달의 상을 말한다. 상현은 매월 초파일에 해당한다. 달의 둥근 면의 대부분이 밝다. 이 때문에 태괘 아래 면은 2강효로 표시한다. 다만 아직도 일부는 어둡다. 즉 태괘 상면은 유효로 표시한다. 상현달은 황혼무렵에 남쪽의 하늘에서 출현한다. 바로 丁의 방향이다. 그러므로 "태상은 정에서 나타난다.(兌象見丁)"라고 말한다.

그런 후에 만월의 상이다. 달은 만월 때에 완전히 밝고 둥근 모습이다. 이 때문에 3개 강효인 건괘(☰)를 써서 표시한다. 그러므로 만월은 괘상으로 건乾이 된다. 만월은 망望이다. 즉 태양이 서쪽에서 지평선으로 몰입하면 만월은 동시에 동쪽에서 지평선 위로 나온다. 달이 지평선으로 나올 때의 방향은 갑甲의 방향이다. 그래서 "건상은 갑에서 가득 찬다."고 한 것이다.

〈표 7〉 월체납갑도

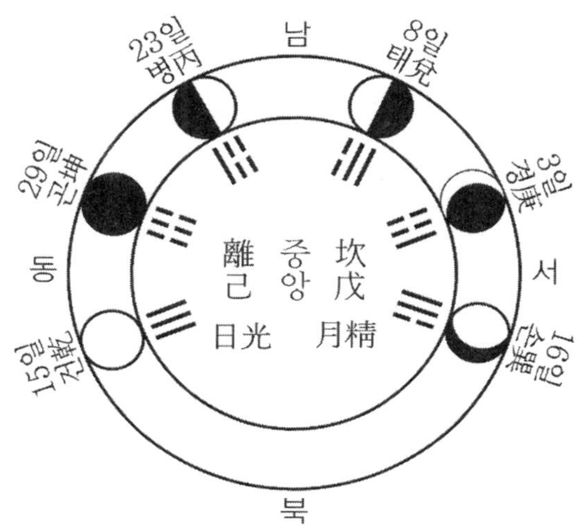

만월 뒤에는 곧 월 '기망既望'이다. 이 월상은 아랫면이 어둡게 변하기 시작한다. 괘상에서는 단괘 손괘(☴)의 괘상이다. 손괘 하효는 유효이고, 중과 상 두 효는 강효다. 양효는 밝고, 음효는 어둡다. 바로 '기망' 때의 월상이다. 이것은 일출 전에 서쪽에서 볼 수 있는 월상이다. 즉 신辛의 방향에서 이른 새벽의 월상이다. 역법에서는 대략 월의 반이 지난 뒤의 17, 18일이다. 이 때문에 "손의 상은 신에 엎드린다."고 부른다.

그런 뒤에 곧 하현의 월상이다. 하현달은 단괘 간괘(☶)상을 볼 수 있다. 단괘 간괘는 아래와 가운데 두 효가 모두 유효다. 그리고 상효는 강효다. 이 때문에 달의 아래 부분이 어둡고, 반원의 윗부분은 밝음을 표시한다. 하현달의 표준은 밝은 새벽 태양이 지평선에 나오기 전에 남쪽 하늘에서 볼 수 있는 월상이다. 이때의 달은 바로 병丙의 방향의 하늘에 있다. (달의 왼쪽은 밝고 오른 쪽은 어두움을 볼 수 있다.) 이 때문에 "간의 상은 병에서 소멸한다."고 하는 것이다.

달의 바탕이 어두운 날, 달은 방위상 태양과 아주 가깝게 접근한다. 이 때문에 달을 볼 수가 없다. 그러나 괘상을 써서 이를 묘사한 월상이 곧 곤괘(☷)이다. 곤괘 세 효는 모두 유효로, 달의 둥근 전면이 어두움을 볼 수 있음을 표시한다. 이때는 방위상 일월이 서로 가깝기 때문에 이른 새벽에 볼 수 있다. 즉 일출 전에 달은 동방 을乙의 방위에 위치한다.

다시 감과 이 두 개 월상이 있다. 우번의 설에 의하면 "감의 상은 무로 흐른다."이다. 즉 밤중에 달을 볼 수 없음을 가리킨다. 그러므로 단지 회일과 삭일이 이와 같다. 그래서 우번은 "그믐날 밤과 삭일 아침의 달(晦夕朔旦)은 감상坎象이고 무戊로 흐른다."하고, 또 낮에 달을 볼 수 없는 것을 "이의 상은 기로 흐른다.(離象就己)"고 한다. 해와 달이 이와 같다. 무戊·기己는 방위에서 가운데다. 그래서 "무기는 토의 위치다. 상을 가운데서 볼 수 있다. 해와 달이 서로 미뤄 밝음이 생긴다."[20]고 말한다.

납갑도와 하도는 방위가 딱 맞아 떨어진다. 즉 동방의 갑을 목木, 남방의 병정 화火, 서방의 경신 금金, 북방의 임계 수水, 그리고 중앙의 무기 토土다.

월체납갑설月體納甲說에 의하면 8괘와 10천간의 관계에서 건괘는 갑, 곤괘는 을, 진괘는 경, 손괘는 신, 감괘는 무, 이괘는 기, 간괘는 병, 태괘는 정으로 나타난다. 그런데 임계의 상은 보이지 않는다. 하지만 경방은 건괘에 갑甲 외에 임壬을, 곤괘에 을乙 외에 계癸를 더한

20) "戊己土位 象見于中 日月相推而明生焉"

다. 즉 중괘인 건괘의 내괘에는 갑, 외괘에는 임을, 곤괘 내괘는 을, 외괘에는 계를 붙이는 것이다.

이렇게 건괘와 곤괘에 월체의 상과 무관하게 임과 계를 덧붙이는 이유가 있다. 『주역』에서 해는 태양으로 이괘, 달은 태음으로 감괘로 나타낸다. 그리고 이괘는 화, 감괘는 물의 상을 취한다. 또 10천간에서 양은 갑 1에서 시작해 임 9에서 마치고, 음은 을 2에서 시작해 계 10에서 마친다. 그러므로 갑·임은 양수의 시종이고, 을·계는 음수의 시종이 된다. 또 건·곤은 음양의 시종이 된다.

이런 이유로 건에는 갑 외에 임을 더하고, 곤에는 을 외에 계를 더하는 것이다.

건괘 내괘에는 갑, 외괘에는 임을 붙이고, 곤괘 내괘에는 을, 외괘에는 계를 붙는 것이다.

이상으로 보면 경방의 8괘 납갑은 해와 달의 운행 관찰을 통해 8괘에 배합하여 달의 차고 이지러짐의 주기를 반영한 음양소식陰陽消息의 모식模式임을 알 수 있다.

(2) 궁괘의 효爻에 지지地支를 붙인 납지納支

납지는 12지지를 양지陽支와 음지陰支로 나누고 자인진오신술子寅辰午申戌의 양지는 양괘의 효에 배합하고, 축묘사미유해丑卯巳未酉亥의 음지는 음괘의 효에 짝짓는 것을 말한다.

〈표 8〉 팔괘납갑도

팔괘 간지 / 효위	乾·金 ䷀	坤·土 ䷁	震·木 ䷲	巽·木 ䷸	坎·水 ䷜	離·火 ䷝	艮·土 ䷳	兌·金 ䷹
上爻	壬戌	癸酉	庚戌	辛卯	戊子	己巳	丙寅	丁未
五爻	壬申	癸亥	庚申	辛巳	戊戌	己未	丙子	丁酉
四爻	壬牛	癸丑	庚牛	辛未	戊申	己酉	丙戌	丁亥
三爻	申辰	乙卯	庚辰	辛酉	戊午	己亥	丙申	丁丑
二爻	申寅	乙巳	庚寅	辛亥	戊辰	己丑	丙午	丁卯
初爻	申子	乙未	庚子	辛丑	戊寅	己卯	丙辰	丁巳

납지에는 몇 가지 원칙이 있다.

첫째 지지는 내괘와 외괘로 나누어 배합한다는 것이다. 예를 들어 건乾괘는 내괘에 초효부터 자인진子寅辰을 배합하고, 외괘는 역시 아래부터 오신술午申戌을 짝지운다.

둘째 음양의 차이에 따라 양괘陽卦에는 양지陽支를 배합하고 음괘陰卦에는 음지陰支를 배합한다는 점이다. 즉 건진감간乾震坎艮의 양괘에는 자인진오신술子寅辰午申戌의 양지를 짝지우고, 음괘인 곤손이태坤巽離兌괘에는 미유해축묘사未酉亥丑卯巳의 음지를 배합한다. 또 육자六子괘 가운데 진震괘는 장남이기 때문에 건乾괘와 지지의 배합을 같이 하지만 손巽괘는 장녀라도 지지배합은 곤坤괘와 같지 않다.

셋째 음양이 착종하는 이치에 따라 양괘에 배합하는 양지는 순행 즉 좌행하고, 음괘에 배합하는 음지는 역행 곧 우행한다는 것이다.

넷째 지지간의 충돌을 피한다는 것이다. 즉 건괘는 11월 자에서 시작하고 곤괘는 오월 오에서 시작되지만 지지 자子와 오午가 충돌하기 때문에 한 개 지지를 후퇴해 미未부터 시작한다.

이 같은 원리에 따라 팔괘와 지지의 배합은 건乾괘는 초효부터 위로 자인진오신술子寅辰午申戌이 되고 곤坤괘는 초효부터 위로 미사묘축해유未巳卯丑亥酉가 된다. 또 건乾궁의 1세괘인 구姤괘는 상건하손上乾下巽이므로 지지배합은 축해유오신술丑亥酉午申戌이 되고, 2세괘인 돈遯괘는 상건하간上乾下艮이므로 지지배합은 진오신오신술辰午申午申戌이 된다. 그리고 곤坤궁의 머리괘인 곤坤괘는 지지배합이 미사묘축해유未巳卯丑亥酉가 되며, 1세괘인 복復괘는 상곤하진上坤下震이므로 지지배합은 진오신축해유辰午申丑亥酉가 된다. 또 2세괘인 임臨괘는 상곤하태上坤下兌이므로 지지배합은 사묘축축해유巳卯丑丑亥酉가 된다. 나머지 다른 괘들도 이와 같은 원리로 지지배합을 이루게 된다.

납지도 괘의 효위에 역수 부호인 12지지를 배합한다는 점에서 보면 효상에 절기를 배합하여 우주의 운행원리를 파악하고, 이를 토대로 인사를 설명하려는 괘기역임을 알 수 있다.

4) 오행의 생극에 근거한 육친六親

육친六親의 현재 우리말 의미는 부모·형제·처자를 통틀어 이르는 말이다. 하지만 역학에서는 자신을 기준으로 부모·형제· 자손·관귀官鬼·처재妻財를 말한다.

역학에서 말하는 육친은 오행의 상생 상극 관계에서 나온 것이다. 즉 나를 기준으로 나를 낳아주는 것은 부모, 나와 동기同氣는 형제, 내가 낳는 것은 자손, 나를 이기는 것은 관귀, 내가 소유하고 통제할 수 있는 것은 처재가 된다.

여기서 관귀와 처재의 개념은 배경 설명이 필요하다. 즉 관존민비官尊民卑와 남존여비男尊女卑의 관념이 지배했던 옛날 사람들은 나를 통제하고 이기는 것은 관청과 귀신이고, 내가 소유할 수 있어 마음

대로 통제할 수 있는 것은 아내와 재물이라고 본 것이다. 육친론은 경방이 처음 창안한 것이다.

경방은 "팔괘에서 귀신은 계효系爻요, 재물은 제효制爻요, 천지天地는 의효義爻요, 복덕福德은 보효寶爻요, 동기同氣는 전효專爻이다."[21] 라고 한다.

그가 이렇게 말한 것은 8궁괘와 각 괘의 효위爻位 관계에서 궁을 모母, 효위를 자子로 보고 모자母子 간의 상생 상극 관계에 근거한 것이다. 다시 말하면 건乾·곤坤괘와 6자괘六子卦를 각 궁으로 하여 64괘를 7괘씩 분속시키는 8궁괘에서 팔궁을 모母로 보고, 그 효위를 子로 보면 오행의 관계에 따라 모자 사이에 상생과 상극의 관계가 존재하게 된다.

구체적으로 보면 8궁의 각 궁괘는 건乾궁과 태兌궁은 금金, 이離궁은 화火, 진震궁과 손巽궁은 목木, 감坎궁은 수水, 간艮궁과 곤坤궁은 토土로서 모母가 된다. 그리고 각 괘의 효위에 붙는 간지오행을 자子로 보고 생극관계를 따져 부모, 자손, 형제, 처재, 관귀로 구분하는 것이다.

건乾궁의 건괘를 예로 들면 건궁은 오행으로 금金에 해당한다. 건괘의 효위에 지지를 배합하면 자수子水·인목寅木·진토辰土·오화午火·신금申金·술토戌土가 된다. 모母인 금金을 기준으로 오행의 상생 상극 관계를 보면 초효 수는 금생수로 자손, 2효 목은 금극목으로 처재, 3효 토는 토생금으로 부모, 4효 화는 화극금으로 관귀, 5효 금은 동기同氣로 형제, 상효 토는 토생금으로 부모가 된다.

나머지 다른 괘와 효의 관계도 같은 방법으로 육친 관계가 이루어진다.

---

21) 『경씨역전』 상권, "八卦 鬼爲系爻 財爲制爻 天地爲義爻 福德爲寶爻 同氣爲專爻"

이러고 보면 경방은 괘와 효에 역수 부호인 간지를 배합하고, 다시 이를 오행의 상생상극 관계로 육친을 이끌어 내고 있다. 이것은 천도를 바탕으로 인사人事를 말하는 '괘상역수역학'의 또 한 부분인 것이다.

5) 오행은 왕성하고 쇠함이 있다

경방은 오행의 왕성하고 쇠함에 대해 직접 말하지는 않았다. 다만 64괘의 해석에서 오행이 왕성하고 기운이 쇠약한 휴休의 때가 있음을 짐작할 수 있는 대목이 나온다.

『경씨역전』에는 "64괘에서 왕성한 때를 만나면 길함이 있고, 쇠퇴하면 흉하며, 부딪혀 상하면 깨지고, 제어를 당하면 패배하고, 죽으면 위험하며, 생조가 있으면 영화가 있다."[22]고 한다.

또 태兌괘 해석에서 "길흉은 효爻의 계산에 따르고, 세월의 운기運氣는 쇠퇴한 때와 왕성한 때에 따른다."[23]고 한다.

이런 말은 64괘를 구성하는 8괘가 기운이 왕성하고 쇠약한 때가 있다는 것이다.

그런데 곤困괘 해석에서는 "오행을 여섯 효위에 짝지우니 후회스러움과 부끄러움이 생겨나고, 4시가 쇠미하고 왕성함이 있어 금과 목이 서로 다툰다."[24]고 말한다.

이 대목은 괘의 왕성함과 쇠함이 효위에 오행을 배합하므로 인하여 드러난다는 것을 짐작할 수게 하는 부분이다.

---

22) 『경씨역전』 하권, "于六十四卦 遇王則吉 廢則凶 冲則破 刑則敗 死則危 生則榮"
23) 『경씨역전』 중권, "吉凶隨爻算 歲月運氣逐休王"
24) 『경씨역전』 중권, "五行配六位 生悔吝 四時休王 金木交爭"

물론 8괘나 오행의 왕세론은 경방이 처음 만든 것은 아니다. 그보다 앞서 『예기』「월령」이나 『회남자』「지형훈」에서 언급하고 있으므로 경방은 이들의 설에 영향을 받았을 것이다.

아무튼 오행생극론은 경방의 오행역에서 주요한 부분을 차지하므로, 오행의 성함과 쇠미함에 관해 이해할 필요가 있다.

(1) 오행의 성쇠盛衰

오행은 각각 기운이 왕성(왕旺)하고 쇠한(휴休) 때가 있다. 즉 오행은 각각 힘을 얻고 잃는 계절이 다르다.

그런데 오행의 휴왕은 세 가지 경우로 구분된다. 하나는 오행의 바탕이 되는 목, 화, 토, 금, 수의 경우이고, 둘은 간지에서 오행이며, 셋은 팔괘의 오행이다.

여기서는 바탕 오행과 간지 오행의 휴왕을 설명한다.

① 바탕 오행

가. 봄

봄에는 목의 기운이 왕성하다. 화는 목의 기운을 받기 때문에 봄에는 '상相'하다고 한다. '相'은 '돕는다'는 뜻이 있다.

토는 목에 죽임을 당하므로 기운을 완전히 잃게 된다. 그러므로 봄에 토는 '사死'하게 된다.

가을의 금은 봄의 목을 눌러 이기므로 봄에는 금의 힘이 빠지게 된다. 그래서 갇힌다는 의미의 '수囚'자를 써서 '수'하다고 한다.

겨울의 물은 봄의 목을 낳아주었으므로 힘을 잃고 쉬게 된다. 그래서 '휴休'하다고 표현한다.

다시 정리하면 봄에는 목은 '왕'하고, 화는 '상'이 되며, 토는'사'가 되고, 금은 '수'되며, 물(水수)은 '휴'하다고 말한다.

나. 여름

위와 같은 이치로 여름에는 화가 왕성하고, 토는 상이 되고, 금은 사가 되고, 수는 수囚하게 되고, 목은 휴가 된다.

다. 계하(태음태양력으로 6월)

여름의 끝자락인 태음태양력으로 6월에는 토가 왕성하고, 금은 상이 되고, 수는 사하고, 목은 수하게 되고, 화는 휴하게 된다.

라. 가을

가을에는 금이 왕성하고, 수는 상이 되며, 목은 사하게 되고, 화는 수하고, 토는 휴하게 된다.

마. 겨울

겨울에는 수가 왕하고, 목은 상이 되며, 화는 사하고, 토는 수하고, 금은 휴하게 된다.

〈표 9〉 바탕 오행의 휴왕표

휴왕 / 계절	旺	相	休	囚	死
봄	목	화	수	금	토
여름	화	토	목	수	금
계하	토	금	화	목	수
가을	금	수	토	화	목
겨울	수	목	금	토	화

② 간지 오행

가. 봄

봄에는 천간天干의 갑을甲乙과 지지地支의 인묘寅卯가 왕하고, 천간의 병정丙丁과 지지의 사오巳午는 상하고, 천간의 임계壬癸와 지지의 해자亥子는 휴하고, 천간의 경신庚辛과 지지의 신유申酉는 수하며, 천간의 무기戊己와 지지의 진술축미辰戌丑未는 사하게 된다.

나. 여름

여름은 병정·사오는 왕하고, 무기·진술축미는 상하며, 갑을·인묘는 휴하고, 임계·해자는 수하며, 경신·신유는 사하게 된다.

다. 계하

6월은 무기·진술축미는 왕하고, 경신·신유는 상하며, 병신·사오는 휴하고, 갑을·인묘는 수하고, 임계·해자는 사하게 된다.

라. 가을

가을은 경신·신유는 왕하고, 임계·해자는 상하며, 무기·진술축미는 휴하고, 병정·사오는 수하며, 갑을·인묘는 사하게 된다.

마. 겨울

겨울은 임계·해자는 왕하고, 갑을·인묘는 상하며, 경신·신유는 휴하고, 무기· 진술축미는 수하며, 병정·사오는 사하게 된다.

〈표 10〉 간지오행의 휴왕표

휴왕	왕		상		휴		수		사	
간지	천간	지지	천간	지지	천간	지지	천간	지지	천간	지지
봄	甲乙	寅卯	丙丁	巳午	壬癸	亥子	庚辛	申酉	戊己	辰戌丑未
여름	丙丁	巳午	戊己	辰戌丑未	甲乙	寅卯	壬癸	亥子	庚辛	申酉
6월	戊己	辰戌丑未	庚辛	申酉	丙丁	巳午	甲乙	寅卯	壬癸	亥子
가을	庚辛	申酉	壬癸	亥子	戊己	辰戌丑未	丙丁	巳午	甲乙	寅卯
겨울	壬癸	亥子	甲乙	寅卯	庚辛	申酉	戊己	辰戌丑未	丙丁	巳午

(2) 월령

월령은 점을 치는 달의 오행의 기운을 담당하는 12달의 간지를 말한다. 월령은 월건月建이라고도 한다. 즉 태음태양력의 월별 지지는 1월 자寅, 2월 묘卯, 3월 진辰, 4월 사巳, 5월 오午, 6월 미未, 7월 신申, 8월 유酉, 9월 술戌, 10월 해亥, 11월 자子, 12월은 축丑이 된다.

그리고 월별 지지에 천간을 붙이면 월건月建이 되는 것이다. 예를 들면 인寅월에 천간 갑甲이 붙으면 갑인甲寅월, 묘卯월에 천간 을乙이 붙으면 을묘乙卯월, 진辰월에 천간 병丙이 붙으면 병진丙辰월이 되는 것이다.

참고로 태세太歲는 해마다 돌아오는 60갑자의 간지를 말한다. 예컨대 갑자甲子년, 을축乙丑년, 병인丙寅년, 정묘丁卯년, 무진戊辰년과 같이 그해의 간지를 태세라고 부른다.

또 매일 매일의 간지를 일진日辰이라고 한다. 예를 들어 갑자甲子일, 을축乙丑일, 병인丙寅일, 정묘丁卯일 등과 같이 그날의 간지를 일진이라고 한다. 보통 우리가 '오늘 일진이 좋다'고 할 때는 그날의 간지를 말하는 것이다.

또 매시간도 간지로 구분하는데, 이것을 시진時辰이라고 한다. 태음태양력에서 하루는 12시진으로 구분한다. 그리고 하루는 오전 0시를 전후한 2시간, 즉 밤 11시부터 새벽 1시 사이 2시간은 자子, 1-3시는 축丑, 3-5시는 인寅, 5-7시는 묘卯, 7-9시는 진辰, 9-낮 11시는 사巳, 11-오후 1시는 오午, 1-3시는 미未, 3-5시는 신申, 5-7시는 유酉, 7-9시는 술戌, 9-밤 11시는 해亥 시가 된다. 이 시간별 지지에 천간을 붙인 것이 시진이다.

우주만물의 변화는 음과 양의 기운이 쇠하고 왕성함에 따른다. 추위와 더위, 건조함과 습함 등이 절기와 계절에 따라 다르다. 계절에 따라 오행의 기운이 번성하고 쇠퇴하는 것을 말한다. 12달은 달마다 각각 다른 오행의 기운이 기세를 잡는다. 이것을 '사령司令'한다고 말한다.

월별로 기세를 잡은 오행은 아래와 같다.

인寅월(정월)은 입춘에서 시작되며 인목의 기운이 사령한다.
묘卯월(2월)은 경칩에서 시작하며 묘목의 기운이 사령한다.
진辰월(3월)은 청명에서 시작하며 진토의 기운이 사령한다.
사巳월(4월)은 입하에서 시작하며 사화의 기운이 사령한다.
오午월(5월)은 망종에서 시작하며 오화의 기운이 사령한다.
미未월(6월)은 소서에서 시작하며 미토의 기운이 사령한다.
신申월(7월)은 입추에서 시작하며 신금의 기운이 사령한다.
유酉월(8월)은 백로에서 시작하며 유금의 기운이 사령한다.
술戌월(9월)은 한로에서 시작하며 술토의 기운이 사령한다
해亥월(10월)은 입동에서 시작하며 해수의 기운이 사령한다.
자子월(11월)은 대설에서 시작하며 자수의 기운이 사령한다.
축丑월(12월)은 소한에서 시작하며 축토의 기운이 사령한다.

1년 12월을 전체적으로 보면 인묘寅卯월은 목木의 기운, 사오巳午월은 화火의 기운, 신유申酉월은 금金의 기운, 해자亥子월은 수水의 기운, 진술축미辰戌丑未월은 토土의 기운이 기세를 잡는다고 본다.

(3) 일진

일진은 점치는 날의 간지에서 지지의 오행을 말한다. 예를 들어 갑甲子일에 점을 친다면 일진은 갑자가 되지만 기세를 잡은 오행은 자수子水가 되는 것이다. 병인丙寅일에 점을 한다면 일진은 병인이지만 사령하는 오행은 인목寅木이 된다.

(4) 공망空亡

10개의 천간과 12개의 지지를 차례대로 짝을 지워 나가면 61번째 가서 다시 처음으로 돌아오게 된다. 즉 천간 갑甲과 지지 자子를 짝지운 갑자에서부터 시작해 60번째 가서 천간 계癸와 지지 해亥가 짝을 이룬 계해癸亥로 60갑자가 마무리 되고 다시 갑자甲子부터 시작한다. 이렇게 천간 10개와 지지 12개를 짝지은 한 사이클을 '60甲子'라고 한다.

이때 10천간을 1순(순은 10일을 말함)으로 하기 때문에 60갑자는 모두 6순으로 이루어진다. 그런데 간지와 지지를 차례로 짝지울 때 각 순별로 지지 2개는 천간이 모자라 짝을 만나지 못하게 된다. 이렇게 각 순에서 천간의 짝을 만나지 못한 지지를 공망空亡이라고 한다.

공망이란 말에서 공은 '천간이 비어있다'는 의미고, 망은 '비어서 없다'는 뜻이다.

〈표 11〉 6순 공망표

	갑	을	병	정	무	기	경	신	임	계	공망
1순	갑자	을축	병인	정묘	무진	기사	경오	신미	신신	계유	술해
2순	갑술	을해	병자	정축	무인	기묘	경진	신사	임오	계미	신유
3순	갑신	을유	병술	정해	무자	기축	경인	신묘	임진	계사	오미
4순	갑오	을미	병신	정유	무술	기해	경자	신축	임인	계묘	진사
5순	갑진	을사	병오	정미	무신	기유	경술	신해	임자	계축	인묘
6순	갑인	을묘	병진	정사	무오	기미	경신	신유	임술	계해	자축

경방역점에서 공망은 일진을 중심으로 살핀다. 예를 들어 1순인 갑자·을축·병인·정묘·무진·기사·경오·신미·임신·계유일 중 어느 한 날에 점을 칠 때 점괘의 6개 효 가운데 술戌이나 亥의 지지가 들어있다면 이것을 '공망된 것'이라고 한다. 왜냐하면 1순의 일진 중에는 지지 술戌과 해亥가 천간을 얻지 못했기 때문이다.

공망은 비어서 없는 것이므로 '작용하지 못함', '실속 없이 껍데기만 있음', '속이 모두 부서졌음' 등의 의미로 해석한다.

공망에는 진공眞空과 비공非空이 있다. 진공은 공망된 지지의 오행이 월령이나 일진의 오행에 의해 휴休 혹은 수囚의 상태에 놓여 공망을 벗어나도 힘을 잃어 쓸 수 없는 경우를 말한다.

비공은 일진이나 월령에서 힘을 얻어 공망을 벗어나면 쓸 수 있는 경우를 말한다.

6) 드러나고 숨은 화복 : 비飛·복伏

『경씨역전』을 보면 경방은 괘를 해석하며 '비복飛伏' 관계를 적시하고 있다.

'비飛'는 밖으로 드러나서 볼 수 있는 것을 말하고, '복伏'은 안으로 숨어서 보이지 않은 것을 말한다.

경방의 비복은 두 가지로 나누어 볼 수 있다. 하나는 8순괘에서 볼 수 있는 경우이고, 다른 하나는 팔순괘를 제외한 나머지 괘의 경우다.

(1) 팔순괘의 비복

『경씨역전』에서 건乾괘의 해석을 보면 "곤坤괘와 비복이 된다."[25]고 하고, 곤坤괘는 "건괘와 비복이 된다."[26]고 한다. 또 진震괘와 손巽괘, 감坎괘와 이離괘, 태兌괘와 간艮괘도 서로 비복이 된다고 말한다.

이들 괘는 모두 8순괘로 서로 효의 음양이 반대가 된다. 즉 괘와 효가 대립하는 모습이다. 다시 말해 경방의 8순괘의 비복은 대립 내지 방통의 관계에 있는 것이다.

8순괘의 비복은 효의 음양을 기준으로 양괘에는 음괘가 숨어 있고, 음괘 뒤에는 양괘가 숨어 있다는 것을 말한다.

경방은 이괘의 해석에서 "양은 음의 주인이 된다. 양은 음에 숨어 있다."[27]고 한다. 이괘는 음괘로 중효인 2효와 5효가 모두 음이다. 반면에 감괘는 2효와 5효가 모두 양이다. 그래서 양이 음의 주인이고, 양이 음에 숨어 있다고 한 것이다.

(2) 궁괘의 효위에 숨은 오행

경방은 구姤괘 해석에서 "손괘와 비복이 된다."[28]고 하고, 복復괘

---

25) 『경씨역전』 상권, "與坤爲飛伏"

26) 『경씨역전』 중권, "與乾爲飛伏"

27) 『경씨역전』 중권, "陽爲陰主 陽伏于陰也"

28) 『경씨역전』 상권, "與巽爲飛伏"

에서는 "진괘와 비복이 된다."29)고 한다. 하지만 이들 괘는 서로 괘상이 대립되거나 효의 음양이 상반되지 않는다.

그런데 천풍구天風姤괘의 여섯 효에 아래부터 지지를 배합하면 축토丑土, 해수亥水, 유금酉金, 오화午火, 신금辛金, 술토戌土가 된다. 이렇게 보면 구姤괘의 효에는 오행 가운데 토, 수, 금, 화는 있으나 목은 없다. 그래서 구괘의 여섯 효 가운데 빠진 오행 목은 손괘에 숨어 있다는 것이다. 손巽괘의 여섯 효에 지지를 붙여보면 축토丑土, 해수亥水, 유금酉金, 미토未土, 사화巳火, 묘목卯木이 된다. 곧 손괘 상효에 묘목이 들어 있음을 알 수 있다.

또 지뢰복地雷復괘의 여섯 효에 지지를 붙이면 자수子水, 인목寅木, 진토辰土, 축토丑土, 해수亥水, 유금酉金이 된다. 오행에서 화가 없다. 부족한 화는 진震괘의 효위에 숨어 있다고 보는 것이다. 진괘의 효위에 지지를 붙이면 자수, 인목, 진토, 오화午火, 신금申金, 술토戌土가 된다.

그런데 실은 경방의 8궁괘에서 숨은 오행은 본궁의 순괘에서 찾을 수 있다. 그리고 드러난 오행은 비신飛神, 숨은 오행은 복신伏神이라고 부른다.

앞서 소개한 바와 같이 각 궁괘는 정해진 오행이 있다. 건乾괘와 태兌괘는 금金, 이離괘는 화火, 진震괘와 손巽괘는 목木, 감坎괘는 수水, 간艮괘와 곤坤괘는 토土에 해당한다. 그리고 각 궁괘의 효에는 지지를 붙인다고 했다. 예를 들면 건乾괘는 아래부터 위로 자子·인寅·진辰·오午·신辛·술戌의 지지가 붙여진다. 그러므로 건괘의 효는 자수子水, 인목寅木, 진토辰土, 오화午火, 신금辛金, 술토戌土가 된다. 즉

29)『경씨역전』중권, "與震爲飛復"

건괘의 6개 효에는 오행이 모두 갖춰있다. 그런데 건乾괘의 1세괘인 구姤괘는 축토丑土, 해수亥水, 유금酉金, 오화午火, 신금辛金, 술토戌土가 된다. 이렇게 보면 구姤괘의 효에는 오행 가운데 토, 수, 금, 화는 있으나 목은 없다. 그런데 부족한 오행 목木은 본궁괘인 건괘의 6효 오행 가운데 숨어있다고 보는 것이다. 즉 구姤괘의 부족한 오행 木은 乾괘의 2효인 寅木에 숨어있는 것이다. 이때 건乾괘의 2효인 인목寅木은 비신飛神, 구姤괘의 지지오행 목木은 복신伏神이라고 부른다. 비신은 오행이 드러나 있고, 복신은 오행이 드러나지 않고 숨어있다는 의미다.

이처럼 경방의 괘변에 의한 64괘 중에는 팔궁괘와 건궁乾宮의 대유大有괘, 감궁坎宮의 절節괘 등 20개 괘는 오행을 모두 갖추고 있으나 나머지 40여 괘는 1내지 2개의 오행이 결여돼 있다.

그러므로 점괘를 뽑아 오행의 상생 상극관계를 따져서 길흉을 판단하기 위해서는 숨어있는 오행을 찾는 것이 필요하다.

점괘의 해석에서 비신은 이미 드러난 일을 나타내고, 복신은 아직 드러나지 않은 일로 추정한다.

7) 음양과 결합한 오행의 진進 · 퇴退

시초를 헤아려 처음 얻은 괘를 정괘正卦 또는 본괘本卦라고 한다. 그런데 한 괘를 얻는 과정에서 초효부터 상효까지 효를 구할 때마다 각 효는 소양 7, 노양 9, 소음 8, 노음 6으로 구분된다. 이 때 음양의 근본 성질상 양효는 강건하여 움직여 나가므로, 양수陽數는 7에서 9로 발전한다고 보아서 7을 소양이라 하고 9를 노양이라고 한다. 또 음효의 성질은 유순하여 후퇴하는 것이므로, 음수陰數는 8에서 6으로 후퇴한다고 여겨 8을 소음, 6을 노음이라고 한다.

즉 처음 괘를 얻었을 때 양효로서 9의 수를 얻은 효는 동효動爻이므로 곧 소음으로 변화하게 되고, 음효로서 6의 수를 얻은 효는 노음으로서 바로 변화하여 소양으로 후퇴하게 된다. 예를 들어 괘를 구하여 초효부터 7, 7, 9, 8, 8, 6의 수를 얻었다면 본괘의 상괘 3개 효는 음이고 하괘 3개 효는 양이므로 지천태地天泰괘가 된다. 그런데 하괘의 3번째 효인 9는 노양의 수이므로 곧 변화하여 소음이 되고 상괘의 상효 6은 노음의 수이므로 변하여 소양이 된다. 따라서 상괘는 간艮괘, 하괘는 태兌괘로 바뀌고, 상괘와 하괘를 겹친 중괘는 산택손山澤損괘로 변화한다.

본괘인 태괘가 변하여 된 손괘는 변괘變卦 또는 지괘之卦라고 부른다. 그리고 이때 본괘에서 노양과 노음으로 변화하는 효를 동효라고 하며, 동효가 변하여 변괘를 이루면서 소양과 소음이 된 효를 변효라고 부른다.

태泰(정괘 土궁)	손損(변괘 土궁)
孫 酉 6 --×	官 寅 —
才 亥 8 --	子 --
兄 丑 8 --	戌 --
兄 辰 9 — 0	兄 丑 --
官 寅 7 —	卯 —
才 子 7 —	巳 —

그런데 이때 본괘에서 동動한 3효는 육친 오행상 진토辰土 형제가 변하여 축토丑土 형제가 됐으며, 상효 유금酉金 자손子孫은 인목寅木 관귀官鬼로 변화했다. 여기서 지지地支오행의 변화가 자축인묘진사

오미신유술해로 나아가는 정상적인 순서로 변화한 것을 진신進神이라고 하며, 후퇴한 것을 퇴신退神이라고 부른다. 즉 3효는 진토에서 축토로, 상효는 유금酉金에서 인목寅木으로 각각 후퇴했으므로 퇴신이라고 칭한다.

괘의 길흉을 판단할 때 효가 동하여 변효가 되는 것은 일의 긴밀한 연속성이 있음을 의미한다. 즉 동효와 변효 사이에는 원인과 결과 또는 시작과 끝이라는 관계가 발생한다. 그러므로 동효가 변하여 변효가 될 경우는 변효가 동효에 어떤 영향을 주는 가를 살필 필요가 있다.

예를 들어 인목寅木인 효가 동하여 자수子水로 변했다면 변효인 자수子水는 동효인 인목寅木을 상생相生하는 역할을 한다. 오행 상생상극원리로 볼 때 수水는 목木을 낳아주는 역할을 하기 때문이다. 이럴 경우 본괘의 동효인 인목寅木이 그 괘의 주효였다면 변효의 도움을 받기 때문에 길조가 될 것이다. 반대로 인목寅木의 효가 동하여 신금辛金 효로 변했다면 변효인 금金이 동효인 목木을 상극相剋하므로 동효는 힘을 잃게 될 것이고, 흉하다는 판단이 가능하다.

도상역학 圖象易學

1. 도상역학의 개요

1) 도상역학은 무엇을 말하나

『역경』은 우주의 법칙, 즉 역의 이치를 64괘 384효로 표현한다. 그리고 괘와 효에 풀이글을 달아서 사람들이 그 의미를 이해하는 데 도움이 되도록 하고 있다.

하지만 『역경』만으로는 역의 원리를 이해하기가 너무 어렵다. 그래서 『역전』이 나오고 나서야 역의 원리 탐구가 활발히 진행되기 시작했다.

『역전』 이후의 역의 원리 탐구는 팔괘가 가지고 있는 음과 양의 성질, 팔괘가 상징하는 물상을 중심으로 이루어졌다. 이런 역학 방법은 사람들의 인식수준이 높아지고, 천문학의 발전으로 괘상에 역수를 결합하여 역리를 파악하는 괘기역학 내지는 상수역학으로 발전한다. 이른바 중국 한나라 초기부터 시작된 '한대 상수역학'이라고 불리는 것이 그것이다.

이렇게 출발한 역학은 중국 송나라 때에 와서는 팔괘차서도와 팔괘방위도, 하도와 낙서, 태극도 등의 그림으로 역의 원리를 해석하는 방법이 더해진다.

이처럼 그림으로 역의 원리를 탐구하기 때문에 '도상역학圖象易學'이라고 한 것이다. 도상역학은 '도서역학圖書易學' 또는 '역도학易圖學'이라고 부르기도 한다.

2) 도상역학의 계보

팔괘차서도와 팔괘방위도, 하도와 낙서, 태극도 등의 역도易圖는 송나라 초기에 이르러서 세상에 나오게 된다. 그 이전에는 이렇게 역의 원리를 설명하는 그림을 볼 수 없었다. 그래서 이런 그림들이 나온 뒤에 역도는 근거 없이 만들어낸 것이라는 비난도 쏟아졌다.

하지만 낙서의 경우 1977년 중국 안휘성安徽省 부양阜陽에서 발굴된 서한西漢 여음후汝陰侯 묘의 유물 가운데 하나인 '영추구궁팔풍靈樞九宮八風' 편과 일치하는 사실이 확인됐다. 이것은 서한 이전 혹은 선진先秦 시기에 이미 낙서洛書가 존재했음을 증명하는 것이다.

물론 하도와 낙서라는 말은 『서경』을 비롯해 『논어』, 「계사전」 중에서도 찾아볼 수 있다.

이렇게 출토유물과 옛 기록 등을 종합해 미루어 보면 오래 전부터 역의 원리를 일목요연하게 이해하려는 노력이 있었음을 알 수 있다. 다만 이런 노력의 결과물을 기록한 문서들이 실전되고, 또 구전도 끊어져서 후세에 제대로 전수되지 않았을 것이다.

아무튼 한동안 보이지 않던 여러 역도들은 송나라 때에 이르러 그 모습을 드러낸다.

역도를 처음 세상에 전한 사람은 중국 오대五代 말기부터 송대 초기에 활동한 도교道敎 도사道士이자 도교학자인 진단陳摶(약 871-989)

이다.

진단은 진사 시험에 낙방한 뒤 처음에는 무당산武當山에 은거하다가 화산華山으로 옮겨 40년을 살았으므로 화산도사華山道士로 불린다.

도교의 색채를 띤 진단의 역학은 그림, 즉 도식圖式으로 역의 이치를 해석하는 것이 특징이다. 그가 내놓은 역학도식은 상象과 수數 모두를 포함하고 있기 때문에 송대代 상수역학과 도상역학의 창시자가 되었다.

진단이 제출한 역학도식은 대표적으로 세 가지를 꼽을 수 있다.

하나는 선천태극도先天太極圖 혹은 천지자연도天地自然圖라고 하는 것이다.

둘은 황하黃河에서 용마龍馬가 지고 나왔다는 용도龍圖이다. 이것은 하도와 낙서를 가리킨다.

셋은 화산의 벽에 새겨졌다고 전해지는 무극도無極圖이다. 무극도는 일찍이 실전돼서 내용이 전해지지 않는다.

이상의 세 가지 도식은 모두 역의 음양이 변역變易하는 법칙을 설명하고 있다.

진단의 이런 역학도식은 당시의 역학가 종방種放(956-1016)에게 전수된다.

종방 이후에 3개 역학도식의 전승 계통은 다소 차이가 있다.

우선 선천도는 종방이 목수穆修(979-1032)에게 전하고, 목수는 이지재李之才(?-1045)에게 전수하고, 이지재는 소옹邵雍(1011-1077)에게 전한다.

다음 태극도는 종방이 목수에게 전하고, 목수는 주돈이周敦頤(1017-1073)에게 전수한다.

끝으로 하도와 낙서는 종방에서 이개李漑 - 허견許堅 - 범악창范諤

昌을 거쳐 유목劉牧에게 전해진다.

정리하면 송대 도상역학을 구성하는 3대 역학도식은 진단에 의해서 처음 모습을 드러낸 뒤 선·후천도는 소옹, 태극도는 주돈이, 하도·낙서는 유목에게 전해진다.

그리고 소옹, 주돈이, 유목은 각각 자신들이 전수받은 역도를 더욱 완전한 도식圖式으로 발전시킨다.

3) 역학도식은 역의 원리를 담은 3대 법칙이다

(1) 역학에서 3대 역학도식이 중요한 이유

역학의 내용은 매우 넓고 크다. 그래서 역의 원리에 대한 해석가들도 헤알릴 수 없이 많다. 그리고 많은 역에 대한 해석자들의 시각이나 주장 내용이 모두 본래의 진의에 접근한 것도 아니다.

그 이유는 역을 공부할 때 역의 근본을 이해하지 못하고 변죽이나 말단을 좇는 경우가 많기 때문이다.

따라서 역을 공부하는 사람은 본질을 제대로 파악하지 못한 이론이나 주장에 빠져서는 안 된다. 반드시 역의 원리가 무엇인지, 그리고 그 원리에 어떤 과학적 이치가 담겨 있는지를 먼저 이해하는 것이 필요하다. 그런 다음에 역의 원리를 실제에 어떻게 운용해야 되는가를 연구하여야 한다.

역의 원리는 처음에 음양의 부호인 괘로 표현됐다. 이것이 『역경』이다. 그리고 『역경』을 주석한 『역전』이 나온 뒤에는 역을 해석하는데 오행이 더해진다. 그래서 역의 원리는 음양오행으로 표현되고. 또 해석하여 이해 할 수 있다. 다시 말해 음양오행은 우주가 생성변화하는 원리를 담고 있는 부호인 것이다.

그리고 3대 역학도식은 이런 음양오행의 원리를 그림으로 표현한 것이다. 그리하여 역을 공부하는 사람에게 역의 원리를 일목요연하게 파악할 수 있게 해주므로 3대 역학도식이 중요하다.

(2) 팔괘도식은 음양의 원리를 설명한다

팔괘도식은 선천팔괘차서도와 선천팔괘방위도, 후천팔괘차서도와 후천팔괘방위도를 말한다.

그런데 팔괘는 태극에서 음과 양의 분화를 통해 나온 것이다. 즉 『역경』의 괘상은 음양의 변화를 나타내고 있다. 우주의 변화원리를 음양으로 말하는 것이다.

따라서 팔괘도식은 역의 음양 변화원리를 해석하는 그림이다.

(3) 하도·낙서는 오행을 말한다

하도와 낙서는 오행의 상생과 상극 원리를 설명한다. 즉 하도는 오행의 상생원리를 말하고, 낙서는 오행의 상극원리와 관계된다.

(4) 태극도는 음양과 오행을 포괄한다

본래 원시태극도는 음양의 활동만 표시된다. 여기서 말하는 태극도는 주돈이가 완성한 것으로 무극과 태극, 음양의 분화, 오행의 작용을 모두 포괄하여 설명하는 도식을 말하는 것이다.

즉 태극도는 역의 원리를 나타내는 음양과 오행의 발전 변화 작용을 한 눈에 파악하고 이해할 수 있다.

2. 선천팔괘와 후천팔괘

1) 선천先天과 후천後天은 무엇을 말하나

역학에서 선천팔괘와 후천팔괘를 이해하려면 먼저 선천과 후천의 의미를 알아야 한다.

앞서 말한 바와 같이 '선천先天'이란 말은 송초宋初 진단의 역학도식 '선천도'에서 이미 나온 것이다. 그리고 진단의 역학도식으로 역의 원리를 해석하는 학파를 후에 학계에서는 '선천상수학파'라고 부르게 되었다.

송대宋代의 선천상수역학파를 대표할 만한 학자가 소옹邵雍이다. 소옹은 진단의 선천도를 전수받아 이를 더욱 발전시켜 '천인지학天人之學'을 완성한 인물이다.

소옹은 학문이 하늘과 사람이 만나지 않으면 학문이라고 할 수 없다는 생각을 품고 있었다. 그는 하늘과 사람은 서로 표리表裏의 관계를 이루고 있다고 보는 것이다. 그러므로 하늘이 운행하는 도를 알고, 그 도리를 미루어서 사람의 도리를 밝힐 수 있다고 본 것이다.

그리하여 소옹은 역학을 천지만물의 이치를 연구하는 물리학物理學과 사람의 도리를 밝히는 성명학性命學으로 구분한다. 여기서 말하는 물리학은 천학天學이고, 성명학은 인학人學이라고 할 수 있다.

그런데 소옹이 천도를 미루어 인사人事를 밝히고자 하는 생각을 갖고 있다고 한 점을 상기해 보면, 천학은 자연이 가지고 있는 본래의 원칙을 말하는 것이고, 인학은 사람이 자연을 이용하기 위한 작위적 규율이라는 의미가 된다.

즉 천학은 천지자연이 저절로 존재하는 자생自生의 뜻을 갖고 있으며, 인학은 천학을 바탕으로 인위적으로 만든 조생造生의 의미를 갖는다고 볼 수 있다.

소옹은 다시 천학을 선천학으로, 인학은 후천학으로 부른다.

정리하면 소옹의 역학관은 천지자연의 법칙을 파악하여 사람이 좇아야 할 도리를 밝히는 것이 돼야 한다는 것이다. 그리고 천지자연의 법칙을 파악하는 부분은 천학·물리학·선천학이 되고, 사람의 도리를 밝히는 부분은 인학·성명학·후천학이 된다.

2) 선천팔괘와 후천팔괘의 의미

선천팔괘는 이른바 복희가 처음 지었다는 팔괘를 말한다. 즉 태극에서 음양이 나뉘고, 음양이 사상을 낳고, 사상이 팔괘를 낳아서 이루어진 팔괘를 가리킨다.

소옹은 복희가 지었다는 팔괘는 천지만물이 생성변화하는 자연적 이치와 음양의 모든 변화 내용을 상象과 수數로 함축하여 갖추고 있다고 본다.

이에 비해 후천팔괘라고 칭하는 문왕팔괘는 부모괘인 건乾괘와 곤坤괘가 진震·감坎·간艮·손巽·이離·태兌의 여섯 괘를 낳아 이루어졌기 때문에 인위적인 것으로 보는 것이다.

즉 소옹은 복희팔괘는 천지자연의 도를 담고 있으므로 선천팔괘이고, 문왕팔괘는 사람의 도리를 말하는 것이므로 후천팔괘라고 하는 것이다.

소옹의 이런 기준에 의한 구분은 자연의 이치를 바탕으로 사람의 도리를 세우는 데 중점을 두는 유가 철학적 관점에서 나온 것이다.

하지만 소옹의 이런 유가 철학적 관점에 의한 구분이 아니더라도 복희팔괘와 문왕팔괘는 그 내용으로 보아 체体와 용用의 관계를 이루고 있다. 이어서 구체적 내용이 이야기 되겠지만 복희팔괘는 내용이 공간적 측면이 강하고, 문왕팔괘는 시간적 측면이 강하다.

3) 선천팔괘의 생성 순서와 방위方位

선천팔괘도라고 하는 복희팔괘도는 팔괘가 생성되는 순서를 그린 '선천팔괘차서도先天八卦次序圖'와 팔괘가 자리하는 방위를 그린 '선천팔괘방위도先天八卦方位圖'라고 하는 두 종류가 있다.

(1) 선천팔괘차서도

『역전』은 옛적에 복희씨가 천하를 다스릴 때 우러러 하늘의 상象을 관찰하고, 굽혀 땅의 법法을 살피고, 새와 짐승의 무늬와 땅의 마땅함을 보고, 가깝게는 사람의 몸에서 취하고, 멀리는 물건에서 취해서 팔괘八卦를 만들었다고 설명한다.[1)]

이 대목으로는 복희가 팔괘를 그린 구체적 방법을 알 수 없다. 그런데 「계사전」에는 역에 태극이 있고, 이것이 양의를 낳고 양의가 사상을 낳고, 사상이 팔괘를 낳는다고 하는 설명이 나온다.[2)]

이 내용을 근거해서 팔괘가 생성되는 과정을 그림으로 표현한 것이 선천팔괘차서도이다.

---

1) 「계사전」 상2장, "古者包犧氏之王天下也 仰則觀象於天 俯則觀法於地 觀鳥獸之文與地之宜 近取諸身 遠取諸物 於是始作八卦"

2) 「계사전」 상11장, "易有太極 是生兩儀 兩儀生四象 四象生八卦"

〈표 12〉 선천팔괘차서도

八	七	六	五	四	三	二	一	
坤	艮	坎	巽	震	離	兌	乾	八卦
太陰		少陽		少陰		太陽		四家
陰				陽				兩儀

太 極

8	7	6	5	4	3	2	1
☷ 곤	☶ 간	☵ 감	☴ 손	☳ 진	☲ 리	☱ 태	☰ 건
⚏ 태음		⚎ 소양		⚍ 소음		⚌ 태양	
⚋ 음				⚊ 양			

태 극

이 그림을 관찰하면 태극에서 팔괘가 나오는 과정에 일정한 법칙이 있음을 알 수 있다.

즉 태극에서 양효⚊와 음효⚋가 분화되고, 다음엔 양효 위에 양효 하나가 더해지면 태양⚌, 음효 하나가 더해지면 소음⚍, 음효 위에 양효가 하나 더해지면 소양⚎, 음효에 음효가 더해지면 태음⚏이 되어 사상이 된다.

다시 2개 효로 이루어진 사상에서 태양⚌ 위에 양효가 하나 더해지면 건괘☰, 음효가 더해지면 태괘☱, 소음⚍ 위에 양효가 더해지면 이괘☲, 소음 위에 음효가 더해지면 진괘☳, 소양⚎ 위에 양효가 더해지면 손괘☴, 소양 위에 음효가 더해지면 감괘☵, 태음 위에 양효가 더해지면 간괘☶, 태음 위에 음효가 더해지면 곤괘☷가 된다.

여기서 알 수 있는 것은 태극에서 양과 음으로 나뉘고, 이 양과 음 위에 다시 순서대로 양과 음이 더해져서 사상이 되고, 사상에 다시 순서대로 양과 음이 더해져서 8괘가 이루어진다는 점이다. 곧 양과 음이 일정한 질서를 가지고 분화해 나아가고 있는 것이다.

이처럼 질서정연하게 양과 음이 분화해서 이루어진 팔괘에 순서대로 수를 붙이면 건괘는 1, 태괘는 2, 이괘는 3, 진괘는 4, 손괘는 5, 감괘는 6, 간괘는 7, 곤괘는 8이 된다. 이것을 선천팔괘수라고 부른다.

또 선천팔괘는 홀수 괘인 1건, 3이, 5손, 7간 4개 괘와 짝수 괘인 8곤, 6감, 4진, 2태 4개 괘는 각각 대대待對 관계를 이룬다. 그래서 각각 대대가 되는 건괘수 1과 곤괘수 8을 합치면 9, 태괘 2와 간괘 7을 더하면 9, 이괘 3과 감괘 6을 더하면 9, 진괘 4와 손괘 5를 더해도 9가 된다. 이렇게 짝을 이루는 4쌍의 합한 수 9를 곱하면 36이 된다.

또 짝을 이루는 괘의 획수를 더해도 9가 된다. 예컨대 양효만 3개인 건괘와 음효만 3개여서 획수로는 6개가 되는 곤괘를 더하면 9가 된다. 마찬가지로 태괘의 4획과 간괘의 5획을 더하면 9획, 이괘 4와 감괘 5, 진괘 5와 손괘 4도 합이 9가 된다. 그리고 4쌍의 획수 9를 곱하면 역시 36이 된다. 이 뿐 아니라 64괘에서 도전괘 56괘는 실제의 괘체는 28개가 되고, 여기에 부도전괘 8개 괘를 합하면 36이란 수가 된다.

이처럼 선천괘수의 합에는 신묘함이 숨어 있다. 그래서 소옹은 "36궁이 모두 봄이다."라고 표현한다.

(2) 선천팔괘방위도

「설괘전」에는 "천지가 자리를 정하고, 산과 못이 기운을 통하며, 우레와 바람이 서로 부딪치고, 물과 불이 서로 해하지 않아 팔괘가 서로 섞이니 지나간 일을 셈하는 것은 순하고, 앞으로 다가올 일을 아는 것은 역이다."[3]고 한 대목이 있다.

소옹은 이 대목을 건乾은 남南, 곤坤은 북北, 이離는 동東, 감坎은 서西, 진震은 동북東北, 태兌는 동남東南, 손巽은 서남西南, 간艮은 서북西北으로 해석한다.

〈표 13〉 선천팔괘방위도

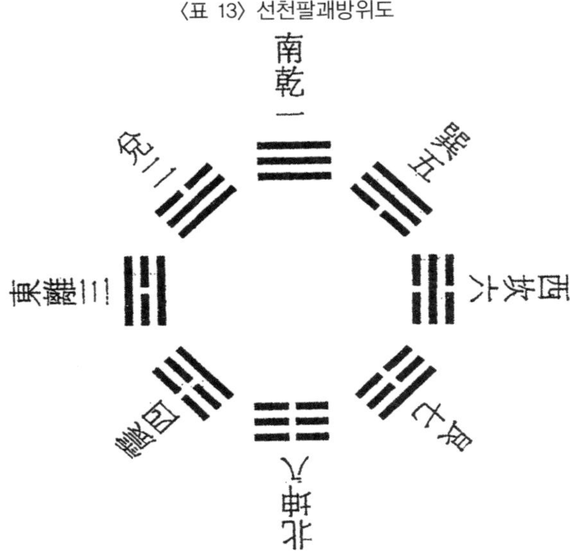

이 그림에서 음양으로만 말하면 건은 남쪽이면서 태양이 북쪽 끝까지 올라온 하지가 되고, 곤은 북쪽이면서 태양이 남쪽 끝에 이른 동지가 된다. 따라서 진괘에서부터 건괘까지는 양기가 확장하는 시기이다. 그리고 손괘에서부터 곤괘까지는 음기가 응축하는 시기이다. 그래서 양기가 확산하는 진이태건은 순행으로 보고, 음기가 응축하는 손감간곤은 역행으로 본 것이다.

그런데 여기서 중요한 것은 선천팔괘방위도는 팔괘가 서로 待對하

3) 「설괘전」 제3장, "天地定位 山澤通氣 雷風相薄 水火不相射 八卦相錯 數往者順 知來者逆"

는 관계를 이루고 있다는 점이다. 예컨대 '천지가 자리를 정한다'고 하는 말은 하늘을 의미하는 건괘는 위에 위치하고, 땅을 의미하는 곤괘는 아래에 자리하는 것을 말한다. 또 우레를 나타내는 진괘와 바람을 말하는 손괘도 서로 마주한다. '우레와 바람이 서로 부딪친다'고 하는 대목이 그렇다. 또 산과 못이 서로 기를 통한다고 하는 것은 간괘와 태괘가 서로 대대하는 것을 말한다. 물과 불이 서로 해치지 않는다고 하는 '수화불상석' 또한 감괘와 이괘가 서로 대대 관계에 있음을 말하는 것이다.

이렇게 보면 선천팔괘방위도는 팔괘가 서로 대대 관계에 있음을 표현하는 것이다. 앞서 여러 차례 설명한 바와 같이 음양의 특성은 공간적 측면에서 서로 대대하고 대립하면서 상반상성하고, 시간적 측면에서 양이 극에 달하면 음이 이어받고, 음이 극성하면 양이 자라는 음과 양의 소장을 순환반복하는 것이다. 이런 관계로 볼 때 선천팔괘는 음양의 특성에서 공간적 측면의 상반상성하는 성질을 나타내고 있다. 물론 팔괘의 시간적 특성인 물극필반의 음양소장의 원리는 후천팔괘인 문왕팔괘가 표현한다.

(3) 64괘 차서도와 방위도

『역경』을 구성하는 64괘는 복희 팔괘를 주나라 문왕이 겹쳐서 만든 것으로 전해지고 있다.

따라서 선천64괘 차서도와 방위도는 선천팔괘 차서도와 방위도의 원칙을 따라 확장한 것이다.

여기서는 선천64괘 차서도와 방위도를 예시하는 것으로 가름하고, 자세한 설명은 생략한다.

〈표 14〉 선천64괘 차서도

六十四: 坤 剝 比 觀 豫 晉 萃 否 謙 艮 蹇 漸 小過 旅 咸 遯 師 蒙 坎 渙 解 未濟 困 訟 升 蠱 井 巽 恒 鼎 大過 姤 復 頤 屯 益 震 噬嗑 隨 无妄 明夷 賁 既濟 家人 豐 離 革 同人 臨 損 節 中孚 歸妹 睽 兌 履 泰 大畜 需 小畜 大壯 大有 夬 乾

三十二

十六

八卦: 坤 艮 坎 巽 震 離 兌 乾

四象: 太陰 少陽 少陰 太陽

兩儀: 陰 陽

太極

〈표 15〉 선천64괘원방도

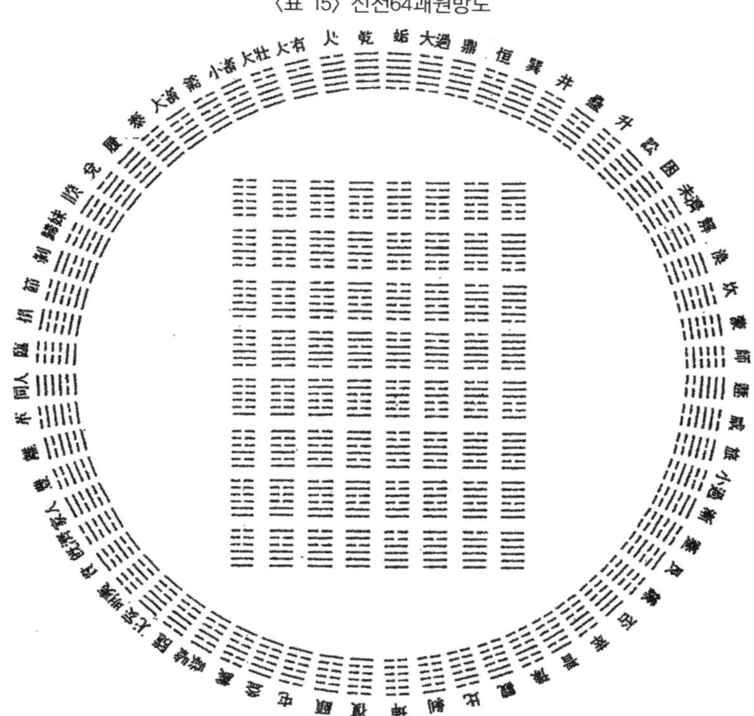

4) 후천팔괘 생성 순서와 방위

후천팔괘는 문왕팔괘를 말한다. 그리고 문왕팔괘의 생성 순서를 그린 것이 문왕팔괘차서도이고, 문왕팔괘의 방위를 표시하여 그린 것은 문왕팔괘방위도라고 한다.

(1) 후천팔괘차서도

후천팔괘도는 건乾괘와 곤坤괘가 나머지 여섯 괘를 낳는다고 하는 「설괘전」의 '건곤생육자괘설乾坤生六子卦說'을 근거로 그린 것이다.

「설괘전」에는 "건괘는 하늘이므로 아버지라고 하고, 곤괘는 땅이므로 어머니라고 한다. 진괘는 한 번 구하여 남자를 얻으므로 장남이라고 하고, 손괘는 한 번 구하여 여자를 얻으므로 장녀라고 하며, 감괘는 두 번 구하여 남자를 얻으므로 둘째아들이라고 하고, 이괘는 두 번 구하여 여자를 얻으므로 둘째딸이라고 하며, 간괘는 세 번 구하여 아들을 얻으므로 막내아들이라고 하고, 태괘는 세 번 구하여 여자를 얻으므로 막내딸이라고 한다."[4]는 대목이 있다.

쉽게 설명하면 3개 효가 모두 음인 곤괘☷가 3개 효가 모두 양인 건괘☰의 초효를 구하여 받아들이면 진괘☳가 된다. 순음괘가 처음 양효를 구하여 얻었으므로 장남이라고 한 것이다. 또 건괘가 곤괘로부터 처음 음효를 구하여 받아들이면 손괘☴가 된다. 순양괘인 건괘가 음효를 처음 구하여 얻었으므로 장녀라고 한 것이다. 나머지 감괘와 이괘, 간괘와 태괘의 경우도 이와 같은 이치로 말한 것이다.

후천팔괘가 생성돼 나오는 과정을 보면 우선 순양괘인 건괘와 순음괘인 곤괘가 각각 음양을 주고받으면서 새로운 여섯 괘를 만들어 내고 있다. 사람의 일로 비유하면 부모가 여섯 자식을 낳는 것이지만 자연의 법도로는 음과 양이 서로 교역하면서 천지 만물을 생성하는 것이다.

건괘와 곤괘가 음양을 교역하여 얻은 여섯 괘 중에서 장녀·중녀·소녀 괘인 손·이·태 괘는 3개 효 가운데 1개 효가 음효이다. 또 장남·중남·소남 괘인 진·감·간 괘는 3개 효 가운데 1개 효만 양효이다. 즉 3개 효 가운데 양 효가 하나인 것은 남성, 즉 양괘가 되고,

---

4) 「설괘전」 10장, "乾天也 故稱乎父 坤地也 故稱乎母 震一索而得男 故謂之長男 巽一索而得女 故謂之長女 坎再索而得男 故謂之中男 離再索而得女 故謂之中女 艮三索而得男 故謂之少男 兌三索而得女 故謂之少女"

〈표 16〉 후천팔괘차서도

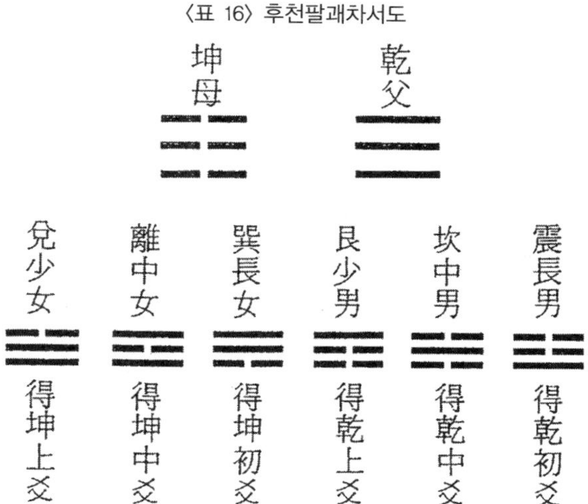

음효가 하나인 것은 여성, 즉 음괘가 된다는 것이다. 「계사전」에서는 이미 이것에 대해 "양괘는 음이 많고, 음괘는 양이 많으니, 그 이유는 양괘는 홀수이고 음괘는 짝수이기 때문이다."[5]고 밝히고 있다.

또 부모괘인 건곤이 서로 뒤바뀐 착괘錯卦가 되고, 진손, 감리, 간태가 서로 착괘가 된다.

(2) 후천팔괘방위도

후천팔괘방위도는 「설괘전」의 "천제가 진방에서 나와 손방에서 가지런히 하고, 이방에서 서로 만나고 곤방에서 역사를 이루고, 태방에서 기뻐하고, 건방에서 싸우고, 감방에서 위로하고, 간방에서 이룬다. 만물이 진방에서 나오니 진은 동방이다. 손방에서 가지런하니 손은 동남방이다. '가지런하다'는 것은 만물이 깨끗하게 정돈됐다는 것

5) 「계사전」 하4장, "陽卦多陰 陰卦多陽 其故何也 陽卦奇 陰卦耦"

〈표 17〉 후천팔괘방위도

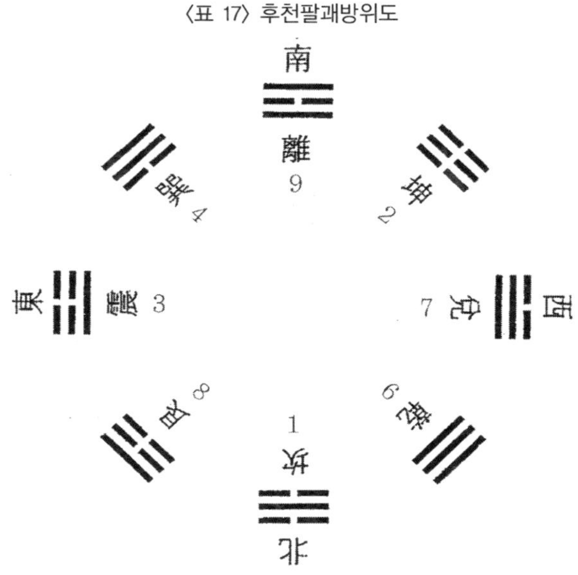

을 말한다. 이는 밝은 것이니 만물이 서로 만나는 남방의 괘다. 성인은 남쪽을 향하여 천하를 살피고 밝은 곳을 향하여 다스리니 대개 여기에서 취한 것이다. 곤이란 땅이니 만물이 모두 여기에서 길러지므로 곤방에서 역사를 이룬다고 한다. 태는 가을이니 만물이 기뻐하는 것이다. 그러므로 태방에서 기뻐한다고 말했다. 건방에서 싸운다는 것은 건은 서북의 괘이므로 음과 양이 서로 부딪침을 말하는 것이다. 감은 물을 말하는 것으로 정북방의 괘이니 위로하는 괘다. 만물이 돌아가는 괘이므로 '감에서 위로한다'고 한 것이다. 간은 동북방의 괘로 만물이 마침을 이루고 시작을 이루는 바이기 때문에 '간에서 이룬다'고 한 것이다."[6]라고 한 대목에 근거를 두고 있다.

---

6) 「설괘전」 5장, "帝出乎震 齊乎巽 相見乎離 致役乎坤 說言乎兌 戰乎乾 勞乎坎 成言乎艮 萬物出乎震 震東方也 齊乎巽 巽東南也 齊也者 言萬物之潔齋也 離也者明也 萬物皆相

이 대목을 요약하면 일 년 사시사철이 순환을 반복하는 자연의 이치를 말한다고 할 수 있다.

만물이 봄에 깨어나서 여름에 무성하고, 가을에 결실을 맺어 겨울에 잠장하고, 다시 봄에 시작하는 일련의 과정을 말하는 것이다.

팔괘의 오행은 건괘와 태괘는 금金, 감괘는 수水, 진괘와 손괘는 목木, 이괘는 화火, 곤괘와 간괘는 토土가 된다. 그런데 후천팔괘도를 보면 곤괘와 간괘의 토를 중심선으로 하여 왼쪽은 양의 기운이 자라나는 목과 화가 자리하고, 오른쪽에는 음의 기운이 번성하는 금과 수가 자리하고 있다. 즉 땅에서 실제로 계절의 변화가 일어나는 현상을 나타내고 있는 것이다.

괘의 방위상 배치로 보면 오행의 상생과정을 표현한 것이다. 오행의 상생을 나타내는 하도와 일치하는 부분이다.

그런데 괘의 수로 보면 오행의 상극과정을 담고 있다. 낙서의 오행 수는 1과 6은 수, 2와 7은 화, 3과 8은 목, 4와 9는 금, 5와 10은 토에 해당한다. 후천팔괘도의 괘수와 낙서의 오행수가 완전히 일치하고 있다.

정리하면 후천팔괘도는 부모가 자식을 낳는 사람의 일에 비유하여 말하고 있지만 실제는 만물의 생장소멸이 자연의 계절 순환에 의한 것임을 밝히고 있는 것이다.

여기서 선천팔괘와 후천팔괘의 차이점을 비교해보면 선천팔괘는 천지가 자리를 잡고, 음과 양이 서로 짝을 이루어 천지만물이 생성

見南方之卦也 聖人南面而聽天下 嚮明而治 蓋取諸此也 坤也者地也 萬物皆致養焉 故曰致役乎坤 兌正秋也 萬物之所說也 故曰說言乎兌 戰乎乾 乾西北之卦也 言陰陽相薄也 坎者水也 正北方之卦也 勞卦也 萬物之所歸也 故曰勞乎坎 艮東北之卦也 萬物之所成終而所成始也 故曰成言乎艮”

변화를 이루어갈 공간적 토대를 마련하고 있다는 것을 말한다고 할 수 있다.

이렇게 음양이 대대를 이룬 뒤에 실제로 서로 교역하면서 4계절의 순환을 통해 역사를 이루어가는 것이다.

종합하여 말하면 선천팔괘는 음양의 대대를 말한다면 후천팔괘는 음양의 소장을 말하고 있는 것이다.

따라서 선천팔괘와 후천팔괘는 음양의 상반상성과 소장순환의 두 측면을 각각 나눠 표현하는 표리의 관계인 것이다.

3. 오행과 하도·낙서

1) 하도河圖·낙서洛書 그림 비교

(1) 하도 설명

하도에서 아래쪽으로 안에 백색점 1, 밖에 흑색점 6이 위치하고, 왼쪽으로 안에 백색점 3, 밖으로 흑색점 8, 위쪽에 안에 흑색점 2, 밖에 백색점 7, 오른쪽 안에 흑색점 4, 밖에 백색점 9, 중앙에 백색점 5, 백색점 5 아래 위로 흑색점 각 5개가 자리잡고 있다.

여기서 안에 위치한 1, 2, 3, 4, 5는 만물을 낳는 수 즉 생수生數라 하고, 밖에 위치한 6, 7, 8, 9, 10은 만물을 이루어주는 수 즉 성수成數라고 한다.

하도에서 아래쪽은 북쪽을 말하고 좌측은 동쪽, 앞쪽은 남쪽, 우측은 서쪽이다. 이것은 고대 사람들이 하늘의 해와 달의 운행을 관측할 때 북쪽에서 남쪽을 바라보고 하였기 때문이다.

〈표 18〉 하도

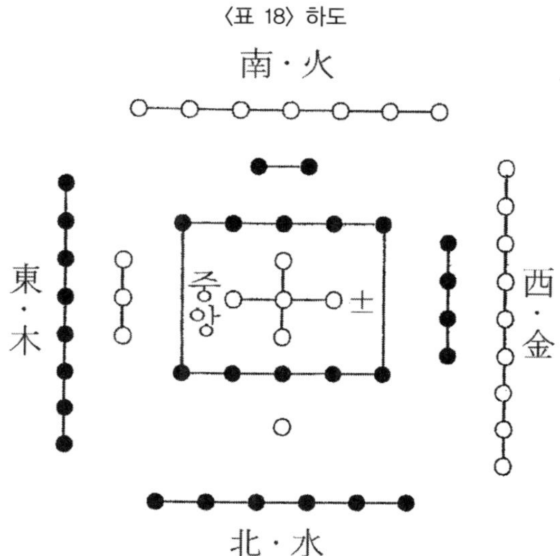

그래서 북쪽의 1·6은 수水, 좌측의 동은 3·8 목木, 전면 남은 2·7 화火, 우측의 서는 4·9 금金, 중앙은 5·10 토土가 된다.

(2) 낙서 설명

낙서에서 아래는 백색점 1·맨 위는 백색점 9, 중간 쪽 좌는 백색점 3·중앙은 백색점 5·우는 백색점 7, 아래쪽 좌는 흑색점 8·우는 흑색점 6, 위쪽 좌는 흑색점 4· 우는 흑색점 2가 위치하고 있다.

낙서에서도 1과 6은 수, 2와 7은 화, 3과 8은 목, 4와 9는 금, 5는 토를 나타낸다.

〈표 19〉 낙서

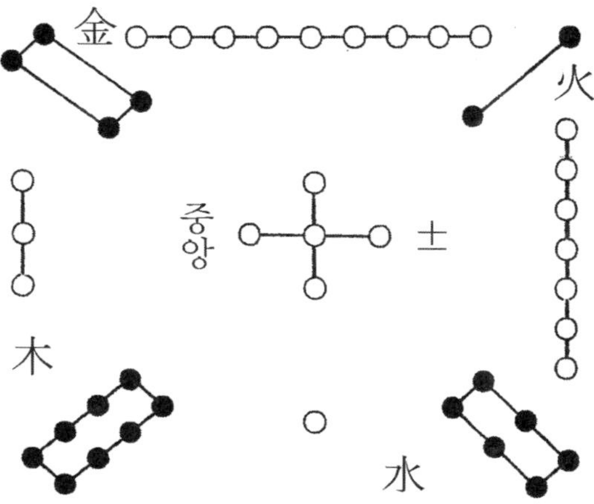

2) 하도와 낙서는 무엇을 표현하나

(1) 태극·양의·사상·팔괘를 표현한다

하도의 1부터 10까지의 수에서 천수 1·3·5·7·9를 합하면 25, 지수 2·4·6·8·10를 합하면 30이 된다. 그리고 천수 25와 지수 30을 더하면 모두 55가 된다.

여기서 중앙의 5와 10은 태극으로 이것을 제외하고 나면 천수 즉 기수가 20, 지수 즉 짝수 20이 된다. 이 천수와 지수 20은 각각 음과 양이 되는 것이다.

또 생수 1·2·3·4에 중앙의 5토수를 더하면 각각 6·7·8·9의 4상의 수가 나온다.

마지막으로 그림에서 4정방은 선천팔괘의 건곤감리가 되고, 네 모서리는 태진손간이 위치해 8괘가 된다.

낙서 또한 가운데 수 5를 사용하지 않으므로 태극이다. 홀수와 짝수가 각각 20으로 양의가 된다. 1·2·3·4는 9·8·7·6을 품어 가로 세로 모두 15가 되고, 서로 7·8·9·6이 되어 또한 4상이다. 네 방향의 바른 자리는 건곤감리가 되고, 네 모퉁이는 태진손간이 되어 팔괘를 이룬다.

(2) 오행의 상생·상극 이치를 설명한다

하도에서 아래의 1·6 수를 기준으로 왼쪽 시계방향으로 3·8목, 남쪽 2·7 화, 중앙의 5·10 토, 오른쪽의 4·9 금의 순서로 보면, 이 그림이 수생목, 목생화, 화생토, 토생금, 금생수라는 오행의 상생을 표시하고 있음을 알 수 있다.

낙서도 역시 1·6 수를 기준으로 오른쪽 시계 반대방향으로 2·7 화를 상극하고, 화는 4·9 금을 상극하며, 금은 3·8 목을 상극하며, 목은 중앙의 5토를 상극하고, 토는 수를 상극하고 있다.

3) 하도와 낙서는 체와 용의 관계다

하도는 각각 다섯 개의 생수와 성수가 짝을 이루어 같은 방향에 위치한다. 그런데 생수 1과 성수 6은 홀수와 짝수의 관계이다. 또 생수 2와 성수 7도 짝수와 홀수로 이루어진다. 나머지 생수와 성수의 관계도 같다. 오행을 이루는 생수와 성수는 실상 음양이 서로 대대하는 관계인 것이다.

이에 비해 낙서의 수는 1·3·5·7·9의 홀수가 중앙과 4정방에 위치하고, 2·4·6·8의 짝수는 모퉁이에 위치하고 있다. 홀수가 중심이 되어 짝수를 거느리는 모양새이다. 음양의 대대가 아니라 음양이 변화하는 모습을 나타내고 있다.

따라서 하도의 수는 음양이 대대하는 공간적 측면을 표시하고, 낙서는 음양이 변화하는 시간적 측면을 나타내고 있다.

또 수는 1에서 시작해 9에서 변화가 끝나고, 10에서 완전함을 이룬다고 본다. 그런데 낙서수는 9이고, 하도수는 10이므로 낙서는 변화를 표현하는 수의 작용이고, 하도는 수의 본체라고 할 수 있다.

4) 하도와 낙서의 화·금의 자리가 뒤바뀐 이유

하도는 오행의 상생관계로 수생목, 목생화, 화생토, 토생금으로 차례를 이어간다. 그래서 화는 정남쪽, 금은 정서쪽에 위치한다.

하지만 낙서에서는 화가 남서쪽, 금이 동남쪽으로 자리가 서로 바뀌었다.

그 이유는 긴 설명이 필요하나 여기서는 간략하게 요지만 정리한다.

즉 한 여름의 화는 열기가 대단하다. 이 치솟는 열기가 식어야 가을의 금기운으로 이어지는 것이 순리다. 그러나 화기가 너무 치열하여 금기운이 이를 수용하지 못하고 물러날 수밖에 없을 수도 있다. 예컨대 불을 쇠화로에 담아서 온기를 오래 유지할 수 있지만 열기가 너무 강하면 쇠가 녹아서 불을 담아 가둘 수 없는 경우가 생긴다.

이런 상황은 실제 지구상에서 여름과 가을 사이에 일어나는 현상이다. 이런 극한의 상황을 바로 잡아서 자연의 질서를 유지하기 위해 화와 금 사이에 곤토坤土가 개입하여 금기운이 화기운을 무난히 이어받도록 하고 있다.

이것을 금과 화가 서로 위치를 바꾼다는 의미의 '금화교역金火交易'이라고 한다.

일 년 중 가장 더운 시기가 이른바 삼복三伏이다. 삼복은 하지로부터 셋째 경庚일의 초복, 넷째 경일의 중복, 입추 뒤 첫 경일의 말복을 말한다.

경은 천간의 7번째로 가을을 나타내는 금金의 오행이다. 태음태양력의 월간지로는 7월에 해당한다.

1년의 기상으로 보면 하지로부터 30일 지난 뒤가 가장 덥다. 왜 그런가 하면 태양이 지구의 북쪽에 올라왔을 때는 아직 지구가 덥혀지지 않고 이때부터 한 달 동안 더욱 덥혀진 후에서야 가장 더운 날씨가 나타나는 것이다.

그런데 하늘의 기준으로는 태양이 이미 북쪽 끝에 이르러서 남쪽으로 내려가기 시작한 지 한 달이나 돼 한여름의 자리를 가을에 내줄 준비를 해야 되지만 화기火氣가 너무 세어서 가을의 금기운이 열기를 수용하지 못하고 무릎을 꿇고 마는 것이다.

즉 하지 후 셋째 경일이란 하지 후 한 달여 전후를 말하고, 이 때 가을 기운이 들어오려다 첫 무릎을 꿇고, 10일 뒤 다시 두 번째 무릎을 꿇고, 입추가 지나면서 마지막 굴복을 한 뒤에야 여름의 화기를 이기고 가을에 들어간다는 뜻이다.

바로 이 삼복의 시기에 곤토가 작용하여 토생금으로 금기운을 생해주어 금이 화를 이길 수 있도록 하는 것을 의역학에서는 장하長夏라고 한다.

5) 하도·낙서 오행은 천문을 본떴다

「계사전」은 "황하에서 도圖가 나오고, 낙수에서 서書가 나와서 성인이 이를 본떴다.[7]"고 한다. 신화적인 이야기다. 하지만 이것은 중국인들이 황하와 낙수 유역에서 문화가 발전한 것을 반영한 자랑의 표현이라고 할 수 있다.

현대 들어 천문학이 발전하면서 중국 고대의 천문관측에 대한 치밀하고 정밀함이 확인되고 있다. 그리하여 하도와 낙서가 신화적 전설에서 유래한 것이 아니라 천문현상을 관찰하여 얻은 도식임이 여러 학자들에 의해 드러나고 있는 것이다.

예컨대 지구를 중심으로 수성·금성·화성·목성·토성이 도열해 있다. 이들 5성은 지구와 함께 태양의 주위를 도는 태양계 행성이다. 이들 5성은 각각 특정 시간과 날짜, 절후에 특정 방향에 목·화·토·금·수의 차례로 출몰하는 것이다.

수성은 매일 자子시(1시-여기서 1시간은 하루 24시간을 12시간으로 구분하는 방법이다. 즉 1시는 2시간을 말한다.)와 사巳시(6시)에 북쪽 하늘에서 볼 수 있다. 또 매월 1일과 6일, 11일과 16일, 21일과 26일에는 해와 달이 북쪽의 수성에서 만난다. 또 매년 1월·11월과 6월 저녁에는 수성이 북쪽에서 보인다. 이 때문에 1과 6이 합하면 수水가 된다.

화성은 매일 2시(축丑시)와 7시(오午시)에 남쪽에 출현하고, 매달 2일과 7일에는 남쪽 화성 근처에서 해와 달이 만난다. 또 매년 2월·12월·7월 저녁에 화성이 남쪽에 나타난다. 그러므로 2와 7은 화가 된다.

목성은 매일 3시(인寅시)와 8시(미未시)에 동방에서 보이고, 매년 3월과 8월 저녁에 역시 동방에서 볼 수 있다. 또 매월 3일과 8일에는 동방의 목성 인근에서 해와 달이 만난다. 3과 8은 목이 된다.

금성은 매일 4시(묘卯시)와 9시(신申시)에 서방에서 보이고, 매년 4

---

7) 「계사전」 상11장, "河出圖 洛出書 聖人則之"

월과 9월 저녁에는 서방에서 자주 출몰한다. 매달 4일과 9일에는 서방의 금성 인근에서 해와 달이 만난다. 4와 9는 금이 된다.

토성은 매일 5시(진辰시)와 10시(유酉시)에 하늘 중앙에서 보이고, 매년 5월과 10월 저녁에 중천에서 보인다. 또 매달 5일과 10일에는 중천의 토성 근처에서 해와 달이 만난다. 5와 10이 토가 되는 이유다.

이때 각각의 오성이 출몰하는 때의 천지의 기운은 물론 해당 오행의 기운이 된다.

말하자면 오성 가운데 목성이 출몰하는 봄에는 목의 기운이 지배하고, 화성이 출현하는 여름에는 화의 기운이 왕성하며, 토성이 출현하는 계절에는 토기가 지배하고, 금성이 나타나는 가을에는 금의 기운이 넘치며, 수성이 나타나는 겨울에는 수기가 왕성한 것이다.

4. 음양·오행의 태극도

역의 원리를 담은 그림은 크게 3 종류로 구분된다. 하나는『역경』의 음양 원리를 표현한 팔괘도이고, 다음은 오행의 상생·상극 원리를 나타내는 하도와 낙서, 끝으로 태극도다.

태극도는『주역』「계사전」에서 말하는 우주발전론을 표현한 그림이다.「계사전」의 우주발전론이란 태극에서 양의로 나뉘고, 양의에서 사상(사시사철)이 나오고, 사상에서 8괘로 분화돼 만물을 이룬다는 논리이다. 즉 태극도란 우주 만물이 생성 발전 순환하는 과정을 그림으로 나타낸 것이다.

그런데 앞으로 나오는 그림에서 알 수 있듯이 태극도는 음양 원리와 오행 원리를 모두 포괄하고 있다. 즉 음양 원리의 팔괘도와 오행

〈표 20〉 원시태극도

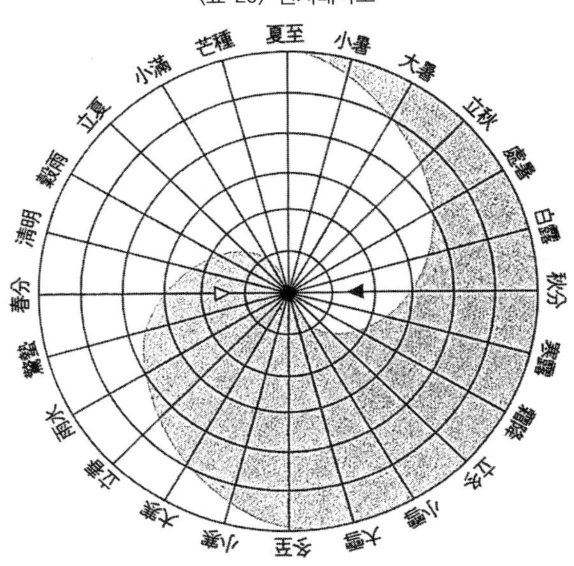

원리의 하도·낙서를 종합한 그림인 셈이다.

태극도의 종류는 다양하고 많다. 여기서 모든 것을 설명하기는 어렵고 골간을 이루는 내용을 중심으로 정리해본다.

우선 1년 동안 태양의 운행 상황에 따라 나타나는 계절변화를 표시한 원시태극도를 설명하고, 이어서 음양과 오행을 동시에 포괄하여 우주의 발생과 발전을 설명하는 기본 태극도와 주돈이 태극도를 살펴본다.

1) 원시태극도

태극도는 성인이 하루 아침에 그리거나 신이 내려준 것이 아니라 고대인들이 장기간의 천상天象 변화를 관찰하여 얻은 결과물이다.

원시태극도를 보면 그것이 이루어지는 원리를 한 눈에 알아볼 수 있다.

원시태극도는 위의 그림과 같이 그릴 수 있다. 이 그림에서 위쪽은 하지, 아래쪽은 동지, 왼쪽은 춘분, 오른쪽은 추분에 해당한다. 그리고 동지와 춘분의 중간은 입춘, 춘분과 하지의 중간은 입하, 하지와 추분의 중간은 입추, 추분과 동지의 중간은 입동에 해당한다. 이것을 요약해 표현하면 '2지2분4립' 즉 '8절'이라고 한다. 그리고 8절을 절마다 다시 3분하면 24절이 된다. 즉 1년을 24절기로 구분하는 것이다. 이것은 1년을 둥근 원으로 볼 때 360도이므로 360을 24등분한 것이다. 물론 1년은 365일과 1/4일이지만 360일로 보는 것이다. 1년을 360일로 볼 때 8절로 나누면 1절은 45일을 차지하게 되고, 24절기로 나누면 1개 절기마다 15일이 배당된다.

그림에서 하지 때는 태양이 북쪽 끝에 도달한 때이므로 1년 중 해의 그림자의 길이가 가장 짧은 지점이다. 이때부터 태양은 남쪽으로 이동하므로 그림자의 길이는 점점 길어지고 동지 때는 그림자의 길이가 가장 길다. 반대로 동지가 지나면 해가 다시 북쪽으로 움직이면서 그림자의 길이가 짧아지기 시작해 하지에 이르면 그림자는 다시 가장 짧게 된다.

정리하면 1년 동안 날마다 해의 그림자가 변화해가는 상황을 그림으로 그리면 그림과 같이 나타난다. 이 그림이 다름 아닌 원시 태극도다. 즉 태극도는 태양의 이동상황을 실제로 측량한 그림이라고 하겠다. 즉 지구가 태양을 공전하면서 지구에 나타나는 사시사철 24절기가 구분되고, 절기에 맞는 만물의 생장수장生長收藏이 이루어진다. 이것을 그림으로 표현한 것이 태극도인 셈이다.

2) 기본모형 태극도

그림의 아래로부터 위로 올라가며 설명한다.

우선 맨 아래의 둥근 원은 무극을 나타낸다. 무극은 기氣가 전혀 드러나지 않은 상태다. 무극은 태역太易이라고도 한다.

둘째 줄의 역시 둥근 3개의 원은 태초, 태시, 태소를 표현하는 것이다. 태초太初는 기가 전혀 드러나지 않은 태역太易에서 기가 시작되는 단계를 말한다. 기가 생긴 뒤에 형形이 시작되는 단계가 태시太始다. 태시에 이어 질質이 시작되는 단계는 태소太素다.

이렇게 기氣·형形·질質이 모두 갖춰졌으나 뒤섞여 혼돈의 상태를 이루고 있는 것이 셋째 줄의 원인 태극이다.

넷째 줄의 좌우 희고 검은 원은 태극에서 분화된 양의兩儀, 즉 음과 양이다.

음과 양의 변화로 인해서 1년의 춘하추동의 사시의 변화가 생겨난다. 이것이 다섯 째 줄의 그림이다. 사시사철이 생기는 것은 시간의 변화와 관계가 있다. 즉 음과 양이 소장한 결과이다.

사철의 변화상을 오행의 상생과 상극 작용으로 표현한 것이 여섯째 줄의 오행도이다. 이 그림은 오행의 변화를 공간상으로 표시한 것이다. 즉 시간상의 계절변화를 공간상으로 바꿔 놓은 것이나 다름없다.

오행은 현실적으로 음양에서 나온 것임을 알 수 있다. 그런데 우주는 천·지·인 삼재로 이뤄졌기 때문에 천·지·인 모두 음과 양을 갖추고 있다. 이렇게 삼재가 가춘 음양의 도를 역에서는 건과 곤으로 표시한다. 이것이 7번과 8번 줄의 그림이다.

그리고 음양은 곧 태극으로 귀일하며, 태극은 곧 무극에서 시작된

〈표 21〉 기본모형 태극도

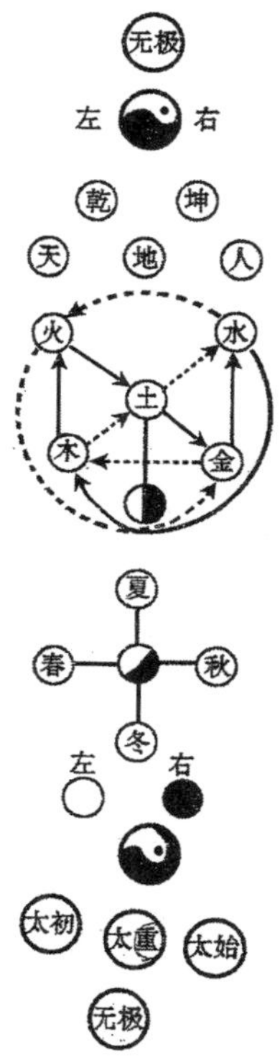

것이므로 무극이 되는 것이다.

이처럼 기본 모형 태극도는 우주 만물의 생성운행 법칙을 음양원리와 오행원리를 포괄하여 설명하고 있다.

3) 주돈이 태극도

주돈이는 진단의 무극도로부터 영향을 받아 태극도를 그려서 역의 원리를 해석했다. 그의 학설은 「태극도」와 그것을 해설하는 249

〈표 22〉 주돈이 태극도

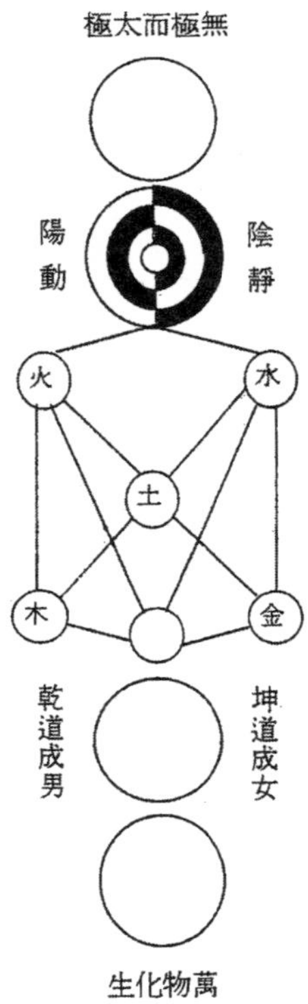

자의 「설」로 구성된 『태극도설』에 담겨 있다.

주돈이의 『태극도설』 요지는 앞서 설명한 기본모형 태극도의 내용에서 크게 다를 것이 없다. 중요한 것은 음양 오행의 운행변화 도식으로 천도의 이치를 설명하고, 이를 바탕으로 유가의 성인聖人 실현의 이론 근거를 제시하고 있다는 점이다.

기氣 · 형形 · 질質이 뒤섞인 태극의 원기元氣는 운동과 정지의 본성을 갖추고 있다. 그래서 한 번 움직여 양을 낳고, 양이 극에 이르면 고요해지고, 고요하면 음을 낳고, 음이 극성하면 다시 동하여 양을

〈표 23〉 주희가 수정한 주돈이 태극도

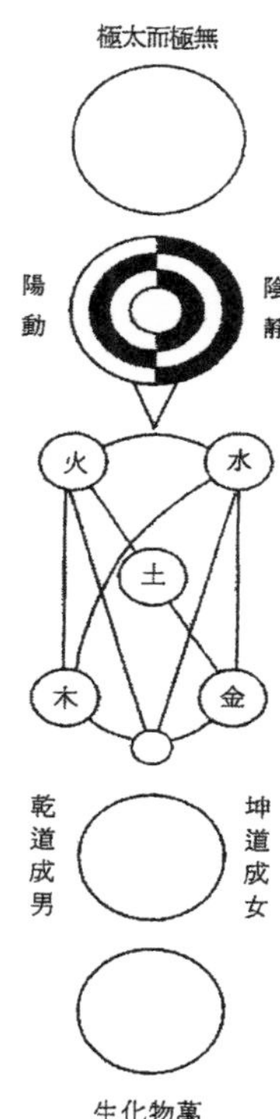

낳는다. 이것이 '한 번 동하고, 한 번 정하다'는 '일동일정一動一靜'이다. 그렇기 때문에 '일동일정'은 조건 없이 순환반복한다.

주돈이의 이 말은 의미가 아주 크다. 왜냐하면 기존 한대漢代나 당대唐代의 역학에서는 어떻게 하여 태극이 음양을 낳는 지에 대한 명확한 설명을 하지 못했기 때문이다.

하지만 음양동정론陰陽動靜論은 실상 음양 2기는 서로 상반상성하면서 소장순환한다는 특성을 구체적으로 설명한 것이다.

음양이 나뉘어서 천지가 확립되고 수·화·목·금·토의 오행이 생겨나고, 음양의 변화가 오행의 이치에 따라 펼쳐져서 1년 사시四時가 운행된다.

그런데 여기서 궁금한 것은 음양이 사상으로 분화되는 것은 수리상數理上 이해할 수 있으나, 어찌하여 오행으로 발전할 수 있는가이다. 그 답은 이렇다. 즉 만물은 태극에서 나왔으므로 초목을 비롯한 만물은 각각 태극을 가지고 있다는 것이다. 곧 각각의 만물은 음과 양의 기운과 함께 음양을 통괄하는 태극이 항상 존재한 다는 것이다. 그리고 음양이 사상으로 분화하더라도 태극이 존재하므로 사상에 태극을 합쳐 오행이 된다는 것이다.

현실적으로 보면 1년 사시 가운데서 봄과 여름은 양의 기운이 점령하는 때이고, 가을과 겨울은 음의 기운이 점령하는 시기다. 계절로는 4철로 분리할 수 있지만 실은 음양으로 2등분 된다. 그러므로 음과 양을 나누는 경계선이자 둘을 통괄하는 선인 태극이 개재하게 된다. 1년 사시에서도 봄·여름과 가을·겨울을 나누는 기준선이 있고, 이것이 오행의 토에 해당한다.

그래서 주돈이는 "무극의 진체는 음양과 오행이 묘합하여 엉킨 것이다."[8]고 한 것이다.

이렇게 음양이 변화하여 오행을 만들어내고, 오행의 기운이 이치에 따라 펼쳐져서 1년 사시가 운행된다. 그러면서 오행의 정수가 교묘하게 결합하여 만물의 본질을 구성하고, 남녀가 나뉘어 서로 교감하여 만물이 생겨난다. 그리고 만물은 생생불식生生不息하고, 변화가 다함이 없는 것이다.

이상은 주돈이가 태극도를 통하여 밝힌 역의 자연변화의 원리이다.

---

8) 『태극도설』, "無極之眞 二五之精 妙合而凝"

주돈이는 이처럼 태극으로부터 음양오행의 변화와 묘한 결합으로 생겨난 만물 가운데 오직 사람만이 우수한 기를 받아 가장 신명하고 지혜로운 자가 되었다고 한다.

그러므로 성인은 천지자연의 도리를 따라 수양하여 길함이 있고, 소인은 천지자연의 도리를 어기므로 흉한 것이다. 따라서 사람은 자기 수양으로 완전한 도덕을 갖춘 자가 되어야 한다.

주돈이는 사람이 천지자연의 법칙을 깨우치면 사람의 생명이 음양오행의 정수精髓에서 왔으므로 사후에는 음양오행의 기로 다시 돌아가는 도리, 즉 사생死生의 도리를 알게 된다고 본다. 사람이 사생의 도리를 알게 되면 바로 높은 경지에 도달한 것이다.

역수역학曆數易學

1. 간지갑자干支甲子

1) 간지갑자의 기본 의미

(1) 간지干支의 뜻

간지干支는 '간干'과 '지支'를 합한 말이다. '干'은 줄기(간幹)라는 의미로 하늘이 돌아가는 상태, 즉 하늘에서 일어나는 변화 상태를 파악하기 위한 부호다. 그래서 '천간天干'이라고 한다.

천간은 갑甲·을乙·병丙·정丁·무戊·기己·경庚·신辛·임壬·계癸로 10개다. 이 가운데 甲·丙·戊·庚·壬은 양간陽干이며, 乙·丁·己·辛·癸는 음간陰干이다.

'支'는 가지 '지枝'라는 뜻으로 땅에서 일어나는 변화 상태를 파악하기 위한 부호다. 그래서 '지지地支'라고 한다.

지지는 자子·축丑·인寅·묘卯·진辰·사巳·오午·미未·신申·유酉·술戌·해亥로 12개다. 이 가운데 子·寅·辰·午·申·戌은 양지陽支고, 丑·卯·巳·未·酉·亥는 음지陰支다.

날(日)과 달(月)을 헤아릴 때 날은 '간'으로, 달은 '지'로써 표시한다. 그런데 날은 10일을 1순(一旬)으로 하여 천간의 주기週期를 삼고,

달은 12달로 1년을 지지의 주기로 삼는다.

이때 천간은 양, 지지는 음이 된다. 물론 앞에 설명한 바와 같이 천간에서도 다시 음간과 양간이 구분되고, 지지에서도 양지와 음지의 구분이 있다.

(2) 갑자甲子의 뜻

천간과 지지를 짝을 지워서 천지의 변화 발전과정을 파악하는 것이 천간지지, 즉 간지다. 그런데 천간은 갑에서부터 시작하고, 지지는 자에서부터 시작하므로 천간과 지지를 짝지울 때 갑자에서부터 출발하게 된다. 그러므로 간지를 '갑자甲子'라고도 하는 것이다.

그리고 천간 10개와 지지 12개를 짝지워 한 사이클이 완성되려면 60이라는 수가 필요하다. 다시 말해 갑자甲子·을축乙丑·병인丙寅 …… 신유辛酉·임술壬戌·계해癸亥까지 60번째에서 한 조합이 완성되고 61번째에서 다시 갑자로 돌아온다. 그래서 갑자를 '60갑자'라고 하는 것이다.

〈표 24〉 60갑자

갑자	을축	병인	정묘	무진	기사	경오	신미	임신	계유
갑술	을해	병자	정축	무인	기묘	경진	신사	임오	계미
갑신	을유	병술	정해	무자	기축	경인	신묘	임진	계사
갑오	을미	병신	정유	무술	기해	경자	신축	임인	계묘
갑진	을사	병오	정미	무신	기유	경술	신해	임자	계축
갑인	을묘	병진	정사	무오	기미	경신	신유	임술	계해

2) 간지의 특성

(1) 음양 특성

간지는 음양의 특성을 갖고 있다. 앞서 말한 바와 같이 천간은 하늘로 양, 지지는 땅으로 음을 나타낸다. 또 천간은 일日, 지지는 월月을 표현한다.

물론 천간도 양간과 음간으로 구분되고, 지지도 양지와 음지로 나뉜다.

간지가 이렇게 음양의 성질이 있으므로 음양이 갖는 특성도 있다. 즉 음양이 서로 대립하면서 서로 이루어주는 상반상성하는 성질이 있다. 또 음양이 소장 순환하는 성질도 포함하고 있다.

(2) 오행 특성

천간과 지지는 각각 오행의 성질을 갖고 있다. 천간의 오행은 갑을甲乙 목木, 병정丙丁 화火, 무기戊己 토土, 경신庚辛 금金, 임계壬癸 수水가 된다, 오행별 지지는 인묘寅卯 목木, 사오巳午 화火, 신유申酉 금金, 해자亥子 수水, 진미술축辰未戌丑은 토土가 된다.

이렇게 간지가 오행으로 구분되므로 당연히 오행의 특성도 가지고 있다. 즉 간지는 상생과 상극의 원리가 있다. 또 오행별 간지는 계절별로 성하고 쇠하는 휴왕성休旺性을 가지고 있다.

이 밖에도 오행의 상생상극에 의한 육친관계가 성립하는 등 모든 오행의 성질과 원리를 내포하고 있다.

(3) 시간성과 공간성

① 간지의 시간성

본래 천간은 날짜의 흐름을 파악하기 위한 부호이므로 시간성이 있는 것은 당연하다.

10천간은 차례대로 갑·을·병·무·기·경·신·임·계의 순서가 있다. 그래서 날짜의 진행 순서를 표시한다. 또 1년의 4계절을 표시할 경우 갑과 을은 봄, 병과 화는 여름, 무와 기는 중앙 또는 사계절 조절자, 경과 신은 가을, 임과 계는 겨울이 된다.

천간 10글자가 갖는 의미도 봄부터 겨울에 이르는 변화 상황을 표현하고 있다.

갑 – '甲'자는 어린 싹, 껍데기, 씨앗의 껍질 등의 의미가 있다. 따라서 10천간의 갑은 모든 초목의 새싹들이 껍질을 깨고 나온다는 뜻이 있다.

을 – 새싹이 처음 나올 때 '乙'자와 같이 굽은 모양으로 솟아나오는 것을 말한다.

병 – '丙'은 '불꽃 병炳'과 같은 말로 밝게 드러난다는 뜻이다. 곧 양기가 충만하여 자라나는 모습이 두드러짐을 말한다.

정 – '丁'은 씩씩하고 왕성하다는 뜻이 있고, 또 머무르거나 그쳐 쉰다는 뜻이 있다(정亭). 곧 어린 싹이 쉬지 않고 자라 성장을 멈춘다는 뜻이다.

무 – '戊'는 무성하다(무楙)는 뜻과 바꾸다(무貿)는 뜻이 있다. 곧 생장이 무성해지면 이전의 몸체가 변해서 바뀐다는 의미다.

기 – '己'는 그치다(그칠 이已)의 뜻과 벼리 기(紀)의 의미가 있다. 즉 만물이 성숙을 다하여 줄기와 바탕을 갖추었다는 말이다.

경 – '庚'은 고친다. 바뀐다는 '경更'과 같다. 곧 열매를 맺어 생명을 다시 바꾼다는 뜻이 있다.

신 – '辛'은 새롭다(新)는 뜻이 있다. 곧 새로운 생기가 시작된다는 뜻이다.

임 – '壬'은 '맡긴다' 또는 '임신하여 기른다(任)'는 의미가 있다. 즉 새로운 생명이 다시 잉태하여 자란다는 뜻이다.

계 – '癸'는 헤아리고 계획을 세운다(규揆)는 뜻이 있다. 즉 생명이 다시 시작하기 위하여 법도에 맞게 기다린다는 의미다.

지지도 시간성을 갖고 있다. 현재의 음양합력은 1년의 시작을 인월로 하고 있으므로 순서대로 1월은 인, 2월은 묘, 3월은 진, 4월은 사, 5월은 오, 6월은 미, 7월은 신, 8월은 유, 9월은 술, 10월은 해, 11월은 자, 12월은 축이 된다.

1년 사철을 지지로 구분하면 인·묘·진은 봄, 사·오·미는 여름, 신·유·술은 가을, 해·자·축은 겨울이 된다.

하루를 12진으로 구분하여 시간을 파악하는 것은 물론이다.

12지지 글자가 갖는 의미 또한 1년 12달의 변화 상태를 표현하고 있다.

자 – '子'는 낳아 기른다(자孳)는 의미가 있다. 양기가 이미 생기기 시작하여 만물이 그 싹을 낳게 됨을 상징한다. 12가지 상징 동물 중에서는 쥐를 뜻한다. 시기는 동지부터 1개월에 해당한다.

축 – '丑'은 연결하다 또는 맺다(뉴紐)는 뜻이 있다. 즉 음의 기운이 다하고 양의 기운이 시작돼 만물이 어린 싹을 맺어 땅을 헤치고 올라옴을 상징한 것이다. 소를 상징한다. 동짓달 다음인 12월을 말한다.

인 – '寅'은 지렁이(인螾)이가 움직이는 모습과 같이 양기가 처음 발생하여 만물이 움직이기 시작함을 뜻한다. 정월 즉 1월에 해당하고, 호랑이를 상징한다.

묘 – '卯'는 무릅쓰다(모冒)는 뜻이 있다. 즉 만물이 위에 덮고 있는 땅을 무릅쓰고 밖으로 솟아 나오는 모습을 의미한다. 2월에 해당하고, 토끼를 상징한다.

진 – '辰'은 진동한다(진震) 혹은 움직이고(동動) 펴진다(신蜃)는 의미가 있다. 즉 만물이 활짝 펴고 나오는 모습 또는 빠르게 진동하여 옛 몸체를 벗어나는 것을 상징한다. 3월에 해당하며 용을 나타낸다.

사 – '巳'는 그치다(이已)는 뜻이 있어 양의 기운이 극에 달해 만물이 왕성하게 자라서 그칠 때에 이른 것을 말한다. 태양이 북쪽 끝에 이른 하지로 4월에 해당하며 뱀을 나타낸다.

오 – '午'는 바뀐다(교交)는 의미로 양 기운이 절정에 이르면 음의 기운이 다시 시작되듯이 만물의 성장이 극에 달해 형체가 번성한 것을 말한다. 5월에 해당하며, 말을 상징한다.

미 – '未'는 맛의 의미(味)가 있어 만물이 성숙하여 제 맛을 갖추게 됨을 의미한다. 또 '未'는 어둡다는 '매昧'의 뜻이 있어 음의 기운이 자라나 만물이 점차 쇠퇴하여 몸체가 점차 어둡게 덮이는 것을 상징한다. 6월에 해당하고 양羊을 나타낸다.

신 – '申'은 편다는 뜻의 신伸과 같다. 伸은 또 끌어당기며(인引) 자란다(장長)는 의미가 있다. 즉 쇠퇴하고 늙은 것을 끌어당겨 성숙시킨다는 뜻이 된다. 이는 가을의 기운이 만물을 수렴하는 것을 말한다. 7월에 해당하고 원숭이를 나타낸다.

유 – '酉'는 늙고(노老) 또 익었다(숙熟)는 뜻이 있다. 만물이 아주 늙어서 성숙한 것, 만물이 성숙하여 기운이 차차 쇠퇴함을 말한다.

8월을 말하고 닭을 나타낸다.

술 – '戌'은 물이 꺼지듯 멸滅하는 것 또는 죽인다(살殺)는 뜻이 있다. 양기가 미약해지며 서서히 그 기운이 땅 속으로 들어가듯 만물의 성장이 다하여 모두 멸하는 것을 말한다. 9월에 해당하며, 개를 나타낸다.

해 – '亥'는 씨앗(핵核)이며 닫고 막는다(해該)는 뜻이 있다. 태양이 남쪽 끝으로 내려가 양의 기운이 다하여 감추어진 것과 같다. 따라서 만물은 닫히고 숨어서 감추어지는 것을 말한다. 10월에 해당하며, 돼지를 나타낸다.

(2) 간지의 공간성

간지는 시간을 나타내는 한편으로 방위도 표현한다.

천간의 갑과 을은 동방, 병과 정은 남방, 무와 기는 중앙, 경과 신은 서방, 임과 계는 북방을 표시한다.

지지 역시 해·자·축은 북방, 인·묘·진은 동방, 사·오·미는 남방, 신·유·술은 서방을 나타낸다.

간지는 땅은 물론 하늘의 방위도 표현한다.

고대 선조들은 자신이 밟고 서있는 땅을 중심으로 하늘에서 고정된 북극성을 기준으로 해와 달과 별들의 움직임을 관찰하여 방위를 표시했다. 따라서 간지의 방위 표시는 하늘과 땅이 동일하다.

3) 간지갑자의 용도

(1) 역曆을 기록하는 부호

천간지지는 연·월·일·시를 기록하는 부호이다. 즉 역에 사용되는 부호이다.

역을 표현하는 법, 곧 역법曆法은 1년의 흐름을 나타내는 기년紀年, 달의 흐름을 적은 기월紀月, 날짜의 변동을 표시하는 기일紀日, 시간을 표시하는 기시紀時가 포함된다.

그런데 음양합력의 역법은 간지를 사용하여 기년·기월·기일·기시를 한다.

중국의 상나라 때 수도였던 은殷 지역(현재 하남성河南省 안양현安陽縣)에서 1899년 출토된 갑골문 중에는 완전한 60간지의 글자가 다수 포함돼 있다. 이로 보아 간지가 역법의 표현수단으로 쓰인 것은 적어도 상나라 시대 이전임을 알 수 있다.

① 기일법紀日法

역법에서 간지가 가장 먼저 사용된 것은 기일법이다.

갑골문을 보면 상나라 23대 왕인 무정武丁(기원전 1250-기원전 1192)에서부터 31대 마지막 왕인 제신帝辛(기원전 1046)까지 간지로 기일한 흔적이 보인다. 당시의 간지기일이 중간에 끊어지지 않고 계속 이어졌는지 혹은 착란이 있었는지는 현재 확인할 수 없다.

『춘추』의 기록에는 "노나라 은공 3년 2월 기사己巳일에 일식이 있었다."[1]는 내용이 보인다. 노 은공은 기원전 722년부터 기원전 711년까지 재위했다. 그런데 근래 학자들의 추산에 의하면 노은공 2년 2월 기사일에 확실히 일식이 있었다고 한다. 그리고 이날부터 지금까지 간지로 기일한 것이 중단되거나 중간에 착오가 발생하지 않았다.

이로 보면 간지기일은 기원전 1300년 전후로 시작되었고, 중단되

---

1) 『春秋』, "隱公三年 春王二月己巳 日有食之"

거나 착란 없이 줄곧 이어진 것은 2700여 년에 이르고 있는 것이다.

② 기월법紀月法

간지는 기일하는 것에 이어 기월에도 도입됐다. 『사기』「율서」는 12지와 달을 대응시키코 있다.

『회남자』「천문훈」에는 "천제가 동서남북 사방을 벌여놓고, 북두성으로 운행하게 한다. 북두성은 한 달에 1진을 옮겨가서 다시 제자리로 돌아온다. 북두성은 정월에는 인방寅方을 가리키고, 12월에는 축방丑方을 가리키는데, 1년만에 한 바퀴를 돌아 제자리에 돌아온다."[2]는 대목이 있다.

두 경우는 간지로 12달을 표시하는 기월법이 서한 시대에는 보편화됐음을 보여주는 것이다. 간지기월은 적어도 서한 이전부터 쓰였을 가능성이 매우 높은 것으로 추정하게 하는 대목이기도 하다.

한나라 무제武帝는 기원전 104년에 태초력太初曆을 만들고 인월을 정월로 삼았다. 이후 간지기월은 계속하여 현재에 이르고 있다.

③ 기년법紀年法

고문헌의 기록으로 보면 상나라 사람들도 확실히 기년하는 법을 알고 있었다. 하지만 간지로 기년한 것이 아니었다. 서한에 이르기까지 기년하는 방법은 주로 제왕의 이름을 따거나, 연호를 쓰거나 세성歲星을 이용했다.

간지로 기년하는 것은 동한의 초대 황제인 광무제光武帝(재위 25-57)부터다.

---

2) 『회남자』「천문훈」, "帝張四維 運之以斗 月徙一辰 復反其所 正月指寅 十二月指丑 一歲而匝 終而復始"

간지로 기년을 하기 시작한 것은 2천년에 미치지 못하나 유구한 세월을 지속한 것은 분명하다.

④ 기시법紀時法

간지로 시간을 표시한 것은 중국 남제南齊 시대부터다. 479년부터 502년까지 존립했던 남제국의 사서인 『남제서』 「천문지」에서 자시子時·축시丑時·해시亥時 등의 기록이 처음으로 보이는 것이다.

간지역법 중에서 간지기시법이 가장 늦게 시작된 것으로 보인다.

(2) 천문방향표시

간지가 시간성을 가지고 있으므로 앞에서 이야기한 기년·기월·기일·기시가 가능한 것이다.

그런데 간지는 공간성도 있다. 그래서 천지의 방위를 구분하는 부호로도 사용된다.

일반적으로 말하는 24향을 표시하는 데 간지가 쓰이는 것이다. 24향二十四向은 10천간 가운데 중앙을 나타내는 무戊와 기己를 제외한 8개 천간과, 12지지, 8괘 가운데 건乾·손巽·간艮·곤坤 4개 괘가 포함된다.

24향도二十四向圖는 지상의 방향은 물론 천상의 방위를 파악하는 중요한 방편이다.

천상의 별자리와 24향을 결합하여 보면 하늘의 다섯 방위 주재자인 동방東方 창룡칠수蒼龍七宿는 간艮 인寅 갑甲 묘卯 을乙 진辰, 남방의 주작朱雀칠수는 손巽 사巳 병丙 오午 정丁 미未, 서방의 백호白虎칠수는 곤坤 신申 경庚 유酉 신辛 술戌, 북방의 현무玄武칠수는 건乾 해亥 자子

임壬 계癸 축丑의 방향이 해당된다.

또 적도를 12등분한 12차十二次 혹은 12분야十二分野는 양의 기운이 처음 발동하는 현효玄枵가 자子, 다음 성기星紀는 축丑, 석목析木은 인寅, 대화大火는 묘卯, 수성壽星은 진辰, 순미鶉尾는 사巳, 순화鶉火는 오午, 순수鶉首는 미未, 실침實沈은 신申, 대량大梁은 유酉, 강루降婁는 술戌, 추자娵訾는 해亥의 방향이다.

(3) 천지자연의 기운氣運 파악 수단

앞서 간지가 역을 이루는 부호라고 설명했다. 그런데 간지로 기록하는 간지역법은 단순히 연월일시를 파악하는데 그치는 것이 아니다.

먼저 간지는 계절별 기후 즉 절기를 파악하는 데 쓰인다. 예를 들어 자子월이라고 하면 24절기 가운데 동지가 들어있는 달이다. 그리하여 자월은 동짓달로도 통한다. 축丑월은 섣달로 소대한小大寒이 들어있다.

특히 오운육기五運六氣의 흐름을 구체적으로 계산하는 부호로 사용된다. 운기運氣는 동양의학을 구성하는 아주 중요한 부분이다. 한의학에서는 사람이 소우주로서 대우주인 천지자연의 절대적 영향아래 살아간다고 본다. 따라서 사람이 천지자연의 품에서 살아가려면 먼저 춘하추동의 사시변화 규율을 파악하고, 사시의 변화법칙에 잘 적응해야 한다. 즉 기후변화와 질병발생이 밀접한 관계가 있다는 것이다. 그리하여 기후변화를 파악하는 것이 아주 중요한 것이다. 이것을 이른바 운기학이라고 한다.

하늘에서 일어나는 목화토금수의 오운의 변화를 10간에 배합하고, 땅에서 진행되는 삼양삼음三陽三陰의 6기의 동태는 12지지에 배합하여 운기의 변화를 확실하게 파악할 수 있다.

(4) 간지가 시간과 공간을 표현할 수 있는 이유

간지가 시간과 공간을 표현한다는 것은 쉽게 말해 우주의 변화규율을 나타낸다는 말과 같다.

그러면 간지가 이렇게 천지자연의 변화규율을 표현할 수 있는 이유는 무엇일까? 그것은 북두성北斗星과 관계가 있다.

지구에서 천상을 관측할 경우 북두성은 하늘 중앙에서 사방을 제어하는 모습으로 나타난다. 그래서 『사기』「천관서」에서 "북두성은 황제의 마차로서 중앙을 운행하며 사방을 제어한다."[3]고 말한 것이다.

북두성은 천구天球를 따라 매일 그리고 1년을 단위로 쉬지 않고 선회한다. 그런데 이렇게 선회하면서 북두성의 자루가 가리키는 사방의 방향도 달라진다.

예를 들어 하루 중 북두의 자루가 인寅방을 가리키면 인시가 된다. 축방을 가리키면 축시인 것이다. 마찬가지로 1년 가운데 북두가 인방을 가리키면 정월이 되고, 축방을 가리키면 섣달인 것이다.

즉 북두성이 하늘 가운데 자리하여 천구를 순환하며 가리키는 바에 따라 1년 12달과 24절기가 구분되고, 하루 12시진이 정해지는 것이다. 이렇게 천체의 순환으로 인해 하늘은 물론 땅에서 운기의 변화가 일어난다. 그리고 이 천상을 그대로 본떠서 우주의 시공변화를 파악할 수 있도록 하는 수단이 간지이다.

3) 『史記』「天官書」, "斗爲帝車 運于中央 臨制四鄕"

〈표 25〉 12지와 24절기

〈표 26〉 간지와 24향도

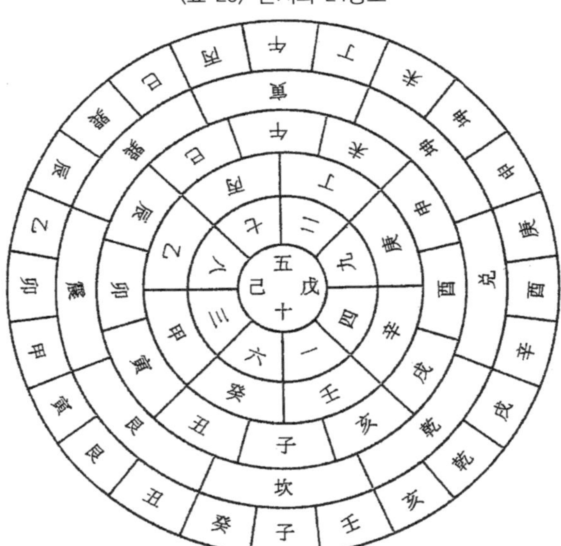

4) 왜 10간·12지인가

(1) 하늘의 5운五運·땅의 6기六氣

① 5운

천간이 10개가 되고, 지지가 12개 되는 이유를 파악하기 위해서는 먼저 5운과 6기라는 개념을 이해할 필요가 있다.

역학에 관심이 있는 사람이라면 다 아는 개념이겠지만 여기서 다시 정리해보기로 한다.

역에서는 우주만물을 8괘에 귀납시킨다. 한편으로는 음양오행론에 의지하여 만물을 오행의 속성으로 분류한다.

그런데 '오행'이라고 하는 말은 목·화·토·금·수의 다섯 가지 유형을 가리키는 기초적이고 일반적인 개념이다. 실제로는 오행의 기氣가 응결해 형체를 이루면 유형의 물건이 되고, 흩어지면 무형의 기氣로 변화한다. 오행은 이렇게 기의 응결, 기화의 운동을 반복하며 천지만물의 순환변화를 이룬다.

지구에 가장 큰 영향을 미치는 천체는 태양과 달이다. 다음으로 영향이 큰 것은 수·금·화·목·토의 5성五星이다. 이 각각의 5성이 발산하는 5행의 기가 일정한 법칙에 따라 운행하는 것을 5운이라고 한다. 즉 5행의 기가 운행하여 천지자연의 순환변화를 이루는 운동을 5운이라고 할 수 있다.

이렇게 하늘에서 일어나는 5운의 모습과 내용을 파악하는데 바로 10간이 필요하다.

고인들은 하늘의 세밀한 관찰을 통해 갑기甲己년에는 토土, 을경乙庚년에는 금金, 병신丙辛년에는 수水, 정임丁壬년에는 목木, 무계戊癸년에는 화火의 기운이 운행하는 것을 알았다. 다시 말해 60갑자에서

〈표 27〉 오기경천화운도

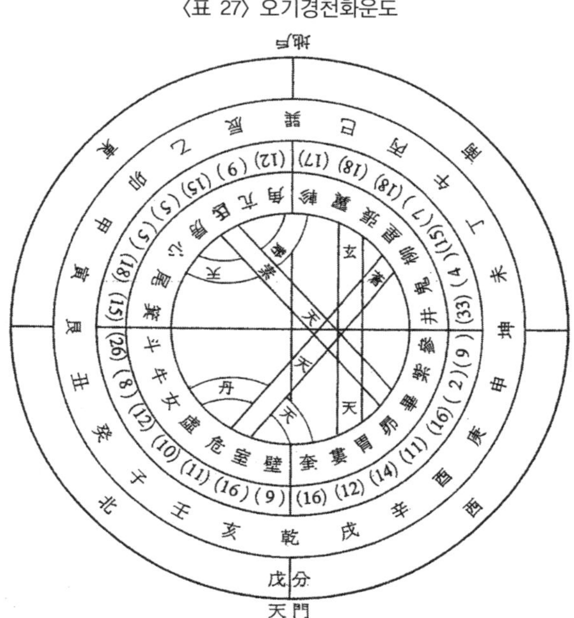

천간이 갑과 기, 을과 경, 병과 신, 정과 임, 무와 계의 해에는 하늘의 오행의 기가 각각 토, 금, 수, 목, 화로 운행된다는 것이다.

② 6기六氣

6기는 오운의 기가 땅에서 나타나는 현상을 말한다.

하늘의 일은 천간으로 표시하고, 땅에서 벌어지는 것은 지지로 나타내므로 12지지의 오행은 다음과 같다.

인묘寅卯는 풍목風木, 사오巳午는 열화熱火, 신유申酉는 조금燥金, 해자亥子는 한수寒水, 진술축미辰戌丑未는 습토濕土가 된다.

그런데 이 12지의 5행이 지구에서 실제 운행할 때는 궐음厥陰·소음少陰·태음太陰의 삼음三陰과 소양少陽·양명陽明·태양太陽의 삼양三

陽 6기로 나타난다. 이것을 5행과 결합하면 풍목風木은 궐음厥陰, 태음太陰은 습토濕土, 양명陽明은 조금燥金, 태양太陽은 한수寒水가 되고, 열화熱火는 열熱의 소음군화少陰君火와 화火의 소양상화少陽相火 둘로 나누어진다.

이 6기가 나타나는 현상 파악은 12지지로 가능하다. 즉 자오子午는 소음군화, 축미丑未는 태음습토, 진술辰戌은 태양한수, 인신寅申은 소양상화, 묘유卯酉는 양명조금, 사해巳亥는 궐음풍목이 된다.

그러면 하늘에서는 5행의 기가 다섯 가지 유형의 성질을 갖고 운행하면서 땅에서는 6개로 변화하는 원인은 무엇인가?

쉽게 말하면 지구의 축이 똑바로 서지 않고 23.7도 기울어진 데서 발생하는 것이다. 지구는 태양의 둘레를 자전하면서 밤낮을 만들고, 공전하면서 1년 사시사철을 이룬다.

그런데 이것을 지구를 중심으로 하고 태양이 지구를 돈다고 가정하해보자. 이럴 경우 지구의 중심축이 기울지 않았다면 태양은 지구의 중심부분인 적도를 따라서 돌게 된다. 그러면 지구에서는 사시사철의 변화는 발생하지 않게 된다. 지구의 축이 기울었기 때문에 태양이 적도를 중심으로 남쪽 회귀선까지 내려갔다가 다시 북상해서 적도를 지나 북쪽 회귀선까지 올라온 뒤 다시 내려가는 운동을 반복하게 되는 것이다.

이 때문에 지구에 사시사철이 생긴다. 지구 북쪽을 기준으로 할 때 태양이 북회귀선까지 올라왔다 다시 남하할 때쯤에는 복사열이 더해져서 폭염 현상이 생겨난다.

5운 6기학에서는 이런 현상으로 화의 기운이 더해진다고 설명한다. 즉 앞서 미리 살핀 바와 같이 오행의 '화열'이 '군화'와 '상화' 둘로 나누어진다. 12지지로는 인신寅申 상화가 추가되는 것이다.

〈표 28〉 12지지와 6기 대응

12지지	3음3양	6기
사해巳亥	궐음厥陰	풍목風木
자오子午	소음少陰	군화君火
축미丑未	태음太陰	습토濕土
인신寅申	소양少陽	상화相火
묘유卯酉	양명陽明	조금燥金
진술辰戌	태양太陽	한수寒水

(2) 천간이 10개인 이유

① 오행 × 음양

중국 수나라 때 소길蕭吉이라는 학자가 쓴 『오행대의』에는 "천간지지는 오행에 근거해서 세운 것이다. …… 처음에 갑甲 · 을乙로 시작해서 해(일日)에 이름을 붙인 것을 '간'이라 하고, 자子 · 축丑으로 시작해서 달에 이름 붙인 것을 '지'라고 한다. 하늘에 대한 일은 일日을 쓰고, 땅에 대한 일은 진辰을 쓴다."[4]고 했다.

하늘에서 일어나는 일, 그리고 태양의 동태를 파악하는 수단으로 천간을 쓴다는 말이다. 그런데 천간은 오행에서 연유한다고 했으므로 10천간은 오행을 다시 음과 양으로 구분한 것임을 알 수 있다. 실제로 10천간을 보면 갑을甲乙 · 병정丙丁 등에서 갑은 양목陽木, 을은 음목陰木, 병은 양화陽火, 정은 음화陰火를 나타낸다. 나머지 천간도 이와 같이 음과 양으로 구분된다.

다시 말해 천간이 10개인 이유의 하나는 하늘에 만연한 오행의 기를 다시 음과 양으로 구분하기 때문이라고 할 수 있다.

---

4) 蕭吉 저, 『五行大義』, "支干者 因五行而立之 …… 始作甲乙 以名日謂之幹 作子丑以名月謂之支 有事於天則用日 有事於地則用辰"

② 하늘의 일은 5일 단위로 바뀐다

앞의 『오행대의』 내용에서 확인한 바와 같이 하늘의 일은 10천간으로 표시하지만, 그 연원은 5행에 근거한다. 즉 하늘의 기운은 목·화·토·금·수 5행의 기가 차례로 순환변화한다. 그리고 이 5행 기운의 한 차례 순환이 천기변화의 한 주기가 된다. 다시 말하면 천기는 5행의 기운을 한 세트로 하여 순환 변화를 계속한다는 뜻이다.

그래서 간지역법에서는 5일을 1후一候라고 한다. 그런데 5행의 기는 다시 음양으로 구분되므로 2후 10일을 1순一旬으로 변화의 주기를 삼는다. 즉 날을 기록하는 간지는 10일을 1순으로 하기 때문에 간지가 10간이 되는 또 다른 이유의 하나이다.

③ 10간과 5운의 변화

이 부분은 앞서 '5운6기'를 설명할 때 나온 것이므로 여기서는 10간의 오행과 5운의 운행 순서가 다른 내용을 요약한다.

10간은 갑을 목, 병정 화, 무기 토, 경신 금, 임계 수가 되지만 실제 5행의 기가 움직이는 5운은 이런 기본적 내용과 순서에 따르지 않는다.

즉 갑년과 기년의 오운은 토, 을년과 경년은 금, 병년과 신년은 수, 정년과 임년은 목, 무년과 계년은 화의 기운이 운행한다. 이것이 하늘에서 5행기운의 운행 내용이자 순서이다.

(3) 지지가 12개인 이유

① 6기 × 음양

하늘에서는 5행의 기가 지구에서는 삼음삼양의 6기로 나타난다는 것은 앞서 설명한 바와 같다. 그런데 6기도 실은 5행에서 연유한 것이라고 하였다. 그래서 6기도 다시 음양으로 구분하여 12지지로 나타내는 것이다.

여기서 주의할 것은 6기는 지축이 23.7도 기울어진 연유로 나타나는 복사열 때문에 화火가 '군화君火'와 '상화相火'로 나누어져서 생기는 것이라고 했다. 그래서 실제 오행은 목·토·금·수는 1개씩이고 화는 2개가 된다. 하지만 지지에서는 해자 수, 인묘 목, 사오 화, 신유 금, 진술축미 토가 된다. 12지지 가운데 수·목·화·금은 2개씩인 반면 토를 표현하는 지지는 4개가 된다.

그런데 이런 지지 5행과 6기의 내용은 기본적인 바탕이고, 실제 6기의 운행은 자오子午의 소음군화, 축미丑未의 태음습토, 진술辰戌의 태양한수, 인신寅申의 소양상화, 묘유卯酉의 양명조금, 사해巳亥의 궐음풍목으로 나타난다.

정리하면 오행에서 연유한 6기가 다시 음양으로 구분되므로 12지지가 되는 것이다.

② 1년에는 12월이 있다

지지는 달의 운행을 파악하는 부호다. 그런데 1년 중에는 12달이 운행하므로 지지가 12개가 된다.

실제로 고인들이 천상을 관측한 결과 하늘의 중심에 자리한 북두성은 그 자루의 방향이 일정한 규칙으로 옮겨 가서 12개 월을 거쳐서 다시 제자리로 돌아오는 사실을 확인했다. 물론 북두성이 한 바퀴 돌아서 제자리로 복귀하는 시간은 1년이다.

지지가 12개인 이유는 사람이 인위적으로 만든 것이 아니고 천상의 관측에 의한 실질적 현상인 것이다.

즉 북두성의 자루가 자의 방향을 가리키면 동짓달, 축방향을 가리키면 섣달, 인방향을 가리키면 정월, 묘방향을 가리키면 2월, 진방향을 가리키면 3월 …… 신방향을 가리키면 7월, 유방향을 가리키면 8월, 술방향을 가리키면 9월, 해방향을 가리키면 10월 이 되는 것이다.

③ 12지와 6기의 변화

10천간과 마찬가지로 12지가 갖는 고유의 5행과 실제로 운행하는 6기의 지지는 차이가 있다.

앞의 '6기 × 음양'에서 설명한 바와 같이 지지의 고유 5행은 해자 수, 인묘 목, 사오 화, 신유 금, 진술축미 토이다.

하지만 6기가 운행하는 지지는 자오子午의 소음군화, 축미丑未의 태음습토, 진술辰戌의 태양한수, 인신寅申의 소양상화, 묘유卯酉의 양명조금, 사해巳亥의 궐음풍목으로 나타난다.

(4) 천수5 · 지수6과 천절6 · 지제5의 차이

중국 노나라 때 학자 좌구명左丘明이 쓴 『국어』에는 "하늘의 수는 6이고 땅의 수는 5인데, 이것이 수의 원리다. 하늘은 벼리가 되고, 땅은 날줄이 된다. 경위는 어긋남이 없으니 천문의 상이다. 주나라 문왕은 천문을 이루는 경위를 갖췄으니 하늘이 그에게 천하를 상으로 준 것이다."[5]라고 한다.

이 문장에 대해 어떤 사람은 하늘의 수 6은 '6기'를 말하고, 땅의

---

5) 左丘明 저, 『國語』「周語」, "天六地五 數之常也 經之以天 緯之以地 經緯不爽 文之象也 文王質文 故天胙之以天下"

수 5는 '오행'을 가리킨다고 한다. 이런 유의 해석은 일부 기초이론 서적의 해석본에서도 발견된다. 이렇게 해석하게 되면 5운6기학에서 하늘의 5운과 땅의 6기가 뒤 바뀌는 결과가 된다.

그런데 『내경소문』「천원기대론」에서는 "하늘은 6으로써 마디를 삼고, 땅은 5로서 준칙을 삼는다."[6]고 한다. 이 대목을 별 생각 없이 보면 역시 '하늘의 수는 6, 땅의 수는 5'라고 오해하기 쉽다.

하지만 이 대목의 진의는 '하늘의 수는 5이고, 땅의 수는 6'이라는 뜻이다.

이에 대한 해답은 바로 간지갑자에서 찾을 수 있다. 10천간과 12간지를 갑자부터 조합하여 나가다보면 60번째 계해에 이르러 끝나고 61번째에서 다시 갑자가 시작된다. 그렇다면 10천간을 쓰는 하늘의 수는 6마디(절節)가 되고, 12지를 사용하는 땅의 수는 5가 준칙(제制)이 된다.

다시 말해 하늘의 5운과 땅의 6기는 수로 바꾸어 말하면 천수는 5요, 지수는 6이 된다. 이것을 갑자의 순환주기로 말하면 하늘의 순환주기는 6이 되고, 땅의 순환주기는 5가 된다는 것이다.

이 때문에 하늘의 수 5와 땅의 수 6이 서로 합하여 30으로써 소주기小周期를 이루고, 10간과 12지의 합인 60은 대주기를 만드는 것이다. 그리고 60갑자가 6번 반복하여 360도라는 주천공도주기周天公度周期를 만드는 것이다.

6) 『黃帝內經小問』「天元氣大論」, "天以六爲節 地以五爲制"

5) 오성五星과 건책乾策 216 · 곤책坤策 144

앞에서 60갑자가 6번 반복하여 1년의 책수策數 360을 이룬다는 것을 말했다.

그런데 「계사전」은 괘를 얻는 법을 설명하면서 대연수 50에서 하나를 제하고, 나머지 49개의 산대를 운용하면 건乾의 책수가 216이고, 곤坤의 책수가 144라고 설명한다. 그리고 이 건곤의 책수를 합한 360이 일 년의 날수에 해당한다는 것이다.

여기서는 산대를 계산하여 건곤의 책수가 나오는 내용을 소개하려는 것이 아니다. 이런 철학적이고 과학적인 계산으로 얻은 책수는 실상은 천상의 운행실제에서 나온 것이라는 점을 이야기 하려는 것이다.

앞에서 천간의 연원이 오행에 근거하며, 오행은 하늘의 오성단五星團이 발산하는 다섯 가지 기氣에 대한 일반적 개념이라고 설명했다. 그리고 이 오행의 기가 움직이는 5운과 6기의 현상을 파악하는 부호가 10천간 12지지라고 말했다.

그런데 오성五星은 목성木星인 세성歲星, 화성火星인 형혹성熒惑星, 토성土星인 진성鎭星, 금성金星인 태백성太白星, 수성水星인 진성辰星으로 이루어진다.

이들 오성은 지구에서 보면 동쪽에서 나와 서쪽으로 진다. 그리고 목·화·토·금·수의 순서로 계절에 따라 북쪽 하늘에 출현하며, 그 궤도에 따라 태양이 접근하므로 고인들은 오성으로 날짜를 계산하는데 이용했다. 따라서 오성은 1년 중에 각각 72일씩을 점유하므로 오성의 주천일수 72를 합하면 360일이 된다. 즉 60갑자 6주가 되는 것이다.

그런데 지구를 중심으로 안쪽에서 선회하는 오성은 수성과 금성 2개다. 이들은 오행 가운데 음에 해당하므로 괘로는 坤괘에 속한다.

수성과 금성의 주천 일수는 144가 된다. 반면에 지구 밖을 도는 화성·목성·토성은 양에 해당하는 데, 괘로는 乾괘가 된다. 그리고 이들 3성의 주천 일수는 216이다.

6) 간지와 64괘의 관계

(1) 간지는 둥글고 괘는 네모지다

간지와 『역경』의 괘는 본래 하나다. 괘는 역수를 계산하여 얻는다. 그런데 괘를 얻는데 사용하는 역수는 음양합력이며, 또 간지로 표현하는 간지력이다. 간지와 역의 괘가 같을 수밖에 없다.

여기서 간지와 괘가 '하나' 또는 '같은 것'이라고 하는 말은 간지와 괘가 나타내는 내용이 그렇다는 것이다. 즉 우주만물의 변화법칙을 담고 있는 내용이 같다는 말이다.

하지만 간지와 괘는 드러나는 모습이 차이가 있다. 간지는 갑자라는 60수를 마디로 하여 1년의 날수를 나타내는 역수曆數이다. 이에 비해 64괘는 괘라는 모양을 갖고 있는 공간성의 상징 그림이다.

보다 자세히 차이를 말하면 간지는 태양과 달이 지구를 순환하는 주기를 나타내므로 속성이 둥글다고 할 수 있다. 태양이나 달이 지구를 한 바퀴 돌면 원을 이루게 마련이다. 반면에 괘상은 태극에서 음과 양으로 나누어진 뒤에는 사상·팔괘를 이루고, 16, 32, 64로 발전한다. 즉 2의 배수로 나가는 것이다.

그러므로 원은 둥글어서 홀수가 되고, 짝수로 나아가는 괘는 네모나게 마련이다. 그래서 「계사전」에서는 "시초의 덕은 둥글어서 신묘하고, 괘의 덕은 네모나서 지혜롭다."[7]고 한 것이다.

여기서 시초는 괘를 얻기 위해 역수를 계산하는 도구를 말하지만 실제는 하늘의 운행을 나타내는 역수를 의미한다. 또 괘는 하늘의 운행에 따라 땅에서 일어나는 규율을 내포하고 있다. 이것은 『황극경세서』의 "둥근 것은 별이다. 역수는 여기서 시작된다. 네모진 것은 토다. 주州를 구획하고 땅을 나누는 법은 여기서 본뜬 것이다."[8] 라는 말에서 더욱 확실해진다.

그래서 소옹은 "둥근 것은 6으로 변하므로, 6×6으로 나아간다. 그래서 60으로 변하면 360이 된다. 네모진 것은 8로 변하므로, 8변으로 나아가서 64가 된다. 양은 나아감을 주장하므로 나아가는 것으로 60을 삼는다."[9]고 한 것이다.

정리하면 괘를 얻는 본원인 역수는 하늘의 도를 담고 있어 둥글고, 천도를 미루어 땅과 사람의 도를 구하는 괘는 네모지다는 것이다. 그리고 천도를 파악하는 역수는 60갑자로 나아가고, 땅의 도를 구하는 괘는 64괘가 된다는 말이다.

(2) 60갑자와 64괘의 관계

고대에는 괘로써 역법을 표시했다. 이른바 괘력卦曆이다. 괘력은 2개 괘가 1년을 담당한다. 즉 한 괘의 6효가 여섯 달을 맡고, 다른 한 괘의 여섯 효가 나머지 여섯 달을 맡아 1년을 표시하는 것이다. 이렇게 하면 64괘로 32년을 표시할 수 있다.

그런데 「계사전」은 "건의 책수가 216이고, 곤의 책수가 144이므

---

7) 「계사전」 상11장, "蓍之德 圓易神 卦之德 方而知"

8) 『황극경세서』 「관물외편」 상, "圓者星也 曆紀之數其肇於此乎 方者土也 畫州井地之法其倣於此乎"

9) 『황극경세서』 「관물외편」 상, "圓者六變 六六而進之 故六十變而三百六十矣 方者八變 故八八六十四矣 陽主進 是以進爲六十也"

로, 모두 360책이 1년의 날수에 해당하고, 2편의 책수 1만1천520이 만물의 수에 해당한다."[10]고 했다. 즉 괘를 얻는 역수의 1년 날수는 360이라는 말이다. 여기서 360은 실제 1년의 날수 365일이 아니라 주천공도수周天公度數를 말하는 것이다.

다시 말하면 1년의 날수를 360으로 하고, 이 날수를 2개 괘가 담당할 경우 32년을 기년紀年할 수 있다는 것이다. 그리고 360 × 32는 1만1천520책이 된다는 말이다. 이렇게 1년 공도수 360을 기준으로 2개 괘로써 기년하는 것을 공도년公度年이라고 한다.

그런데 주천공도수는 실제 회귀년의 365일이나 삭망년의 354일, 그리고 치윤년의 384일에 대입하면 날수가 많거나 적다. 즉 공도수를 기준으로 한 갑자기년과는 다르다는 것이다. 그래서 역의 괘는 64괘가 있을 수밖에 없는 것이다.

예를 들면 59번째 환渙괘는 기년하는 데 사용할 경우 괘효는 354효가 된다. 즉 삭망년의 날수 354일과 맞먹는 것이다. 그래서 「서괘전」은 환괘를 흩어지고(산散), 부족한 것(이離)으로 해석하는 것이다.[11] 즉 환괘의 책수는 주천공도수 360에 모자란다는 것이다.

또 절節괘에 대해 「단전」은 "천지가 절도가 있어 사시가 이루어지므로 제도로써 절제하여 재물을 상하지 않으며, 백성을 해치지 않는다."[12]고 한다. 절괘는 60번째 괘이므로 효의 수는 360효가 된다. 주천공도수와 딱 부합한다. 그리고 간지는 60갑자로 마디(절節)를 삼기 때문에 공도년으로 1년에 해당하는 360에는 60갑자가 6절 존재

---

10) 「계사전」 상9장, "乾之策二百十有六 坤之策百四十有四 凡三百有六十 當期之日 二篇之策 萬有一千五百二十 當萬物之數也"

11) 『정전』, "渙離散也", 「서괘전」, "渙者離也"

12) 절괘 「단전」, "天地節而四時成 節以制度 不傷財 不害民"

한다. 그래서 괘의 이름이 '절'이 된 것이다.

또 61번째 중부中孚괘는 366효가 된다. 이것은 회귀년의 경우 매년 남는 0.25일을 모아 4년에 한 차례 366일 되는 것과 같다. 그리고 마지막 미제未濟괘는 384효가 된다. 간지년에서 치윤할 경우 384일이 되는데, 윤달을 두는 해의 날수와 부합한다.

정리하면 간지주기는 천구의 둥근 상태를 바탕으로 하여 우주변화법칙을 파악하는 천문역수이기 때문에 60갑자를 마디로 한다. 이에 비해 괘상은 역수를 토대로 얻은 것이긴 하지만 짝수로 계산을 진행하므로 64괘를 이루게 된다. 따라서 간지갑자와 64괘는 본래 하나이면서 서로 다른 모습을 보이는 것이다.

2. 대연수의 역법적 해석

1) 머리말

역학易學의 내용은 매우 광범위하다. 그래서 역학의 근본인 『역경』에 대한 주석자도 매우 많다. 공자 이래 역학 연구서는 6천-7천여 종이 넘고, 현존 하는 것만도 3천여 종이 넘는다고 한다.

그러나 역학서가 많다고 하여 모두 역의 원리를 적중하고 있다고 볼 수는 없다. 역을 공부하려는 사람에게는 오히려 이렇게 많은 역학서가 어려움을 더욱 가중시키는 것이 될 수 있다. 왜냐하면 역학에서 그 근본을 모르고 지엽말단을 좇는다면 기대하는 결과를 얻을 수 없기 때문이다.

따라서 역을 공부하는 사람은 의미 없는 학파의 논쟁이나 일반적

자구字句 분석에 빠져서는 안 된다. 역학자는 역학이 어떤 과학적 원리에 근거한 것인지를 철저히 연구하여 그 도리를 알아야 한다. 그런 다음에 역학을 실제에 어떻게 운용해야 되는가를 연구하는 것이다.

역학의 기본은 괘상卦象을 얻는 일이다. 그리고 『역경』을 연구하는 것이 역학이다. 그런데 『역경』은 역수易數와 괘상卦象, 괘효사卦爻辭의 3개 요소로 구성됐다. 여기서 계사繫辭라고 불리는 괘효사는 괘상에 대한 풀이글이다. 괘상이 없으면 계사도 나올 수 없다는 말이다. 그리고 괘상은 역수에서 나온 것이다. 다시 말해 역수를 계산하지 않으면 괘상을 얻을 수 없다. 그러기 때문에 역학은 괘상을 얻는 일, 즉 서법筮法에서부터 시작해야 된다고 하는 것이다.

역易의 인륜도덕적 측면을 중시하여 역으로 점치는 일을 멀리한 공자조차도 역의 덕의德義를 제대로 밝히기 위해서는 점서를 통해 역수易數의 이치를 밝게 이해해야 한다는 점을 강조했다.

역학 공부에서 점서의 원리에 정통해야 하는 이유가 이렇게 분명하다. 그런데 점서의 원리는 다름 아닌 역수曆數로 표현되는 천문역법天文曆法과 불가분의 관계를 갖고 있다고 할 수 있다.

따라서 본고에서는 괘상은 역수曆數를 계산하여 나온 것임을 알아보고, 서법에서 언급되는 대연수大衍數에 대한 의문점을 역수를 통해 풀어본다.

2) 서법筮法의 의의意義

(1) 서筮의 의미

역학에서 가장 기본이자 중요한 부분인 서법을 이해하려면 먼저

'서筮'의 의미부터 파악해야 한다.

고문헌을 살펴보면 '서筮'는 두 가지 의미가 있다. 하나는 수를 셈하는 용구로서 '죽竹' 또는 '시초蓍草'의 뜻으로 쓰이는 것이다. 둘은 셈하는 것으로서의 '수數'의 의미다.

『춘추좌전』에는 "서筮는 수數다."[13]라고 하는 대목이 보인다. 그런데 『설문해자』에는 수는 셈하는 것이라고 한다.[14]

그러면 서는 무엇을 가지고 셈을 할까? 『설문해자』에는 서筮는 『역』의 괘가 사용하는 '시초蓍草'라고 한다.[15] 이 말은 서가 시초라는 의미로 해석될 수 있다. 또 의미를 새겨보면 서는 시초를 가지고 셈하는 것임을 알 수 있다. 『주례』를 보면 시는 서를 말하며, 서로 점을 치는 것이 『역』이라고 한 뒤에 서에 '죽竹' 자를 쓰는 것은 시초가 계산하는 일(산筭)과 같은 의미이기 때문이라고 한다. 그리고 그 셈은 죽竹으로 하는 것이라고 덧붙이고 있다.[16] 그런데 여기서 말하는 산筭 자는 고대에는 '算'과 같은 의미로 쓰였다. 『경전석문』에는 '산算' 자는 산筭 자로도 쓴다고 밝히고 있다. 둘 다 글자만 다르지 의미와 발음은 같은 것이다. 또 '책策' 자도 서나 시와 같은 뜻으로 사용되고 있다. 『예기』에서 거북점과 서점筮占을 말하면서 서는 책이고, 책은 시초라고 하는 대목[17]에서 이를 확인할 수 있다.

이상으로 보면 고대에는 서筮·책策·산算·시蓍·산筭자는 서로 통하는 구석이 있음을 알 수 있다. 그리고 서는 죽이나 시초를 가지고 셈을 하는 것이라는 사실도 확인되는 것이다.

---

13) 『春秋左傳』 僖公 5년조, "筮 數也"

14) 許愼, 『說文解字』, "算 數也"

15) 허신, 앞의 책, "筮 易卦用蓍也"

16) 『周禮』 「筮人」, "問蓍曰筮 其占易 …… 從竹者 蓍如筭也 筭以竹爲之"

17) 『禮記』 「曲禮」, "龜爲卜 策爲筮 策者蓍也"

(2) 서의 목적

서는 대나무나 시초로 셈을 하는 것이라고 했는데, 그러면 무엇을 계산한다는 것인가?

『한서』에는 '산筭'으로 셈을 하는 법은 대나무를 사용하며, 대나무의 지름은 1분一分이고 길이는 6촌六寸이라고 한다.[18] 그리고 『설문해자』에는 '산筭'은 길이가 6촌이고, 역수曆數를 계산하는 것이라고 한다.[19] 즉 서는 6촌 길이의 대나무로 역수를 계산하는 것임을 알 수 있다.

그리고 역수를 계산하여 얻은 결과물은 괘이다. 괘는 서점을 한 사람이 궁금해 하는 어느 시점의 상황을 나타낸다. 그러므로 점을 한 사람은 이 괘에 나타난 물상物象을 보고 해당하는 때의 상황을 알 수 있는 것이다.

이렇게 고대에 서점을 하는 이유는 길한 것을 좇고 흉함을 피하고자 함이지만, 백성에게 올바른 시간을 알려주어 때 맞춰 농사를 짓게 하는 등 민생을 평안히 영위하게 하기 위한 집정자의 정치적 이유도 있다. 복점과 서점은 성왕이 백성으로 하여금 시간을 알 수 있도록 하려는 것이라고 하는 『예기』[20]의 구절에서 이를 알 수 있다.

(3) 서법의 작자와 제작시기

고문헌의 기록을 종합해보면 서법은 황제시대에 '무함巫咸'이 만들었다. 『세본』·『초학기』·『여씨춘추』 등은 서법 창시자를 무함이라고 지적하고 있다.

---

18) 『漢書』「律曆志」, "其筭法用竹 徑一分 長六寸"

19) 허신, 앞의 책, "筭長六寸 計曆數也"

20) 『예기』「곡례」, 卜筮者 先聖王之所以使民信時"

그런데 무격巫覡이라고도 하는 무함은 고대 무당을 말한다. 이 무함은 황제·신농·요제 시대는 물론 은나라 중종 때에도 있었다.[21)]
즉 서법은 황제시대부터 있었으며, 그것을 만든 사람은 오늘날 무당으로 통하는 무함이라는 것이다.

(4) 소결

이상을 정리하면 서는 대나무나 시초와 같은 산대로 역수를 계산하여 어느 한 시점의 상황을 나타내는 괘를 구하는 일을 말하는 것이라고 할 수 있다.

그리고 괘에 나타나는 상을 보고 해당되는 때의 물상物象을 밝혀서 앞으로 닥쳐올 사태를 미리 예측하는 일이다.

이처럼 서를 통해서 진행하는 일련의 점서 과정과 방법을 통틀어서 '서법筮法'이라고 정의할 수 있다.

그리고 서법은 아주 오래 전인 황제시대부터 존재했던 것으로 보인다.

3) 괘상卦象이 역수曆數에서 나온 근거

(1) 중국 고대역법의 특성

여기서 중국 고대역법을 언급하는 이유는 『역경』의 괘가 역수를 계산해서 얻는 것이기 때문에 이와 관련된 과학적 이론 근거를 제시기 위해서다. 따라서 고대역법의 전반적이고 체계적인 내용을 다루는 것이 아니고, 괘를 뽑는 내용과 관련된 부분만 요약해본다.

---

21) 江曉原, 『天學眞原』, 遼寧教育出版社, 2004, 69-73쪽 참고.

① 음양합력陰陽合曆

중국 고대역법의 특성 가운데 중요한 것은 태양력과 태음력을 결합한 태양태음력이라는 점이다. 즉 태양의 순환주기만을 고려한 태양력도 아니고, 달의 운행주기만을 파악하는 태음력도 아닌 음양합력陰陽合曆이다.

태양계에 속하는 지구는 태양의 영향을 직접적이고 가장 많이 받는다. 그러면서 지구의 위성인 달의 영향도 동시에 받는다. 그런데 태음력은 태양의 순환에 의해 나타나는 계절의 변화를 파악할 수 없고, 태양력은 달의 삭망朔望에 의해 발생하는 조석의 변화라든지 인체는 물론 동식물의 생명현상에 나타나는 영향 등을 알 수 없다.

따라서 이런 복잡한 문제를 동시에 해결하기 위해 고대인들은 해와 달의 순환주기를 동시에 파악하는 것이 필요했다. 이런 이유로 만들어진 것이 음양합력이다.

음양합력은 태양의 1년 순환주기 12달을 삭망월 12달로 채우는 것이다. 그런데 이렇게 하면 태양의 1년 순환주기 365.25일과 12개 삭망월인 태음력 1년의 354.36일(1개 삭망월은 평균 29.53일)이 서로 일치하지 않는다. 태양력 1년과 삭망월 12달 사이에는 10.89일의 차이가 발생한다.

음양합력은 이런 차이를 해결하기 위해 윤달을 둔다. 즉 1년을 삭망월 12달로 하고, 태양력 날수에 매년 모자라는 10.89일을 모아서 3년에 윤달을 하나 더 두어서 1년을 13달로 만드는 것이다. 그래도 2.67일이 남는 데다 매년 11일에 가까운 날 수가 쌓이므로 2년 뒤에 윤달을 또 둔다. 곧 5년에 윤달을 2번 두는 것이다. 그래서 이것을 '오세재윤五歲再閏'이라고 한다. 이렇게 되면 19년에 7개의 윤달이 있게 된다. 이것을 역법에서 '19년 7윤법'이라고 한다. 태양년으로 19년에 있는 날수를 계산하면 365.25×19 = 6939.75일이 된다. 그리고 19년에는 모두 235개 삭망월이 있어, 삭망월의 일수는 29.530851×235=6939.75일이 된다. 즉 235개 삭망월을 거쳐야 해와 달과 지구가 처음 운행을 시작했던 상황으로 돌아오게 된다.

음양합력에서는 또 태양력과 삭망월의 순환주기가 정수로 딱 떨어지지 않고 나머지가 발생한다. 그래서 태양순환주기 365.25일에서 나머지 0.25일 4년치를 모아서 1일을 만들어 1년을 366일로 한다. 이것을 윤년이라고 한다. 그리고 29.89일인 삭망월도 0.89일을 처리하기 위해 12달을 각각 6개의 작은달과 큰달로 나누고, 작은달은 29일, 큰달은 30일로 한다.

고대역법에서 또 빼놓을 수 없는 대목은 4시·팔절·24절기를 두고 있다는 점이다. 이것은 음양 2기의 변화에 따른 계절의 변화와 이에 따른 물후物候를 파악하기 위한 것이다. 그러고 보면 역법은 천시天時 변화의 근거와 천시변화가 나타내는 상황을 명시하는 지표인 것이다.

고대역법은 아주 오래 전부터 이미 존재했다. 『서경書經』「요전堯典」에는 "윤달로 4시를 정하여 1년을 이룬다."[22]고 하는 대목이 있다. 요堯 임금 때 역법이 있었고, 그것도 음양합력임을 알 수 있게 하는 내용이다. 또 『사기』에서는 "황제가 별의 움직임(성력星曆)을 살펴서 정하고, 오행을 세우고, 음양의 소장消長을 일으키고, 윤여閏餘를 바로 하고, …… 각각 그 질서를 관장하게 하니 서로 혼란함이 없어졌다."[23]고 하고, 또 "영일추책迎日推策"을 했다고 한다. 여기서

22) 『서경』「요전」, "以閏月定四時成歲"

23) 『사기』「오제본기」, "黃帝考定星曆 建之五行 起消息 正閏餘 …… 各司其序 不相亂也"

'영일'은 그믐과 보름이 오기 전에 그것을 미리 헤아리는 것을 의미하며 '추책'은 영일을 바탕으로 역曆을 만드는 것을 말한다. 황제가 역법을 제정했음을 말하는 것이다. 특히 '윤여'라는 말이 있는 것으로 보아 황제시대의 역법은 매우 정확한 음양합력이었을 것으로 추정할 수 있다. 앞서 서법이 만들어진 시기가 황제시대라고 했던 점을 상기할 때 서법과 역법이 동시기에 성립됐다는 것은 우연으로 치부할 수 없는 대목이다. 즉 역법과 서법은 밀접한 관련이 있음을 보여주는 것이다.

② 간지력干支曆

음양합력은 간지로 나타내는 특성을 갖고 있다. 현재 일반적으로 사용되는 서양의 태양력이 아라비아 수자로 표현되는 것과 다른 점이다.

간지는 10천간과 12지지를 약칭한 말이다. 그런데 주지하다시피 간지는 천시의 순환변화와 이에 따른 물후의 변화상을 가장 완벽하게 표현하는 부호라고 할 수 있다.

왜냐하면 간지는 우선 음과 양의 특성이 있다. 10천간은 갑병무경임甲丙戊庚壬의 5양간과 을정기신계乙丁己辛癸의 5음간으로 구분되는 게 그것이다. 12지지 역시 자인진오신술子寅辰午申戌의 양지와 축묘사미유해丑卯巳未酉亥의 음지로 나뉜다.

간지는 오행의 성질도 갖고 있다. 천간은 갑을목甲乙木·병정화丙丁火·무기토戊己土·경신금庚辛金·임계수壬癸水, 지지는 해자수亥子水·인묘목寅卯木·사오화巳午火·신유금申酉金·축진미술토丑辰未戌土로 각각 구분된다.

이처럼 간지가 오행의 특성이 있기 때문에 시간과 공간도 표현한다. 오행에서 목은 동방의 봄, 화는 남방의 여름 , 토는 중앙의 계하, 금은 서방의 가을, 수는 북방의 겨울이 된다.

다시 말해 간지는 음양오행과 시공時空의 특성을 모두 갖추고 있는 것이다. 따라서 간지는 시간과 공간으로 이루어진 우주에서 일어나는 생성변화 원리를 가장 적합하게 파악하고 설명할 수 있는 부호인 것이다.

특히 간지의 중요한 역할은 60갑자를 만든다는 점이다. 60갑자는 천간과 지지가 순서에 의해 서로 짝을 이뤄 나오는데, 이 경우 10간과 12지의 수가 서로 맞아 떨어지지 않기 때문에 한 사이클이 돌아가서야 처음 시작점으로 돌아오게 된다. 그 한 사이클이 60인 것이다. 즉 10과 12의 최소공배수 60이 60갑자가 된다.

그런데 이 60갑자로 역법을 기록한다는 것의 의미가 아주 심장하다. 왜냐하면 태음태양력의 1년의 날 수는 12개 삭망월로 1년을 삼는 해의 경우 354일로 최소가 되고, 윤달을 두어 13개 삭망월로 1년을 구성하는 해의 경우는 384일로 최장이 된다. 하지만 60갑자로 기년紀年하는 경우는 360일이 된다. 「계사전」은 분명히 한 해의 날 수를 360으로 밝히고 있다.[24] 그 이유는 무엇일까? 바로 간지역법이 여기에 대한 의문을 풀어줄 수 있기 때문에 그 의미가 중하다고 할 수 있는 것이다.

이 문제에 대해 주희朱熹는 "기氣로써 말하면 366일이고, 삭朔으로서 말하면 354일이다. 지금 기는 가득 차고 삭은 허한 가운데 수를 들어서 말한 것이므로 360일"[25]이라고 설명한다. 이 말은 태양의 순

---

24) 「계사전」 상9장, "凡三百有六十 當期之日"

25) 주희 저, 김상섭 해설, 『역학계몽』, 예문서원, 1999, 194쪽.

환주기 366일과 삭망년의 354일을 통일하여 서술한 것이 360일이라는 것이다. 즉 「계사전」에서 말하는 1년의 날 수가 360일이라는 것은 실제의 태양년 1년의 날짜와 삭망년의 날짜를 말하는 것이 아니라 이들을 통합하여 파악할 수 있는 공도公度를 말하는 것이다. 공도라는 말은 둘 또는 둘 이상의 양量이 모두 어느 한 양을 포함하고 있을 때 그 한 양을 말한다. 그런데 여기서 말하는 공도는 해와 달 등 천체가 하늘을 도는 주천도수周天度數 360°를 말하는 것이다. 즉 실제의 일월의 순환주기 일수, 즉 기수와 삭수를 말하는 것이 아니고 이들의 순환주기에 공통으로 포함된 주천공도수周天公度數인 것이다.

그리고 공도 360도에 딱 들어맞는 역수 부호는 바로 60갑자인 것이다. 갑자로 기년하게 되면 1년은 60갑자가 6회 순환한다. 따라서 60갑자는 공도 360의 순환의 마디(절節)가 된다. 그래서 『역경』의 64괘 가운데 60번째 괘는 절節괘다. 절괘 「단전」은 "천지가 절도가 있어 4시가 이루어진다."[26]고 한다.[27]

괘를 구하는 서법이 역수曆數를 바탕으로 하므로 역수를 표현하는 간지가 괘상과도 밀접한 관련이 있을 것은 당연한 귀결이다. 『역경』에 나오는 다음과 같은 괘효사가 이를 대변하고 있다. '고蠱' 괘 괘사는 "갑甲으로 앞서 3일을 하고, 갑으로 뒤에 3일을 한다."[28]는 대목이 있고, '손巽' 괘 구오 효사는 "경庚으로 3일을 먼저하고, 경으로 3일을 뒤에 한다."[29]고 말한다.

요약하면 음양합력을 표현하는 간지부호는 음양오행과 시공의 특

---

26) 「節卦:彖傳」, "天地節而四時成"

27) 주천공도수와 64괘 및 간지주기에 관해서는 졸저, 『주역의 근원적 이해』, 보고사, 2010, 195-203쪽 참고하기 바람.

28) 「蠱괘」 괘사, "先甲三日 後甲三日"

29) 「巽'괘」 구오효사, "先庚三日 後庚三日"

성을 갖고 있어 우주의 법칙을 파악할 수 있는 코드라고 할 수 있다. 특히 간지로 조성되는 60갑자는 천도의 순환주기와 주기별 상황을 읽을 수 있는 주천공도수의 기본이 된다.

(2) 괘상이 역수에서 나온 근거

일반적으로 팔괘는 복희가 그리고, 『역경』 64괘는 주나라 문왕이 팔괘를 중첩하여 지었다고 한다. 이것은 고문헌에 의한 괘의 출현 연원일 뿐이다.

역학자나 역을 활용하는 사람에게 중요한 것은 괘를 얻는 방법과 과학적이고 논리적 원리다. 괘를 구하는 방법을 모르면 역점을 칠 수 없다. 또 괘를 구하는 방법의 과학성과 논리성을 이해하지 못하면 애써 얻은 괘를 제대로 해석할 수 없다.

하지만 『역경』에는 괘를 구하는 방법이나 그 원리에 대한 설명이 없다. 『역전』이 비로소 괘를 얻는 방법을 언급하고 있다. 그나마도 골자 정도만 언급할 뿐이어서 이 내용으로 실제 점괘를 얻기는 어렵다. 후대에 이르러 주희가 『춘추좌전』과 『국어』에 나오는 점친 사례를 참고하여 점괘 구하는 법과 괘를 보고 길흉을 판단하는 서점법을 정리했다.

그러나 주희의 서법筮法을 통해서도 그 원리를 납득하기는 쉽지 않다. 따라서 여기서는 서법이 천문역법의 과학성을 근거로 하고 있음을 확인해보고자 한다.

「계사전」에는 다음과 같은 대목이 나온다.

"대연수가 50이고 그것의 씀은 49이다. 이를 나누어 둘로 만들어 양의를 상징하고, 하나를 걸어서 삼재를 상징하고, 넷으로 세어 사시를 상징하고, 남는 것을 손가락에 끼워서 윤달을 상징하니, 5년에 윤달이 두 번이므로 두 번 낀 뒤에 거는 것이다. 건의 책수가 216이요, 곤의 책수가 144이다. 그러므로 모두 360이니 1년의 수인 360에 해당하고, 상하 두 편의 책수가 1만 1천 520이니 만물의 수에 해당한다. 이러므로 네 번 경영하여 역을 이루고 18번 변해서 괘를 이룬다."[30]

이것이 이른바 '설시구괘법揲蓍救卦法'의 내용이다.

그런데 이 내용을 보면 설시법이 역법에 근거함을 알 수 있다. 양의·사시·윤달·5년 재윤·360일 등의 용어가 이를 대변한다.

앞서 역법의 특성을 살피면서 확인한 것처럼 중국 고대역법은 음양합력이기 때문에 태양력과 태음력을 겸한다. 양의는 태양과 태음이다. 고대역법은 사시·팔절·24절기를 두는 특성이 있다. 1년 중에는 사시사철이 있다. 태양력과 태음력의 날수 차이를 조율하기 위해 윤달을 두고, 다시 5년에 윤달을 하나 더 둔다. 그리고 '기영삭허氣盈朔虛'를 통일하는 360 공도수로 1년의 수를 삼는다.

이로 보면 설시법이 고대역법에 근거한 것이 분명하다. 이 때문에 설시법의 원리를 제대로 이해하려면 고대천문역법의 파악이 필요하다. 그리고 이것들을 알게 되면 비로소 설시법에 나오는 대연수大衍數와 용수用數의 의미에 대한 정확한 이해가 가능해질 것이다.

---

30) 「계사전」 상9장, "大衍之數 五十 其用四十九 分爲二以象兩 掛一以象三 揲之以四以象四時 歸奇于扐以象閏 五歲再閏 故再扐而後掛 乾之策二百十有六 坤之策百四十有四 凡三百有六十 當期之日 二編之策 萬有一千五百二十 當萬物之數也 是故四營而成易 十有八變而成卦"

4) 대연수大衍數의 역법曆法적 해석

(1) 대연수의 일반적 해석과 문제점

「계사전」은 시초를 셈하여 괘를 구하는 법을 말하면서 “대연수가 50이고 그것의 씀은 49이다.”라고만 말하고, ‘대연수 50’의 의미가 무엇인지와 왜 대연수 50에서 하나를 버리고 49를 쓰는지에 대한 설명은 하지 않는다. 이렇다보니 한대 이후 많은 사람들이 대연수에 대한 해석을 내놓았지만 그 본래의 의미에 부합하는 것으로 받아들이기에는 어딘가 납득하기 어려운 구석이 많다.

대연수에 대한 해석이 얼마나 구구하고 본의와 동떨어졌는지는 한대의 주요 역학자들의 주장만 봐도 알 수 있다.

경방京房은 “50이란 수는 10일·12진·28수를 더한 수이다. 그 것의 하나를 쓰지 않는 것은 하늘이 기氣를 낳을 때 허虛에서 실이 나오므로 (하나를 버리고) 49를 쓰는 것이다.”[31]고 한다.

마융馬融[32]은 “역에 태극이 있는데, 이것을 북극성이라고 한다. 태극이 양의를 낳고 양의가 일월을 낳고, 일월이 사시를 낳고, 사시가 오행을 낳고, 오행이 12월을 낳고, 12월이 24절기를 낳는다. 북극성은 제 자리에 머물러 움직이지 않고, (태극에서 24절기까지 합이 50이고, 그 가운데 북극성인 태극을 제외한) 그 나머지 49개는 북극성의 주위를 움직이므로 49를 쓰는 것이다.”[33]고 한다.

---

31) 韓康伯·王弼 注, 孔穎達 疏, 『周易正義』 권7장, 「繫辭 上」, “五十者 謂十日 十二辰 二十八宿也 凡五十 其一不用者 天地生氣 將欲以虛來實 故用四十九焉”

32) 馬融(79-166) - 자 계장季長. 중국 후한의 유학가, 陝西省 茂陵 사람, 安帝·桓帝 때 태수를 지냄, 數經에 정통하여 노식·정현 등을 가르침. 저서로 『춘추삼전이동설春秋三傳異同說』이 있고, 주석서로 『효경』·『논어』·『시경』·『주역』·『삼례』·『상서』·『열녀전』·『노자』·『회남자』·『이소離騷』 등이 있음.

33) 한강백 등 앞의 책, 같은 장, “易有太極 謂北辰也 太極生兩儀 兩儀生日月 日月生四時

순상荀爽[34)]은 "괘는 각각 6효가 있고, 여기에 8괘를 곱하면 48이다. 48에 건乾과 곤坤 2괘의 작용을 더하면 50이다. 건괘 초구는 '잠룡물룡'이니 49를 쓰는 것이다."[35)]고 한다.

또 정강성[36)]은 "천지수는 55인데 오행이 기로 통하므로 오행의 5를 감하고, 또 1을 감하여 49가 된다."[37)]고 한다. 요신[38)] 등은 "천지의 수는 55인데 그 중 6으로 6획의 수를 상징하므로 그것을 감하여 49를 쓴다."[39)]고 한다.

이상 예시한 학설들은 각각 내용이 다르다. 어느 것이 맞는 것인

四時生五行 五行生十二月 十二月生二十四氣 北辰居位不動 其餘四十九轉運而用也"

34) 荀爽 – 일명 '서諝'라고도 함. 후한 영천潁川 영음潁陰 사람. 자는 자명慈明, 순숙荀淑의 아들. 환제桓帝 연희延熹 9년(166) 지극한 효성으로 천거되어 낭중郎中에 임명되어 대책을 올려 시폐時弊에 대해 통렬하게 지적했지만 곧 벼슬을 버리고 떠남. 곧 당고黨錮의 화禍가 일어나자 바닷가에 숨어 10여 년을 지내다 헌제獻帝 때 다시 등용되어 사공司空을 지냈으며, 사도司徒 왕윤王允과 동탁董卓을 제거하려 하다가 뜻을 이루지 못하고 죽음. 저서에 『易傳』·『詩傳』·『禮傳』·『尙書正經』·『春秋條例』·『公羊問』 등이 있었지만 모두 소실됨. 비직費直의 고문역학古文易學을 연구한 『周易荀氏注』의 일부가 『옥함산방집일서』 및 『漢魏二十一家易注』에 전한다.

35) 한강백 등 앞의 책, 같은 장, "卦各有六爻 六八四十八 加乾坤二用 凡有五十 乾初九潛龍勿龍 故用四十九也"

36) 鄭玄(127-2000 – 자 康成, 중국 산동성山東省 북해北海 고밀高密 사람으로 後漢 말기의 대표적 유학자. 시종 재야在野 학자로 지냈으며, 제자들에게는 물론 일반인들에게서도 훈고학·경학의 시조로 깊은 존경을 받음. 경학의 금문今文과 고문古文 외에 천문天文·역수曆數에 이르기까지 광범하게 공부함. 『周易』·『尙書』·『毛詩』·『周禮』·『儀禮』·『禮記』·『論語』·『孝經』등 경서를 주석하고, 『의례』·『논어』 교과서의 정본定本을 만듬.

37) 한강백 등 앞의 책, 같은 장, "天地之數五十有五 以五行氣通 凡五行減五 大衍又減一 故四十九也"

38) 요신姚信 – 삼국시기 오吳나라 무강武康(현 절강浙江 덕청현德淸縣) 사람. 맹희의 역학을 공부하여 천문역수학에 정통함. 천문학 방면의 '흔천론昕天論'을 제출했으며, 지구와 태양의 운동규율, 절기와 온도의 변화, 주야의 장단 등에 대해 논술한 『易注』 10권을 지었으나 일실됨.

39) 한강백 등 앞의 책, 같은 장, "天地之數五十有五者 其六以象六劃之數 故減之而用四十九"

지 그른 것인지 분간할 수 없다. 각자 의견을 냈지만 왜 그런지에 대한 확실한 근거를 들어 설명하지 못하기 때문이다.

심지어 「계사전」은 대연수를 분명히 50이라고 했지만 정현·요신 등은 천지수 55만 말하고 대연수는 아예 언급조차 하지 않는다.

위진魏晉 시기의 현학적 의리역 제창자 왕필은 "천지수를 연역하는데 있어 의지하는 수가 50이다. 49를 쓰고 하나를 쓰지 않는다. 쓰지 않는 것을 써서 통하고, 수가 아닌 수로 이루는 것이다. 이것이 역의 태극이다. 49는 수의 극이다."[40]고 한다.

왕필이 여기서 말하는 '49는 수의 극이다'라고 하는 49가 곧 태극이라는 말일 것이다. 그리고 '불용이지만 쓰고, 수에 넣지 않지만 수로 쓰는 것'은 무극, 즉 50을 가리키는 것이다. 그래서 '태극의 무'인 수 하나를 버리고 나머지 49를 쓴다는 것이다. 곧 이 주장은 무에서 유가 나온다는 관점을 드러낸 것이다. 하지만 대연수 50이 어디에 근거해서 나온 것인지를 이해하기에는 너무 난해하다.

송대 정이程頤는 "대연수는 50이다. 수는 1에서 시작하여 5에서 갖춰진다. 소연小衍은 10을 이루고, 대연大衍은 50이다. 50은 수의 이룸이다. 이루어지면 움직이지 않으므로 하나를 덜어서 씀을 삼는 것이다."[41]고 한다.

주희는 "대연수가 50인 것은 하도 중궁의 천수 5와 땅의 수 10을 곱하여 얻은 것이다. 점을 치는 데는 49를 쓴다. 이는 모두 이치와 형세의 자연스러움에서 나온 것이지 사람의 지혜와 힘으로 더하고

---

40) 왕필, 『주역주』, 「계사전」 상9장, "演天地之數 所賴者五十也 其用四十有九 則其一不用也 不用而用 以之通 非數而數 以之成 斯易之太極也 四十有九 數之極也"

41) 鄭頤, 『程氏易傳』 「易說」, "大衍之輸五十 數始于一 備于五 小衍之而成十 大衍之則五十 五十 數之成也 成則不動 故損一以爲用"

감할 수 있는 것이 아니다."[42]고 한다.

송대 이학을 완성했다는 정이나 주자의 견해도 대연수의 본질에 대해 근본적인 설명을 제시하지 못하기는 마찬가지다.

이처럼 역대 많은 학자들의 대연수에 관한 학설이 다양하면서도 본의를 제대로 설명하지 못하는 이유는 간단하다. 즉 괘가 천문역수를 계산해서 얻는 것이라는 점을 간과했기 때문이다.

(2) 달의 4상四象 변화

음양합력에서 달의 순환운동과 그 주기가 차지하는 비중이 매우 크다는 점은 앞서 고대역법의 특성에서 살핀 바와 같다.

그런데 여기서 다시 달의 4상 변화 문제를 꺼내는 이유는 이것이 대연수와 관련이 있다고 보기 때문이다.

지구를 중심으로 했을 때 태양의 순환에 의해 1년 중에 봄·여름·가을·겨울의 4시가 나타난다. 이것을 역에서는 사상四象이라고 한다. 이 태양의 순환에 의한 계절의 변화로 만물은 생장수장의 과정을 거친다.

마찬가지로 지구상의 만물은 달의 위상位相 변화에 따라 영향을 받는다. 여기서 달의 위상 변화는 회삭晦朔·상현上弦·망望·하현下弦의 4단계를 말한다. 즉 태양은 1년에 4철을 순환하지만 달은 매달 4개 위상을 보여주는 것이다.

삭망월을 기준으로 달은 평균 29.53일에 지구를 한 바퀴씩 돌면서 회삭과 상현·만월·하현이라는 4단계의 모습을 드러낸다. 즉 매달 4개의 위상을 나타내는 것이다.

---

42) 朱熹, 『周易本義』, 「계사전」 상9장, "大衍之數五十 蓋以河圖中宮天五 乘地十而得之 至用以筮 則又止用四十有九 蓋皆出於理勢之自然而非人之知力所能損益也"

특히 1개 삭망월 동안 달이 보여주는 4개 위상은 매우 중요하다. 지구를 중심으로 태양이 보여주는 순환운동의 1주기는 회귀년이 되지만, 달이 지구를 한 바퀴 도는 기간은 1개월이다. 말하자면 태양년 1년과 1삭망월은 지구를 기준으로 할 때 실상 같은 1주기인 것이다. 그렇기 때문에 삭망월의 4개 위상은 곧 태양력의 4시와 비교될 수 있다.

그런데 음양합력에서 1년은 태양년인 365.25일이므로 1년에 달은 12.369개가 있게 된다. 그리고 매달 4개의 위상이 있으므로 12.369 × 4 = 49.48개의 위상이 있게 된다. 이것을 반올림하면 50이 되고, 실수는 49가 된다.

말하자면 1회귀년 중에 달은 대략 50개의 위상변화를 나타낸다고 할 수 있다. 물론 실제의 위상변화는 49개가 된다.

하지만 이것은 1회귀년의 날 수를 실수로 계산한 것이고, 지구가 태양을 한 바퀴 도는 타원형을 기준으로 할 경우는 360도가 된다. 이 기준으로 보면 달은 1년에 회삭·상현·망·하현의 한 사이클을 12차례 돌고 1/4 사이클이 남게 된다. 회귀년 360도의 1/4, 즉 90도가 남는 것이다. 그리고 이렇게 1회귀년에 남는 90도를 4번, 곧 4년 동안 축적하면 1개 삭망월을 만들 수 있다. 즉 공도수를 기준으로 할 경우 4년이 걸려서 윤달 1개가 완성되는 것이다. 부연하면 공도수를 기준으로 윤달은 4년 주기를 이루는 것이다.

그렇지만 4년 걸려 1개의 윤달을 완성한 뒤에 다시 1개의 윤달을 만들기 위해서는 5년째가 돼야 또 다른 나머지 1/4개의 위상이 시작되는 것이다. 이것을 기준으로 할 경우 윤달의 주기는 5년이 된다.

여기서 논술의 편의상 4년에 1개의 윤달을 만드는 것은 '윤달 성립 주기'라고 하고, 5년만에 윤달이 다시 시작되는 주기를 '윤달 순환 주기'라고 부르기로 한다.

물론 이렇게 공도수 360도를 기준으로 역법曆法을 표현하는 부호는 간지로 구성된 60갑자이다.

(3) 대연수에 대한 역법적 해석

앞서 살핀 것처럼 한대 이래 여러 학자들이 대연수에 관해 서로 다르면서도 본의와 동떨어진 해석을 내놓았다. 하지만 드물게 역법의 관점에서 대연수를 해석한 탁견도 보인다.

당나라 승僧 일행一行은 "책策으로써 태양의 운행을 기록하고, 상象으로 달의 운행을 기록한다. 그러므로 건곤의 책수 360은 태양의 운행을 재는 기준이 된다. 건곤의 씀은 49상象으로 달의 상현·하현으로 검증된다."[43]고 한다.

일행의 이 말은 태양의 운행으로 정해지는 회귀년은 공도수로 360인데 이것은 책수로 파악하고, 달의 운행은 1개 삭망월에 4개 위상을 보이므로 1회귀년에 49개 위상이 존재한다는 것을 말하는 것이다. 즉 고대역법에서는 1년의 날 수를 책수로 파악할 뿐아니라 달의 위상변화 수로도 계산할 수 있음을 알 수 있다.

이로 미루어 보면 일행은 이미 당시에 대연수가 달의 위상변화 수와 관계된다는 사실을 간파하고 있었던 것이다.

일행보다 앞서 삼통력을 제정한 서한의 유흠劉歆도 대연수 50에서 1을 감하여 49를 쓰는 것에 대해 '월법月法의 실實'이라고 말하는 것으로 보아 대연수와 달의 위상변화 수가 관련이 있다는 사실을 알고 있었음이 확실하다.[44]

43) 『新唐書』「志17상, 曆3상」, "策以紀日 象以紀月 故乾坤之策三百六十 爲日度之準 乾坤之用四十九象 爲月弦之檢"

송대 소옹도 대연수가 달의 위상변화 수와 관련이 있음을 파악하고 있었다. 그는 "대연수 50은 64괘의 책이고, 용수 49는 60괘 1년의 책이다. 나머지를 돌려 하나를 거는 것은 1년의 윤수와 같은 것이다."[45]고 말한다.

그런데 64괘는 384효이고, 60괘는 360효다. 그리고 360효는 당기當期의 책수 360과 같고, 384효는 윤년의 날수와 같다. 그러므로 대연수 50이 64괘의 책이라는 것은 윤달이 드는 해의 윤달의 날수를 포함한 것을 말하는 것임을 알 수 있다. 또 49가 60괘 1년의 책이라는 말은 1개 삭망월에 들어 있는 4개 위상변화 수를 12월로 곱하면 48개로 354일이 되고, 여기에 1개 위상을 더한 49개 위상변화 수와 같다는 것이다.

참고로 1삭망월 29.53일을 4개 위상변화 수로 나누면 평균 7.38일이 된다. 즉 1삭망월의 1개 위상변화가 점유하는 시간은 7.38일이다. 그런데 공도수 360을 기준으로 하면 12개 삭망월 354일은 6일이 모자라고, 회귀년 366일은 6일이 남는다. 그러므로 달의 4개 위상변화 중 1개의 실제 날수는 7.38일이지만 공도수를 기준으로 하면 6일이 되는 것이다.

이렇게 보면 소옹은 대연수 50과 용수 49가 달의 위상변화수와 관계됨을 파악하고 있었음을 알 수 있다.

이상의 내용을 참고로 이제 대연수 50이 달의 위상변화 수에서 연유한 것임을 풀어보자.

---

44) 『한서』「율력지」 제1 상, "是故元始有象一也 春秋二也 三統三也 四時四也 合而爲十成五體 以五乘十 大衍數也 而道據其一 其餘四十九 所當用也 故蓍以爲數 以象兩兩之 又以象三三之 又以象四四之 又歸奇象閏十九 及所據一加之 因以再扐兩之 是爲月法之實"

45) 소옹 저, 『황극경세』「관물외편」 상의 하, "是以五十者 六十四卦閏歲之策也 其用四十有九者 六十卦一歲之策也 歸奇挂一 猶一歲之閏也"

앞서 '달의 4상변화'에서 알아본 봐와 같이 1회귀년 365.25일 안에 달의 위상변화수, 즉 4상의 수는 49.48개가 들어간다. 이것은 1년 365.25일을 삭망월의 날수 29.53으로 나누면 1회귀년에 평균 12.369 달이 존재하고, 여기에 4상을 곱하여 나온 수다.

그런데 달이 1년에 보여주는 49.48개의 위상변화를 반올림하면 대략 50개가 된다. 즉 50은 달이 1회귀년에 대략 50개의 4상을 보여준다는 의미가 된다.

여기서 잠시 '대연大衍'의 의미를 살펴보자. '대大'는 부사로 '대략'의 의미가 있다. 그리고 '연衍'은 물이 유행한다는 뜻이 있다. 『설문해자』에는 "물이 바다로 흘러가는 모양이다."[46]고 했고, 『황제내경』에서는 "물은 흘러 다니는 것이다."[47]고 한 것이 이를 뒷받침한다.

그리고 고대로부터 물은 달의 정기精氣로 인식된다. 『황제내경』은 "달은 물에서 생겨난다."[48]고 하고, 『개원점경』은 "물의 정기가 달이다. …… 달은 물이다."[49]고 한다. 또 『회남자』에서는 "달은 하늘의 사자이고, 수기의 정수가 달이 된다."[50]고 했다.

요약하면 달은 물의 정수이고, 달의 운행은 물의 운행과 같다는 것이다. 그러므로 '대연지수大衍之數'는 달의 주기운행수周期運行數, 즉 달이 운행하며 보여주는 4상의 수를 말하는 것이다.

그러면 대연수 50에서 하나를 버리고 49를 쓰는 이유는 무엇인가? 그것은 50은 반올림한 대략의 수이므로 소수점 이하를 버리고 실수인 49만을 쓰기 때문이다. 즉 허를 버리고 실을 취하는 것이다.

---

46) 『설문해자』, "衍水朝宗于海貌 從水行"
47) 『黃帝內經』「素門」〈五常政大論〉, "水日流行"
48) 『黃帝內經』「靈樞」〈陰陽繫日月〉, "月生于水"
49) 『開元占經』 권11, 「月名體一」, "水精爲月 …… 月者水也"
50) 『淮南子』「天文」, "水氣之精者爲月"

그리고 49에서 하나를 거는 것은 그것이 윤수이기 때문이다. 즉 12개 삭망월의 4상수는 48개이고, 나머지 하나는 윤수이므로 이것을 덜어내었다가 모아서 윤달을 만드는 과정을 모의한 것으로 생각하면 이해가 쉽다.

정리하면 대연수 50은 1년 동안 달이 매달 보여주는 4개 위상변화 수 총계인 49.48을 반올림하여 말하는 대략의 수다. 그리고 이 대략의 수에서 소수점 이하를 버린 실수 49는 실제로 쓰는 수, 즉 용수가 된다.

5) 맺는 말

역학은 『역경』이 내포하고 있는 천지자연의 운행 이치를 파악하고 이를 바탕으로 인사를 모색하는 학문이다. 그런데 일반적으로 역학은 괘효사를 통해 진행된다. 특히 인륜도덕적 측면에서 역을 탐구하는 의리역학이 그러하다. 하지만 『역경』의 괘효사는 괘상에 대한 풀이글이다. 즉 괘효사는 괘상이 없이는 나올 수 없다. 그리고 괘상은 역수에서 나온다. 따라서 올바른 역학을 위해서는 무엇보다 역수를 제대로 이해하는 것이 필요한 것이다.

「계사전」은 괘상이 역수를 계산해서 얻는 것임을 밝히고 있다. 괘상을 구하는 설시법, 즉 서법과 역법曆法이 밀접한 관련이 있음을 확인해주는 것이다.

그리고 서법과 관련된 역법은 태양력도 아니고 태음력도 아닌 음양합력이라는 사실도 「계사전」을 통해 알 수 있다. 또 음양합력을 표현하는 부호는 간지로 구성된 60갑자이다. 순환주기가 서로 다른 태양력과 태음력을 조율하는 360도라는 공도수를 나타내는 부호로

60갑자가 가장 적절하기 때문이다.

특히 음양합력에서는 달의 운행 상황도 중요하다. 태양의 운행으로 나타나는 4시·24절기도 중요하지만 달이 보여주는 회삭·상현·만월·하현의 4상도 그에 못지않게 지구에 큰 영향을 미친다.

고인들은 이런 내용을 파악하고 삭망월의 4상수를 통해 천시의 변화를 이해하려고 하였음을 추정할 수 있다. 이것은 치윤법에서 확인할 수 있고, 또 대연수와 용수의 해석에서도 간파할 수 있다.

결론을 내자면 역학에서 가장 기본이 되는 것이 괘를 얻는 방법과 관련된 역수에 통달하는 것이다. 역수는 음양합력으로 천체 운행과 그 과정에서 드러나는 시후時候와 물후物候를 파악하는 부호이기 때문이다.

3. 소옹邵雍의 원회운세元會運世 수數

1) 역易을 수數로 말한 소옹邵雍

(1) 소옹의 약력

중국 북송北宋의 유학자이자 철학자인 소옹은 서기 1011년에 출생해 1077년까지 67세를 살았다. 자는 요부堯夫, 호는 안락선생安樂先生, 시호는 강절康節이다.

송의 인종仁宗·영종英宗·신종神宗 때까지 생존한 소옹은 인종으로부터 장작감주부將作監主簿의 직을 추대 받았으나 사양하고 일생을 낙양洛陽에 은거했다고 한다.

소옹의 선조는 하북河北 범양範陽에 오래 살았으나 소옹은 후에 아버지를 따라 하남을 거쳐 다시 낙양으로 옮겨 살았다. 낙양은 소옹의 일생에서 학문 활동의 중심지다.

소옹은 남을 성심으로 대하고, 태도가 온화하고 친절하며 상냥한 데다 은사隱士와 같았다고 한다.

북송 오자五子[51]의 한 사람인 소옹은 유학과 도학을 겸했으나 벼슬길에 나가지 않았으며, 어려서는 농사를 지어 겨우 의식을 해결하는 빈곤한 생활을 했다. 후에 성공하여 이름을 얻은 뒤는 명리에 담박한 채 여전히 학문에 매진하여 마침내 학문상의 권위자가 되었다. 정호程顥는 소옹의 묘지명에 "그의 학문은 '내성외왕內聖外王의 도道'를 이루었다."고 칭송했다.

(2) 소옹의 학맥

소옹 역학의 성격을 이해하기 위해서는 그의 학맥을 살펴볼 필요가 있다.

소옹의 역학은 일반적으로 상수역학으로 받아들여진다. 특히 물리학을 바탕으로 하고, 이어서 사람의 문제를 다루는 성명性命학을 이해하는 이른바 선천역학先天易學과 후천역학後天易學을 제시하는 특성을 갖고 있다.[52]

역학에서 선천상수학을 처음 시작한 사람은 중국 오대송초五代宋初의 도사道士이자 도교학자道敎學者인 진단陳摶(약 871-989)이다.

자가 도남圖南이고 스스로 부요자扶搖子라고 칭한 그에게 송 태종太宗은 '희이希夷선생'이라는 호를 내렸다. 그는 어려서 제자백가의 말

---

51) 북송의 유학자 주돈이周敦頤, 소옹邵雍, 장재張載, 정호程顥, 정이程頤를 일컬음.
52) 본서의 '선천팔괘와 후천팔괘는 어떻게 다른가' 장을 참고 바람.

을 공부하고 청운의 뜻을 펼쳤다. 하지만 후당後唐 장흥長興연간(930-933)에 진사에 응시하여 낙방한 뒤 무당산巫堂山에 은거해 수도했다. 이어서 화산華山으로 옮겨 40년을 은거했으므로 '화산도사'라고도 불린다.

진단은 역에 밝아서『지현편指玄篇』81장을 지어 양생과 연단의 법을 말했다. 그래서 그의 역학은『참동계』의 전통을 계승하고 있다고 평가된다.

또 그의 역학은 번잡한 문자가 없는 대신 도상圖象으로 음양소장의 수數를 말할 뿐이다. 소옹의 아들 소백온邵伯溫은『역학변혹易學辨惑』에서 진단의 역학 특징은 그림으로 역을 해석하는 것이라고 말한다. 즉 진단의 역학 그림은 상과 수의 두 방면의 내용을 포괄하고 있다. 그래서 진단은 송대 상수역학과 도서역학圖書易學의 창시자가 됐다.

진단이 제시한 역학도식은 선천태극도先天太極圖(천지자연지도天地自然之圖), 용도龍圖(하도와 낙서의 전신), 무극도無極圖 등 3 종류이다. 이들 도식의 공통점은 음양변역陰陽變易의 법칙을 설명하는 것이다.

역학의 전승관계에서 진단의 역학은 종방種放에게 전해졌고, 종방은 목수穆修에게 전했으며, 목수는 이지재李之才에게 전했으며, 다시 이지재는 소옹에 전한 것으로 기록돼 있다.

낙양에서 956년 출생해 1016년까지 생존한 종방은 자가 명일明逸 혹은 名逸이며, 스스로 운계취후雲溪醉侯라고 칭했다. 종남산終南山에서 어머니를 모시고 은거하며 벼슬에 나가지 않고 강학講學했으나 송宋 진종眞宗 5년에 관직을 받고 공부시랑工部侍郎까지 이르렀다.

『송사宋史』「주진전朱震傳」은 이지재李之才의 괘변설과 유목劉牧[53]의 하락학河洛學, 소옹의 선천학은 모두 종방과 관련이 있으며, 진단의 역학을 후세에 전한 바탕이라고 기록하고 있다.

목수는 북송 운주문양鄆州汶陽 사람으로 979년 출생해 1032년까지 생존한 역학자이다. 자는 백장伯長이다.

목수는 종방에게서 역을 배워 이지재에게 전하는 한편 태극도를 주돈이周敦頤에게 전했으며, 주돈이는 다시 정호程顥·정이程頤 형제에게 전했다고 알려져 있다.

그래서 소옹과 주돈이, 이정二程의 역학은 모두 목수와 사승師承의 관계에 있음을 알 수 있다.

이지재는 중국 청사靑社(지금의 산동山東 익도현益都縣) 사람으로 출생은 알 수 없고 1045년까지 생존한 북송의 역학자이다. 자는 정지挺之로 『춘추』에 밝고 역학과 역법曆法에 정통했다.

그는 소옹에게 『춘추』와 역학을 전수하고, 유희수劉羲叟[54]에게 역법을 전했다.

이지재의 역학은 괘변설이 주主를 이룬다.

정리하면 소옹 역학의 학맥은 도가 도사이자 학자인 진단에게서 비롯됐다는 것이다. 이것은 소옹의 역학이 도가의 영향을 받았음을 역설하는 것이다.

또 진단의 역학은 문자나 말보다는 그림과 역수易數로 역의 이치를 설명한다는 것이다. 이는 소옹의 역학이 선·후천도와 역수로 이루어지게 된 배경이 된다. 특히 음양소장의 이치를 역수로 풀어가게 되는 단초가 되었을 것이다.

---

53) 유목劉牧은 북송北宋 중엽의 팽성彭城 사람으로 자는 장민長民 또는 선지先之라고 한다. 저서로 『신주주역新注周易』11권과 『역수구은도易數鉤隱圖』가 있으나 『신주 주역』은 전하지 않는다.

54) 유희수는 송나라 진성晉城 사람으로 역법曆法에 정통하여 당사唐史를 편찬할 때 율력·천문·오행의 지志를 담당했다.

(3) 소옹 역학의 개요

소옹 역학의 내용은 그의 저서 『황극경세서皇極經世書』에 담겨 있다. 여기서 '황극'은 임금을 말하고, '경세'는 세상을 경영한다는 의미이다. 따라서 '황극경세서'는 임금이 세상을 경영하는 글이라는 뜻이 된다.

『황극경세서』라는 책의 이름에서 알 수 있듯이 소옹의 역학은 천지의 운행법칙을 통해 인사의 문제를 설명하려는 실용의 성격이 크다는 것을 간파할 수 있다.

『황극경세서』의 편제와 내용에 관하여는 다소의 이견이 있으나 현재 전하는 『사고전서四庫全書』통행본을 기준으로 하면 모두 14권으로 돼 있다.

제1부에 해당하는 1-6권은 원元 · 회會 · 운運 · 세世의 수數와 역사연표歷史年表로 이루어졌다.

제2부에 해당하는 7-10권은 율려성음도표律呂聲音圖表이다.

제3부에 해당하는 11-14권은 관물내편(11-12권)과 관물외편(13-14권)으로 돼있다.

좀 더 부연하면 1-2권은 원회운세의 수, 즉 천지天地의 수를 전체적으로 논하는 통론通論이다.

그리고 3-4권은 원회운세의 회會의 수數로써 운運의 수를 헤아려서 세수世數와 갑자기년甲子紀年을 배합하고, 요堯임금부터 오대五代에 이르기까지의 역사연표를 기록한다. 그리고 이 역사연표를 토대로 역사적 치란治亂의 사적事蹟을 살펴서 천시天時로 인사에 응험應驗함을 밝힌다.

또 5-6권은 운의 수로써 세의 수를 헤아려서 세수와 갑자기년을 배합하여 요임금으로부터 오대에 이르기까지 연표를 작성하여 역사서에 기재된 흥폐치란興廢治亂·득실得失·사정邪正의 사적事蹟을 살펴서 인사로써 천시를 징험徵驗한다.

7-10권은 음양강유陰陽剛柔의 수로써 율려성음의 수를 탐구하고, 나아가서 동식물의 수를 궁구하고, 이를 층층이 추연推演하여 만물의 수에 이른다.

11-12권의 관물내편은 『황극경세서』의 주지를 거듭 분명하게 설명하고, 주로 역의 이치를 말한다.

13-14권의 관물외편은 수에 관한 논설을 위주로 하고, 겸하여 덕성수양을 말하는 동시에 내편의 내용을 더욱 확장한다.

그런데 소옹이 『황극경세서』에서 역의 이치를 설명하기 위한 상수부분은 선후천도·천지수天地數·원방수圓方數(천원지방설天圓地方說과 관련한 삼천양지參天兩地의 수數)·人應天數(사람은 하늘의 수에 응함)·체사용삼體四用三·원회운세수 등의 개념이라고 할 수 있다.

여기서는 이 가운데 본서의 앞부분에서 이미 이야기 됐거나 일반화된 개념을 제외하고 비교적 새롭고 중요성이 크다고 보이는 원회운세수에 관하여 설명하고자 한다.

2) 원회운세수

(1) 원회운세수의 개요

사람이 살고 있는 지구에서는 12달, 360일, 4천320시간, 12만9천600분을 1년 단위로 하여 해를 되풀이 한다. 다시 말해 춘하추동의 사계절이 차례로 이어가면서 한 해를 이루고, 1년을 주기로 해를 거듭한다.

잠시 1년이 12만9천600분이 되는 이유를 살펴보자. 여기서 말하는 1시간은 현재의 60분이 아니고 30분이다. 그리고 1일도 24시간이 아니고 12시간이다. 음양합력의 역법曆法에서는 월과 시간을 표시하는 부호로 지지地支를 사용한다.

그런데 주지하는 바와 같이 지지는 12지다. 따라서 1년은 12달이 되고, 1일은 12시간이 된다.

그리고 1일은 지구가 태양을 한 바퀴 도는 시간이므로 원圓의 도수로는 360도가 된다. 그러므로 1일의 12시간은 360도, 즉 360분인 것이다. 그런즉 360분을 12시간으로 나누면 1시간은 30분이 된다.

그래서 1년 12달 360일 4천320시간에 30분을 곱하면 1년은 12만9천600분이 된다.

그렇다면 지구를 포함한 천지우주의 1회 운행주기는 어떻게 될까.

소옹은 천지우주의 1주기를 1원元이라고 칭하고, 1원은 12만9천600년이라고 정리했다. 즉 천지의 연·월·일·시를 원元·회會·운運·세世로 이름하고, 1원은 12회, 360운, 30세로 구분했다. 이렇게 하면 1운은 12회, 360운, 4천320세가 된다. 즉 앞의 1년 12만9천600분을 도출하는 방법으로 1원의 수를 계산하면 12만9천600년이 된다.

이를 자세히 풀어보자. 시간은 세에 해당하므로 1시간을 30분으로 한 기준에 따라 1세는 30년이 된다. 그러므로 4천320세에 30을 곱하면 12만9천600년이 되는 것이다. 이제 역으로 12만9천600년을 12회로 나누면 1회는 1만800년, 1회에는 30운이 들어 있으므로 1만800년을 30으로 나누면 360운, 1운에는 12세가 들어 있으므로 360운을 12로 나누면 30세가 된다.

(2) 원회운세수의 도출 배경

① 음양소장의 법칙

12만9천600년이라고 하는 우주의 1년 순환주기는 고작 100년도 못사는 인간이 볼 때는 너무 크고 오랜 시간이다. 하지만 소옹의 원회운세수는 실상 음양의 소장을 바탕으로 계산된 단순한 것이다.

소옹의 원회운세수에 의지하면 지구의 1년은 12달 360일 4천320시간 12만9천600분이다. 지구의 1년도 실은 짧은 시간은 아니다. 그러나 1년도 1일의 순환에서 출발한다. 그리고 1일은 밤낮의 변화로부터 시작한다. 밤과 낮이 바뀐다는 것은 바로 음과 양의 교차에서 나온 것이다.

즉 태양이 아침에 솟아서 한낮에 이르면 다시 기울기 시작해 저녁에는 어둠이 찾아오고 다시 태양이 떠서 기울고 하여 한 달을 채우고, 4철의 변화를 만들고, 1년을 이룬다.

그런데 이런 음양의 소장은 하루에만 이루어지는 것이 아니다. 1년 중에도 동지부터 하지까지는 양의 기운이 자라나고 음의 기운이 쇠퇴하며, 하지부터 동지까지는 음의 기운이 성장하면서 양의 기운이 물러간다.

이렇게 음양의 소장 상태를 파악할 수 있는 것이 시간이다. 그러므로 연월일시는 음양소장의 시간을 나타내는 것에 불과하다. 지구의 연월일시의 변화 시간을 추연하고 확장하여 우주의 시간변화를 계산하는 원회운세수 또한 음양소장에 바탕을 둔 것이 아닐 수 없다.

② 생장염장의 법칙

지구에서는 1년 중에 춘하추동의 사계절이 차례로 바뀌면서 만물의 변화를 낳는다. 즉 봄은 만물이 태어나는 생生의 때, 여름은 만물이 성장하는 장長의 때, 가을은 만물이 익어 거두는 염斂의 때, 겨울은 만물이 다음의 새로운 생을 위해 침잠하는 장藏의 때이다.

지구의 사시사철 가운데 봄과 여름은 양의 기운이 확장하는 때이므로 만물이 생기를 얻어 나와서 무성하게 자란다. 그러나 가을과 겨울은 음의 기운이 확장하고 양의 기운이 쇠퇴하므로 만물은 생기를 잃고 응결된다.

그리고 양기가 주도하는 춘하의 계절에서도 다시 소양의 계절인 봄과 태양의 계절인 여름이 구분되고, 음기가 주도하는 추동의 철에도 소음의 가을과 태음의 겨울이 갈린다.

다시 말해 지구에는 춘하추동이라는 사철에 따라 생장염장의 작용이 일어난다.

그런데 원회운세의 원리로 보면 지구에서 일어나는 생장렴장의 사상四象의 법칙이 우주에서도 진행된다.

그래서 1원의 12회 중에서 자회子會에서는 청탁의 기가 뒤섞인 혼돈의 태시太始에서 시작해 점점 개명開明하게 된다. 이어 가볍고 맑은 기운은 위로 올라가 일월성신이 되고, 일월성신이 사상四象을 이루어 하늘이 된다. 이것을 하늘이 자회에서 처음 열린다는 의미로 '천개어자天開於子'라고 한다.

축회丑會 초기에는 중간에 둥글게 뭉쳐 있는 탁한 기운이 아직 견실하게 응결하지 못해 땅은 없다. 하지만 축회의 중간에 무겁고 흐린 응결된 기운이 견실해져 흙과 돌을 이룬다. 이어 축축한 기운이 물이 되고, 뜨거운 기운은 불이 되어 환하게 드러난다. 이렇게 수화토석水火土石이 형태를 갖춰 땅이 된다. 이것을 일러 축회에 땅이 열린다는 '지벽어축地闢於丑'이라고 한다.

인회寅會에서는 사람이 생겨나기 시작하므로 '인생어인人生於寅'이라고 한다[55].

다시 말해 원회운세로 나타내는 우주의 1원도 지구의 1년 변화와 같이 생장렴장의 차례를 거쳐 순환한다는 것이다. 그리하여 양기가 생장하는 자회子會부터 오회午會까지는 우주가 열리고 만물이 생겨나서 무한히 번성하게 된다. 그리고 미회未會부터 해회亥會에서는 다시 만물이 응결하고 우주가 혼돈의 무극으로 돌아가게 된다. 이렇게 음양의 기가 생장렴장의 한 사이클을 마치면 다시 천지가 열리고 만물이 생겨난다. 이것을 일러 천지가 개벽開闢한다고 말하는 것이다.

(3) 원회운세수의 성립 논리

① 만물 일체론

역에서는 만물이 태극에서 나왔다고 설명한다. 태극이 음양으로 나뉘고, 음양은 사상을 낳고, 사상은 팔괘를 낳으며, 팔괘가 64괘를 낳고, 64괘가 만물을 이룬다는 것이 그 말이다.

쉽게 말하면 만물은 태극에서 나왔으므로 만물과 태극은 하나라는 말이다. 그래서 만물의 일원인 사람을 소우주라고 하는 것이다. 태극이 우주의 본체이므로 우주 전체를 대우주로 보고, 우주가 낳은 사람 내지는 만물은 소우주인 것이다. 선철先哲들은 이에 대해 이미 만물은 각각 태극을 가지고 있다는 뜻의 '만물각구일태극萬物各具一太極'이라는 표현을 썼다. 또 하나가 만 가지 전체가 되고, 만 가지가 하나에 근본한다는 의미의 '일본지만수 만수지일본一本之萬殊 萬殊之一本'이라는 표현도 사용했다.

---

55) 『성리대전』본 『황극경세서』 「찬도지요」하, 참고.

만물은 각각 하나의 태극을 포함하고 있다는 말을 과학적 의미를 부여하여 설명해보자. 예를 들어 닭과 계란의 관계를 보자. 닭은 전체이고, 계란은 단세포로 된 닭의 최소한의 일부분이다. 하지만 계란에는 닭이 될 수 있는 전체가 들어 있다. 계란에 닭의 유전자정보가 고스란히 담겨 있기 때문이다. 요즘 세계적으로 관심을 끌고 있는 생명복제에 관한 문제도 실상은 이런 근거에서 비롯된 것이 아니고 무엇인가. 생명체의 세포를 복제하여 완전한 전체를 탄생시키는 것은 바로 세포에 전체의 유전자정보가 담겨 있기 때문인 것이다.

다시 말해 태극은 만물이면서, 만물은 각각 하나의 태극을 갖고 있고, 전체 만물은 하나의 태극인 것이다.

② 만물의 주기 순환성

만물이 태극에서 나왔다고 했으니, 태극이 하나의 기氣라고 하면 만물은 하나의 기로 이루어졌다고 하는 말이 된다. 이렇게 되면 만물은 하나의 기가 나누어진 것이고, 만물은 다시 하나의 기로 통합이 될 수 있을 것이다.

1년을 예로 들면 동지 이후 하지까지 양기陽氣가 확산하고, 하지 이후 동지까지는 음기陰氣가 확산하면서 1년을 마무리 한다. 즉 태극이라는 하나의 기가 음과 양으로 나뉘어 한 번은 양이 번성하고, 한 번은 음이 번성하는 것이다.

그런데 양기의 활동은 확산과 분열을 주동하고, 음기의 활동은 응축과 통일을 주동한다. 쉽게 말해 1년 가운데 양기가 활동하는 상반기는 분열과 확산이 주가 되므로 만물이 번성해지는 것이다. 또 음기가 활동하는 하반기는 응축과 통일이 주가 되므로 만물이 생기를 거두고 잠장하는 것이다. 이처럼 지구는 분열과 통일을 1년 단위로 순환 반복한다.

그리고 우주 전체로 보면 지구도 만물에 속하고, 지구에 존재하는 사물도 만물의 일원이다. 그러므로 분열과 통일의 순환 반복운동은 우주 전체에 해당하는 것이 된다.

그래서 역시 선철들은 이미 하나는 만으로 나누어지고, 만은 다시 하나로 되돌아온다는 의미로 '일위만분 만복귀일一爲萬分 萬復歸一'이라는 표현을 한 것이다.

정리하면 만물은 하나의 태극에서 나왔으므로 만물의 생장렴장하는 순환의 법칙을 동일하게 적용받게 된다는 것이다. 이 논리를 적용하면 지구를 포함하는 천지우주는 물론 인사人事에 이르기까지 만상萬象이 생장렴장하는 천지변화의 도를 되풀이 하는 것이다. 그리고 소옹은 이런 이치로 우주의 일원수인 12만9천600년을 밝힌 것이다.

기氣의 실체와 율려律呂

1. 만물 생성변화의 원천 : 기氣

1) 기氣의 의미

우리는 일상에서 '기'라는 말을 밥 먹듯 사용한다. 일과가 너무 힘들면 '아이고 기운 없다'고 하거나 '기가 다 빠졌다'고 한다. 이럴 때의 기는 사람이 움직이거나 활동하는 힘을 말한다.

또 액체인 물이 열을 받아 수증기가 되는 과정을 '기화氣化'한다고 표현한다. 날씨의 상태를 말할 때도 '기상氣象'이라고 하고, 계절별 기상상태를 '기후氣候'라고 한다. 이것은 천지만물의 변화가 '기'의 흐름 내지는 변화에 따른 것이라는 뜻이다.

'氣' 자는 '기气'와 '미米'가 합하여 이루어진 것이다. '气'는 발음을 나타내면서 하늘로 구불구불 올라가는 수증기의 의미를 갖고 있고, '米'는 쌀을 뜻한다. 그래서 '기'의 의미는 생명을 유지하는 물질, 혹은 그것을 전환한 에너지를 가리킨다. 따라서 자연계에 있는 기는 만물이 생성 변화하는 원천이다.

2) 무형無形·무체無體의 기

역에서는 천지만물이 모두 태극에서 나온다. 태극에서 음양 2기二氣로 분화한 뒤 다시 사상四象, 팔괘八卦를 거쳐 64괘로 만물을 이룬다는 것이 공자를 중심으로 한 유가의 우주관이다. 즉 우주만물은 태극이라는 1기一氣에서 분화된 것이란 말이다.

노자와 장자에서 시작된 도가의 우주관도 같은 관점이다. 도가 하나를 낳고, 하나가 둘을 낳고, 둘이 셋을 낳으며, 셋이 만물을 이룬다는 노자의 관점[1)]도 실은 만물이 1기로 이루어졌다는 것이다.

이 하나의 기가 분화하면 만물이 되고, 응취하면 하나라는 것이다. 그리고 1기가 분화하여 만물을 이룬다고 할 경우 만물은 형체가 있는 물질이 된다. 유형·유체의 물질은 흩어지면 기로 변화하여 무형·무체가 된다. 형체가 없는 기는 사람의 지각으로 쉽게 인식할 수 없게 된다.

동양의학의 경전인 『황제내경』은 기가 물질이고, 물질은 부단히 운동변화한다고 본다. 그래서 형체가 있는 물질은 증명할 수 있고, 볼 수 있다는 것이다. 하지만 운동변화하는 기는 형체가 없으므로 볼 수 있는 것이 아니라고 인식한다. 『황제내경』의 기에 대한 이런 인식은 2천여 년 이상의 임상경험을 통해 실증되고 있다.

정리하면 생성 변화하는 만물의 원천인 기는 물질로서 뭉쳐서 유형을 이루기도 하고, 흩어져서 무형이 되기도 한다. 그런데 일반적으로 기라고 하면 형체를 이룬 물질보다는 무형의 기를 말한다.

---

1) 『노자』 42장, "道生一 一生二 二生三 三生萬物"

3) 기를 파악해야 되는 이유

『노자』는 사람은 땅의 법칙을 본받아야 하며, 땅은 하늘의 법칙을 본받아야 하고, 하늘은 도를 본받아야 되고, 도는 자연의 본성을 갖추고 순종해야 한다는 것을 강조한다.[2)]

이 말은 곧 사람은 자연의 법칙대로 살아야 한다는 것이다. 앞서 소개한 도가 하나를 낳고, 하나가 둘을 낳고, 둘이 셋을 낳으며, 셋이 만물을 낳는다는 『노자』의 말을 생각해보면 그 이유가 분명해진다. 만물은 하나의 기로 이루어졌고, 하나의 기가 변화하는 규율이 자연이기 때문에 사람은 자연의 법칙을 본받아야 하는 것이다.

그런데 자연의 생성 변화하는 원천인 기는 하늘의 별들의 운행에 따라 생겨난다. 즉 천체의 운행에 응하여 기가 반응하는 것이다. 『황제내경』에서는 이것을 하늘에서 오행의 기를 가진 별들이 운행하게 되면 지구에서는 여섯 가지의 기가 반응한다고 본다. 즉 5운6기론이다.

그런데 하늘의 해와 달과 지구를 포함한 천체의 운행 규칙은 사람이 직접 관찰을 통하여 파악할 수 있다. 이렇게 사람이 관찰을 통해 파악한 객관적 규율이 천문역법이다. 하지만 지구에서 반응하는 6기는 무형이기 때문에 관찰을 통해 확인하기가 어렵다.

그렇지만 기가 형체가 없어 파악이 어렵다고 그냥 넘길 수는 없는 일이다. 천지만물은 천체의 운행에 따른 기의 변화에 따라 그 생사존망이 달려 있기 때문이다. 그리고 만물의 대표인 사람 또한 만물을 구성하는 그 하나의 기로 이루어졌기 때문에 기의 영향권을 벗어날 수 없다. 따라서 생존을 위해서는 기의 구체적 파악이 필수적인 것이다.

---

2) 『노자』 25장, "人法地 地法天 天法道 道法自然"

2. 무형의 기를 측정하는 도구 : 율律

1) 율律의 의미

'율律' 자가 들어가는 말 가운데 일상에서 가장 낯 익은 말은 '법률法律'이다. 법률의 한문적 어투인 '율법律法'이나, 변호사 또는 법률 전문가를 의미하는 '율사律士'라는 말도 자주 접할 수 있다.

다음으로 자주 쓰는 말은 '악률樂律'이라는 단어다. 악률은 '음악의 가락' 혹은 '음을 음률의 높고 낮은 정도에 따라 배열한 체계'라는 의미로 쓰인다. 즉 음악에서 '곡조曲調'를 말한다.

또 역법曆法과 관련해서 '율력律曆'이란 말도 종종 사용된다.

'律' 자는 '자축거리며 걷는다'는 의미의 '척彳' 자와 '붓을 손에 잡은 모양'의 '율聿' 자를 합한 형성문자이다. 그래서 '붓으로 구획區劃을 긋다'는 뜻으로 시작해서 '잘 기록記錄하는 일'로 발전하고, 후에는 법률이나 음률이라는 뜻으로 쓰이게 된 것이다.

그런데 이곳에서 다루는 '율려律呂'라는 단어에서 '율'은 천지자연의 '기氣'를 재는 수단 혹은 도구라는 뜻이 있다. 또 율은 자연의 기를 측정하는 수단이라는 의미 외에 이렇게 측정한 기의 등급을 나누는 종류의 총칭이기도 하다.

우주만물은 하나의 기로 구성됐지만 기의 고저高低 장단長短 등으로 개별적 차이가 생기는 것이다. 즉 5운6기의 6기로 구분되어 나타난다. 이렇게 기가 여섯으로 나뉘므로 율도 기본은 6이 된다.

2) 율려律呂와 음양

앞에서 기의 등급, 즉 율은 6가지라고 했으나 실제로는 12가지가 된다. 율은 양陽을 표시하는 6종과 음陰을 나타내는 6종이 있어 합하여 모두 12종이 된다. 이 때 양의 율은 그대로 율이라고 하고, 음의 율은 '여呂'라고 한다. 그리하여 양률과 음률(음려)을 합한 약칭으로 '율려'라고 하는 것이다.

양의 6률은 황종黃鐘·태주太簇·고선姑洗·유빈蕤賓·이칙夷則·무역无射이라고 한다. 음의 6려는 대려大呂·협종夾鐘·중려仲呂·임종林鐘·남려南呂·응종應鐘이라고 부른다.

중국 수나라 때 학자 소길蕭吉은 그의 저서 『오행대의』에서 『삼례의종三禮義宗』이라는 책[3]을 인용하여 "율은 법을 말한다. 양의 기운이 펴져 나오는 데는 각각 법칙이 있음을 이르는 것이다. 여는 돕는다는 말이다. 양의 성공을 돕는다는 의미다."[4]라고 했다.

소길은 또 일설一說을 들어 "율은 양기를 본보기로써 인도하여 통달하게 하는 것이다. 여는 짝이다. 양기에 대립하여 그것과 짝이 되고, 또 떨어져 있으면서 음양의 기를 조율하여 때로 서로 떨어져서 양이 나오면 음이 제거되고, 음이 승하면 양이 줄어든다는 것을 밝힌 것이다."[5]라고 설명하고 있다.

소길의 견해를 종합하면 율은 일정한 법칙을 갖고 펴져 나오는 양의 기운을 본보기를 정하여 잘 인도함으로써 양기가 그 목적을 달성

---

3) 『삼례의종』은 중국 양梁나라 최영은崔靈恩이 의례儀禮, 주례周禮, 예기禮記의 삼례三禮에 대하여 바른 의미를 살핀 책이지만 현재는 전하지 않음.

4) 蕭吉, 『五行大義』「율려」, "三禮義宗云 律者法也 言陽氣施生 各有其法 呂者助也 助陽成功"

5) 소길, 『오행대의』「율려」, "律帥也 帥導陽氣 使之通達也 呂者侶也 以對於陽 與之爲侶 亦呂距也 調陰陽之氣 有時相距 明陽出則陰除 陰升則陽損"

하도록 하는 것을 말한다. 그리고 여는 양기의 율동법칙이 되는 율과 짝을 이루는 음기의 활동법칙으로써 음양의 승강 내지는 출제出除를 조율하는 것을 의미한다고 하겠다.

3) 율려를 얻는 법

율려는 천지만물을 이루는 무형·무체인 음양의 기를 측정하여 고저장단에 따라 각각 6개 등급으로 구분하는 수단이면서 표시부호라고 할 수 있다. 그렇다면 형체가 없어 보이지 않는 기를 어떻게 측정하여 가시적이고 계량적인 등급을 표시할 수 있을까? 여기서는 이와 관련된 율관과 율수, 황종, 삼분손익법, 격팔상생법 등을 알아본다.

(1) 율관과 율수

개념부터 말하면 천지자연의 보이지 않는 기를 측정하는 도구가 율관律管이다. 그리고 율관의 길이를 표시하는 수를 율수律數라고 한다.

우주만물을 이루는 근원이 기라고 말하지만 실은 이렇게 하는 표현에 대한 이해는 쉽지 않다. 좀 풀어서 말하면 지구를 포함하여 해와 달과 하늘의 모든 별들은 각자 자기만의 정해진 궤도를 돌고 돌면서 끝없이 순환한다. 그런데 이 천체들은 반복 순환하면서 각자의 독특한 기를 발산한다. 즉 일월오성이 순환하며 발산하는 기가 사람이 사는 지구에 이르러 나타나는 기운의 상태를 우리는 '기상氣象'이라고 한다.

그리고 기상상태를 파악할 수 있는 근거는 '바람'이다. 1년의 춘하추동에 부는 바람이 각기 다르다. 다른 기를 가지고 있는 것이다. 그래서 옛 사람들은 천지자연의 기가 활동하는 것을 사람의 눈으로 확인할 수 없으나 바람으로 알 수 있다고 여겼다. "기가 움직이면 곧 바람을 본다.(氣動則看風)" 즉 바람의 동향으로 기의 활동을 알 수 있다는 것이다.

『장자』「제물론」의 첫머리에서는 사람이 토해내는 숨소리를 인뢰人籟, 땅이 연주하는 소리는 지뢰地籟, 하늘이 만들어 내는 소리를 천뢰天籟라고 한다. 그리고 대지가 갑자기 토해내는 큰 숨을 바람이라고 한다. 즉 천지자연의 기운이 바람이라는 것이다. 바람은 또 천지자연의 음이 된다.

그런데 천인합일학설에 의하면 사람에 의한 소리와 천지의 소리는 합일할 수밖에 없다. 그래서 오행五行·오기五氣(육기六氣를 포함함)·오음五音의 관계를 연계하여 오음과 육기의 활동이 밀접한 관련이 있다고 보았다. 따라서 오음은 곧 천지의 기가 승강부침升降浮沈하는 과정에서 발하는 음이 된다.

그렇다면 천지의 음인 바람의 세기를 측정한다면 곧 기의 세기를 헤아릴 수 있다는 것이다. 바로 이 바람의 움직임을 측정하는 도구가 율관인 것이다.

율관으로 기를 측정하는 방법은 여러 고문헌에서 확인되고 있다. 『태현경』에는 "냉죽으로 율관을 만들어 재가 모이는 것을 가지고 후候를 살펴서 백 가지 법도를 바로 잡았다."[6]고 하는 대목이 보인다. 율로 기를 재는 것이 이때부터 이어져 내려와서 한 나라 초연수·경방 등이 더욱 그 법을 밝혔다. 그러므로 악률을 논하는 자는 후기도 또한 폐할 수 없는 것이다.

---

6) 『태현경』「현영玄瑩」, "冷竹爲管 室灰爲候 以揆百度"

『후한서』「율력지」에는 “기를 측정하는 방법은 방의 벽을 삼중으로 하고 문을 닫고 주밀하게 틈을 바른 다음 붉은 명주를 방안에 두른다. 나무로 상을 만들되 율마다 각각 하나씩 하고, 안은 낮게 밖은 높게 하고, 그 방위에 따라 율을 그 위에 놓고서 가부(갈대)의 재로 그 안을 메운다. 그런 다음 역曆에 의하여 이를 살핀다. 기가 이르면 재가 움직인다. 기에 의해 움직이는 경우에는 흩어지고 사람이나 또는 바람에 의해 움직이는 경우에는 재가 모인다. 궁전 안에서 하는 기의 측정은 옥으로 만든 율 열두 개를 쓰고, 오직 동지와 하지 2지에만 살핀다. 영대에서는 죽률 60을 써서 날의 기를 살피는데, 그 역曆대로 한다.”[7]고 한다.

이렇게 율관을 써서 기를 측정하는데, 둘레와 직경이 일정한 율관은 그 길이의 장단에 따라 음의 량이 다르다. 즉 음량의 등급을 판정하기 위해서는 12개 율관의 길이를 재야한다. 따라서 율관의 길이를 나타내는 수를 율수라고 하는 것이다.

(2) 황종黃鐘

황종은 천지자연의 기를 측정하는 율관의 기준을 말한다. 즉 황종은 율관 속의 공기가 진동하여 내는 소리로서 이 음을 기준삼아 그 밖의 음률을 얻을 수 있다.

그렇다면 12율려를 얻기 위해서는 황종률을 구하는 것이 먼저다. 황종율관은 길이가 9치이고, 관의 지름은 9푼이다. 옛 사람들은 황

7) 『후한서』「율력」上 律準 候氣, “候氣之法 爲室三重 戶閉 塗釁必周 密布緹縵 室中以木爲案 每律各一內庳外高 從其方位 加律其上以葭莩 抑其內端 案曆而候之氣至者灰動 其爲氣所動者其灰散 人及風所動者其灰聚 殿中候用玉律十二 惟二至乃候靈臺用竹律六十 候日如其曆”.

종률을 얻기 위해 사람의 목소리나 손가락 등 여러 방법을 사용했으나 검은 기장의 알을 사용하는 누서법累黍法이 대표적이다.

누서법에는 횡서법橫黍法과 종서법縱黍法 두 종류가 있다.

질이 좋은 기장 알은 길이와 폭이 약간의 차이가 있다. 그래서 횡서법은 기장 알의 길이를 1푼으로 삼고, 9푼을 1치로 삼는 것이다. 그러므로 9치는 기장 알 81개의 길이가 된다.

이에 비해 기장 알의 폭을 1푼으로 삼고, 10푼을 1치로 삼는 방법을 종서법이라고 한다.

그런데 횡서법의 9푼을 1치로 하여 9치를 황종관의 길이로 삼는 내용은 9×9=81이 된다. 이것은 낙서의 수에서 취한 것임을 알 수 있다. 그리고 10푼을 1치로 하여 10치를 기준으로 하는 내용은 10×10=100이 된다. 이것은 하도의 수를 취한 것이다.

여기서 간과할 수 없는 중요한 점은 종서의 81 알의 길이와 횡서의 100알 폭이 비슷하여 둘이 서로 합치한다는 것이다. 그래서 옛 사람들은 기장 알이 천지자연의 오묘함을 내포하고 있다고 생각하여 만물의 근본법칙으로 삼았다.

다시 말해 이런 인식에서 기장 알의 폭을 기준으로 길이의 단위인 푼과 치를 정했고, 체적을 기준으로 작龠[8]과 홉合을 정했으며, 수銖와 양兩을 무게의 기준으로 삼은 것이다. 즉 도량형度量衡의 기준이 누서법에서 나온 것이다.

(3) 삼분손익법三分損益法

율려를 얻기 위해서는 먼저 황종률을 구한 다음에 황종률을 만들

8) 분량 단위의 하나로 한 홉의 십분의 1.

어내는 율관의 길이를 기준으로 삼아 나머지 11개 율려를 얻을 수 있는 각기 길이가 다른 관을 만들어야 한다. 이렇게 황종관을 기준으로 나머지 11개의 율관을 구하는 방법이 바로 삼분손익법이다.

삼분손익법三分損益法은 삼분손일법三分損一法과 삼분익일법三分益一法을 합쳐서 부르는 말이다.

율려를 구하는 과정은 먼저 길이 9치의 황종관을 3등분하여 그 중 1을 덜어낸다. 이렇게 하여 처음 얻은 율관에서 나오는 소리(기氣)는 여呂에 해당하는 임종林鐘이 된다.

이렇게 말하면 이해가 쉽지 않으므로 보다 계량적인 수치를 계산한 설명이 필요하다. 즉 직경 9푼에 길이 9치인 황종관의 율수는 81(9×9=81)이다. 이렇게 구체적 율수를 가지고 첫 삼분손일법으로 구한 임종의 율수는 54가 된다. 그렇게 되는 이유는 다음과 같다. 율수 81을 3으로 나누면 몫이 27이 된다. 이어서 81에서 3분의 1인 27을 덜어내면 54가 된다. 즉 율려의 기준인 황종의 율수에서 3분의 1을 덜어낸 54는 임종의 율수가 된다.

다음은 임종의 율수에서 삼분익일하여 태주太簇의 율수를 얻는다. 즉 임종의 율수 54를 3으로 나누면 몫이 18이 된다. 3으로 나눈 몫을 하나 더하는 것이 삼분익일이므로 18을 4개 합하면 72가 된다. 태주의 율수는 72인 것이다.

이번엔 태주의 율수에서 삼분손일하여 율수 48의 남려南呂를 얻는다. 다음엔 남려에서 삼분익일하여 율수 64의 고선姑洗을 얻는다. 이어서 고선에서 삼분손일하여 율수 42의 응종應鐘을 얻고, 응종에서 다시 삼분익일하여 율수 56의 유빈蕤賓을 얻는다.

주의해야할 것은 황종에서 삼분손일하여 임종을 얻고, 임종에서 삼분익일하여 태주를 얻고, 다시 삼분손일한 다음엔 삼분익일하는 순서로 율려의 수를 구했으나, 이런 순서는 유빈을 얻은 다음에는 역으로 돌아간다는 점이다. 즉 유빈 다음에는 삼분손일하여야 하지만 다시 삼분익일하여 율수 76의 대려大呂를 얻게 된다. 이어서 대려의 율수를 삼분손일하여 율수 51의 이칙夷則을 얻는다. 이칙의 율수를 삼분익일하면 율수 68의 협종夾鐘을 얻고, 협종의 율수를 삼분손일하여 율수 45의 무역無射을 얻고, 무역의 율수를 삼분익일하여 율수 60의 중려仲呂를 얻는다.

이렇게 하여 12율려의 율수를 모두 구하게 된다.

그런데 여기서 삼분손일하여 율려를 구하는 방법은 하생下生이라고 하며, 삼분익일하여 율려를 구하는 방법은 상생上生이라고 한다. 그리고 이렇게 하생下生과 상생上生을 합쳐서 상하상생上下相生이라고 한다.

〈표 29〉 12율려의 삼분손익과 상하상생표

12율	율수	삼분손익	상사상생
黃鐘	81	삼분손일	하생 임종
林鐘	54	삼분익일	상생 태주
太簇	72	삼분손일	하생 남려
南呂	48	삼분익일	상생 고선
姑洗	64	삼분손일	하생 응종
應鐘	42	삼분익일	상생 유빈
蕤賓	56	삼분익일	상생 대려
大呂	76	삼분손일	하생 이칙
夷則	51	삼분익일	상생 협종
夾鐘	68	삼분손일	하생 무역
無射	45	삼분익일	상생 중려
仲呂	60		極 不生

삼분손익법에서 몇 가지 의문점을 풀고 갈 필요가 있다. 하나는 율수를 구하는 방법에서 황종률수를 삼분하는 이유이다. 다음은 삼

분손일과 삼분익일을 하는 이유다. 또 황종에서 삼분손일로 시작해 다음은 삼분익일로 손일과 익일의 순서대로 진행하다가 유빈에 이르러서는 그 순서가 역으로 바뀌는 이유도 궁금하지 않을 수 없다.

황종의 수를 삼분하는 근거에 대해 『오행대의』는 『삼례의종』을 인용해 천지의 도가 하늘·땅·사람의 3재三才로 이루어지기 때문에 수를 3으로부터 시작한다고 한다. 그런데 이런 주장은 현재로서는 수긍하기 어려운 점이 많다. 왜냐하면 천지만물은 본래 하나인데 이것을 3으로 나누어서 수의 시작이라고 하는 것은 논리적 근거가 빈약하다.

오히려 천지만물의 수로부터 3분하는 수의 근거를 찾고 있는 『회남자』의 주장이 더욱 타당하다. 『회남자』는 『노자』에서 말하는 도가 1을 낳고, 1이 2를 낳고, 2가 3을 낳으며, 3이 만물을 낳는다고 하는 대목을 들어서 황종률수 81의 기본이 되는 3은 『노자』의 만물수에서 나온 것이라고 한다.[9)]

이 주장에 동의하는 이유는 율려는 천지자연의 기를 측정하는 수단과 방법이자 기의 구체적 구분 등급이다. 그런데 천지자연은 1기로 이루어졌으며, 율려는 바로 1기로 이루어진 천지자연의 기를 구체적으로 파악하는 행위이기 때문이다.

다음으로 삼분손일과 삼분익일의 근거를 살펴보자. 손일損一은 위에서 덜어서 아래에 더하는 것이고, 익일益一은 아래를 덜어 위를 보태는 것이다. 이 때 손일은 하생이라고 하며, 익일은 상생이라고 한다. 『한서』「율력지」는 양이 음을 낳는 것을 하생이라고 하며, 음이 양을 낳는 것을 상생이라고 한다.[10)] 그래서 양률은 3분하여 1을 덜어내고, 음려는 3분하여 1을 더하는 것이다.

---

9) 노자, 『도덕경』 42장, "道生一 一生二 二生三 三生萬物"

10) 『후한서』「율력」上 律準 候氣, "陽生陰曰下生 陰生陽曰上生"

상생과 하생을 보다 쉽게 보면 하생은 율수가 많은 것에서 적은 것으로 내려가는 것이다. 즉 율관이 긴 것에서 작은 것으로 줄어드는 것이 하생이다. 상생은 율수가 적은 것에서 많은 것으로 올라가는 것이다. 곧 율관이 작은 것에서 긴 것으로 나아가는 것이다.

그런데 황종에서 삼분손일로 시작해 다음은 삼분익일로 손일과 익일의 순서대로 진행하다가 유빈에 이르러서는 그 순서가 역으로 바뀌는 이유는 무엇일까?

이에 대한 해답은 율수의 음양에서 찾을 수 있다. 12율려에서 6율은 양이고, 6려는 음이지만 전체를 놓고 음양을 구분하면 율수의 차례대로 제일 높은 황종에서 중려까지는 양이 되고, 유빈에서 응종은 모두 음이 된다.

〈표 30〉 율수와 월별 대응표

율수의 차례	12월별 율려
황종 81	11월
대려 76	12월
태주 72	1월
협종 68	2월
고선 64	3월
중려 60	4월
유빈 56	5월
임종 54	6월
이칙 51	7월
남려 48	8월
무역 45	9월
응종 42	10월

그 이유는 율려는 천지의 기의 강약을 측정하는 것이기 때문이다. 즉 율수가 높은 것일수록 기의 강도가 미약하고 낮을수록 높은 것과

관계가 있다. 12율려의 기준이 되는 황종율수는 81로 제일 높다. 이것은 천지의 기가 가장 미약한 상태를 말하는 것이다. 다시 말해서 동지가 지나서 아주 미약한 양의 기운이 시작되는 때이다. 그리하여 12월 가운데 동짓달에 해당한다. 이때부터 양기는 점점 자라서 하지까지 성장한다. 곧 4월에 해당하는 중려까지는 양의 기운이 팽창하는 시기다. 그리고 하지를 넘기면서 음의 기운이 시작돼서 점점 자라기 시작한다. 그래서 하지를 넘긴 5월에 해당하는 유빈부터는 음을 생하는 것이다.

역에서 양이 주도하는 동지에서 하지는 순생順生하고, 하지에서 동지까지는 음이 주도하여 역극逆剋하는 것과 같은 것이다.

(4) 격팔상생법隔八相生法

결팔상생이란 12율려의 관계에서 8률려를 건너서 6양률과 6음률을 낳는 것을 말한다.

이것은 율수의 차례대로 배열된 12율려에서 8률려 떨어져서 삼분손익에 의해 율려를 얻는 것을 말한다.

예를 들어 황종률에서 삼분손일하여 얻은 음려는 임종이다. 그런데 율수의 차례로 임종은 황종으로부터 8률 떨어져 있다. 또 임종을 삼분익일하면 태주를 얻는데, 태주는 임종으로부터 역시 8률 떨어져 있다. 나머지 율려도 이런 원리로 나오게 된다. 그리고 마지막에 이르러 무역을 삼분익일하여 중려를 얻으면 12율려가 모두 이루어진다.

하지만 중려는 다시 황종을 낳고, 황종은 이어서 임종을 낳은 순환이 이어지게 된다.

이것을 그림으로 그려보면 아래와 같다.

〈표 31〉 율려 격팔 상생도

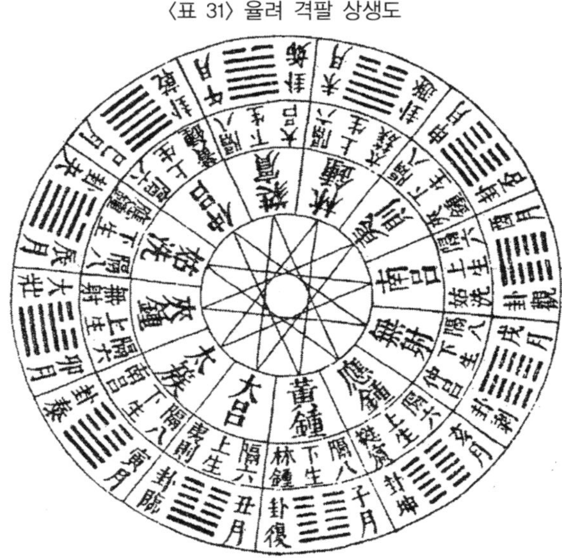

그런데 격팔상생법은 율려를 얻는 실제의 방법은 아니다. 삼분손익에 의해 12율려를 얻은 다음 그들 간에 격팔상생의 원리가 내포된 것을 이르는 말이다.

그리고 격팔상생은 위의 원도에서 보는 것과 같이 오른쪽에서 왼쪽으로 돌거나 왼쪽에서 오른쪽으로 돌더라도 격팔상생의 원리는 똑같다. 특히 오른쪽에서 왼쪽으로 격팔상생의 원리가 진행될 경우에는 오른쪽에서 왼쪽으로는 6률이 떨어지고, 그 반대도 역시 6률이 떨어진다. 이것을 정리하여 표현하면 '좌선격팔左旋隔八에는 우전격육右轉隔六하고, 우선격팔右旋隔八에는 좌전격육左轉隔六한다'고 할 수 있다.

3. 율려와 괘효의 관계

1) 율려별 이름의 의미

율려는 천지의 기를 측정하여 등급별로 나타내는 수단이자 과정이고, 그 결과라고 할 수 있다. 그렇다면 12율려는 각각 그 이름의 의미도 이와 관련이 깊을 것이다. 따라서 『오행대의』 등 여러 고문헌의 내용을 토대로 율려의 이름 풀이를 먼저 살펴본다.

(1) 황종黃鐘

황종黃鐘의 황은 오행의 토土색으로 중화의 기운을 나타낸다. 그래서 임금을 상징한다. 종은 기운이 움직인다는 뜻이 있다. 그러므로 황천黃泉 밑에서 양의 기운이 가만히 움직여 만물을 기르는 것으로 새싹이 나오려고 하는 것이다. 양기가 처음 움직이기 시작하는 것은 1년의 동지에 해당한다.

(2) 대려大呂

대려의 대는 큰 것을 말하고, 여는 거부하다는 거距의 뜻이 있다. 그래서 양기가 나오려고 하는 데 음기가 거부해서 막으려고 하는 의미가 있다. 이것은 여가 양기가 처음 시작되는 동지를 의미하는 황종 다음의 순서를 차지하는 이유이다.

또 여는 돕는다는 뜻이 있어서 동지 다음 12월에 양기가 막 생장할 때 음기가 도와서 생육의 공이 크다는 것을 말하기도 한다. 여를 짝을 나타내는 여侶라고도 하는 데, 이것은 양과 짝이 되어 만물을 생生하는 것을 표현한다.

(3) 태주太簇

주簇는 모인다는 뜻이다. 정월에 만물이 처음으로 커져 떨기처럼 땅에 모여서 나온다는 것을 말한다.

(4) 협종夾鐘

협종의 협은 끼다는 뜻도 있고 돕다는 의미도 있다. 2월에는 만물이 껍질에 씌워져 있다가 벗겨져 나오게 되는 것이고, 음이 양의 기운이 벗겨져 나오는 것을 돕는다는 의미다.

(5) 고선姑洗

고姑는 옛것이란 뜻이고, 선洗은 깨끗하게 하는 것이다. 곧 만물이 옛것을 버리고 새롭게 되어서 깨끗하고 밝아지는 것을 말한다. 즉 3월에는 물건이 생겨나므로 오래되어 마른 것을 새롭고 깨끗하게 씻어낸다는 것이다.

(6) 중려仲呂

중려의 여는 거부해서 어렵게 한다는 뜻이 있기 때문에 4월에 양기가 성하게 자라서 음이 나오고자 하는 것을 막고 잡는다는 의미다.

(7) 유빈蕤賓

유빈의 유는 내려가는 것을 말하고, 빈은 공경한다는 뜻이다. 그러므로 5월에는 양기가 올라가는 것이 궁극에 이르렀기 때문에 처음 시작되는 음기가 이를 공경하는 것이라는 의미가 있다.

(8) 임종林鐘

임은 많은 것 혹은 무성한 것의 의미다. 6월에는 물건이 모두 무성해서 들에 쌓이는 것을 가리킨다.

(9) 이칙夷則

이칙의 이는 상하다는 뜻이고, 칙은 법이다. 그래서 만물이 처음 상해서 형벌을 받는다는 의미가 있다. 또 이는 평평하게 한다는 뜻이 있어 7월에는 만물이 이루어져서 고르게 열매를 맺으므로 모두 법칙이 있고, 덕이 훌륭하다는 뜻도 있다.

(10) 남려南呂

남은 임신한다는 뜻이 있다. 그래서 8월에는 양기가 아직도 남아 있어 냉이와 보리가 생겨나게 하므로 음이 거부하는 의미를 내포한다.

(11) 무역無射

무역의 역은 마친다는 뜻이 있다. 즉 만물이 양을 따라 마치지만 다시 음을 따라 일어나서 끝이 없다는 것을 말한다.

(12) 응종應鐘

응종의 응은 응대하고 화답한다는 의미이고, 종은 모이고 움직인다는 뜻이 있다. 그래서 10월에는 한 해의 공적이 이루어져서 음기의 작용이 양의 성공에 응하여 거두고 쌓이고, 이 때 다시 양기에 응하기 위해서 아래에서 음기가 움직이는 것을 의미한다.

2) 율려와 12벽괘의 관계

앞서 율려별 이름을 살펴보면서 율려와 1년 12달의 관계를 알 수 있었다.

12율려는 황종이 동지가 들어있는 11월에 대응하는 것을 시작으로 12월 대려, 1월 태주, 2월 협종, 3월 고선, 4월 중려, 5월 유빈, 6월 임종, 7월 이칙, 8월 남려, 9월 무역, 10월 응종의 순으로 1년 12월과 대응관계를 갖는다.

그런데 12벽괘는 양기가 극에 이르러 6효가 모두 양인 건괘가 4월에 대응하고, 1음이 처음 시작되는 천풍구天風姤괘가 5월, 2음이 들어온 천산돈天山遯괘는 6월, 3음이 된 천지비天地否괘는 7월, 4음이 된 산지박山地剝괘는 8월, 5음이 된 풍지관風地觀괘는 9월과 서로 대응한다.

이어서 음기가 극에 달하여 6음이 된 곤坤괘는 10월, 1양이 시작된 지뢰복地雷復괘는 11월, 2양이 된 지택림地澤臨괘는 12월, 3양이 된 지천태地天泰괘는 1월, 4양이 된 뇌천대장雷天大壯괘는 2월, 5양이 된 택천쾌澤天夬괘는 3월에 각각 대응한다.

〈표 32〉 12율려 · 12벽괘 · 12월 대응표

십이율 12律	황종 黃鐘	대려 大呂	태주 太簇	협종 夾鐘	고선 故洗	중려 中呂	유빈 蕤賓	임종 林鐘	이칙 夷則	남려 南呂	무역 無射	응종 應鐘
십이벽괘 12辟卦	䷗	䷒	䷊	䷡	䷪	䷀	䷫	䷠	䷋	䷓	䷖	䷁
	지뢰복 地雷復	지택림 地澤臨	지천태 地天泰	뇌천대장 雷天大壯	택천쾌 澤天夬	중천건 重天乾	천풍구 天風姤	천산돈 天山遯	천지비 天地否	풍지관 風地觀	산지박 山地剝	중지곤 重地坤
12월	11월	12월	1월	2월	3월	4월	5월	6월	7월	8월	9월	10월
12地支 십이지지	子	丑	寅	卯	辰	巳	午	未	申	酉	戌	亥

이렇게 12율려가 12벽괘와 서로 대응되는 것은 당연한 일이다. 왜냐하면 64괘 가운데 12벽괘는 한 괘의 6개 효 중에서 양기와 음기가 자라는 상태를 기준으로 1년 12달의 음양 2기의 자라고 줄어드는 내용을 표시한 것이고, 12율려 또한 천지의 기운이 소장하는 실체를 표현하고 있다. 그리고 1년 12달은 음양 2기의 소장 상태를 나타내는 역법의 하나다. 따라서 12율려와 12벽괘와 12월은 서로 대응하는 것이다.

3) 8괘와 율려의 관계

율려는 천지의 기운을 구체적으로 측정하여 등급을 구분해 표현하는 일종의 부호이다. 그런데 천지의 기가 나타나는 실체는 바람풍風이라고 했다.

그래서 여기서는 율려와 8괘의 관계를 이해하기 위하여 먼저 팔괘와 팔음, 팔괘와 팔풍, 팔괘와 12율려의 관계를 살펴본다.

(1) 팔괘와 팔음八音

『주례』는 악기를 만든 재질을 여덟 가지로 구분하여 팔음을 설명하고 있다.

즉 쇠로 만든 악기는 종鐘과 박鎛, 돌로 만든 것은 경磬, 흙으로 만든 것은 훈塤, 가죽으로 된 것은 고鼓와 도鼗(작은북), 실(사絲)로 된 것은 금琴과 슬瑟, 나무로 된 것은 축柷(목제 타악기의 일종)과 어敔, 박(포匏)으로 된 것은 생笙, 대나무로 된 것은 관管과 소簫라고 한다.[11]

---

11) 『주례』 권23, "金鐘鎛也 石磬也 土塤也 革鼓鼗也 絲琴瑟也 木柷敔也 匏笙也 竹管簫也"

『한서』「율력지」에서도 팔음을 악기를 만드는 여덟 가지 재료를 들어 설명한다.

이로 보아 악기를 어떤 재료로 만드느냐에 따라 음의 성질과 상태가 달라지는 것을 말하는 것이다. 그래서 악기를 만드는 재료를 여덟 종류로 구분하고, 악기 재질에 따른 음을 제시한 것이다.

그리고 여덟 종류의 악기 재질은 팔괘와 대응한다. 즉 팔음은 팔괘와 대응하는 것이다.

『악서樂書』와 『통전通典』등에 따르면 돌로 만든 악기는 건乾괘, 흙으로 빚은 악기는 곤坤괘, 가죽으로 만든 것은 혁革괘, 실로 된 것은 이離괘, 대나무로 된 것은 진震괘, 나무로 된 것은 손巽괘, 박으로 된 것은 간艮괘, 쇠로 된 것은 태兌괘와 대응한다.

(2) 팔괘와 팔풍八風

『악서樂書』와 『통전通典』에는 팔괘와 팔풍을 연결하고 있다. 건괘는 부주풍不周風, 곤괘는 양풍涼風, 감괘는 광막풍廣莫風, 이괘는 경풍景風, 진괘는 명서풍明庶風, 손괘는 청명풍淸明風, 간괘는 융풍融風, 태괘는 창합풍閶闔風에 대응시킨다.

그런데 『사기』「율서」에는 부주풍은 서북방, 광막풍은 북방, 조풍條風(융풍融風)은 동북, 명서풍은 동, 청명풍은 동남, 경풍은 남, 양풍은 서남, 창합풍은 서쪽과 대응하는 것으로 설명하고 있다.

그리고 팔풍과 대응하는 팔방八方을 12절후로 구분하면 북방의 광막풍은 동지, 동방의 명서풍은 춘분, 남방의 경풍은 하지, 서방의 창합풍은 추분, 동북방의 조풍(융풍)은 대한大寒과 경칩驚蟄, 동남방의 청명풍은 곡우穀雨와 소만小滿, 서남방의 양풍은 대서大暑와 처서處

暑, 서북방의 부주풍은 상강霜降과 소설小雪에 응한다.

(3) 팔괘와 12율려

앞에서 팔괘와 팔음, 그리고 12절후의 대응관계를 알아보았다. 그런데 12절후는 12월에 대응하고, 12월은 12율려와 상호 응한다. 따라서 이런 관계를 참고하여 팔괘와 12율려의 관계를 살피면 황종은 감, 대려와 태주는 간, 협종은 진, 고선과 중려는 손, 유빈은 이, 임종과 이칙은 곤, 남려는 태, 무역과 응종은 건괘에 해당한다.

〈표 33〉 팔괘·팔음·12율려 대응표

율려	黃鐘	大呂 太簇	太鐘	姑洗 仲呂	蕤賓	林鐘 夷則	南呂	無射 應鐘
팔괘	☵ 坎	☶ 艮	☳ 震	☴ 巽	☲ 離	☷ 坤	☱ 兌	☰ 乾
팔음	革	匏	竹	木	絲	土	金	石
12절후	冬至	大寒 驚蟄	春分	穀雨	夏至	大暑 處暑	秋分	霜降 小雪
팔풍	廣莫風	條風	明庶風	清明風	景風	涼風	閶闔風	不周風
팔방	북	동북	동	동남	남	서남	서	서북

4. 5음五音과 12율

1) 성聲과 음音

한자 성聲과 음音의 일반적 의미(훈訓)는 '소리'다. '말' 또는 '말하다'라는 의미도 공통된다.

하지만 이 두 글자를 음양오행의 측면에서 보면 현격한 차이가 있다.

성聲의 구성 내용을 풀어보면 악기(성声)를 손으로 쳐서(수殳), 귀

(이耳)로 들을 수 있는 것으로서 곧 소리를 뜻한다. 이 소리 성은 높고 낮은 구분만 있는 것이다. 그리고 높은 것 아니면 낮은 것으로 보면 음과 양이 서로 대응하거나 대립 또는 대치하는 음양의 공간적 성질에 해당한다. 즉 성은 음양의 이치에 근거하여 고저高低의 구분만 가능하다.

하지만 음音이란 글자는 언言 자의 구口 속에 일一 자를 더한 모양으로 노래를 부르거나 욀 때 곡조曲調를 붙인 말이다.

그런데 곡조는 가락이라고도 한다. 이 가락이라는 말은 소리의 높낮이가 길고 짧음이나 리듬과 어울려 나타나는 음의 흐름이라는 의미가 있다.

따라서 음은 그 성질이나 상태, 그리고 작용 등의 성상에 따라 유형별 분류가 가능하다. 다시 말해 5행의 유형별로 구분할 수 있는 것이다.

그래서 역에서 음은 5음五音이라고 부른다. 5음은 궁宮·상商·각角·치徵·우羽의 다섯 음을 말한다.

2) 5음의 유래

오음의 기원에 관해서는 두 가지 설이 있다. 하나는 하늘의 별자리에서 유래한다는 것이고, 다른 하나는 동물의 울음소리에서 따왔다는 것이다.

(1) 천상기원설天象起源說

오음은 하늘의 별자리에서 비롯됐다는 것이다. 즉 궁음은 28수二十八宿가 둘러싸고 있는 북극성이고, 상음은 동방창룡칠수東方靑龍七

〈표 34〉 28수宿와 오음 대응도

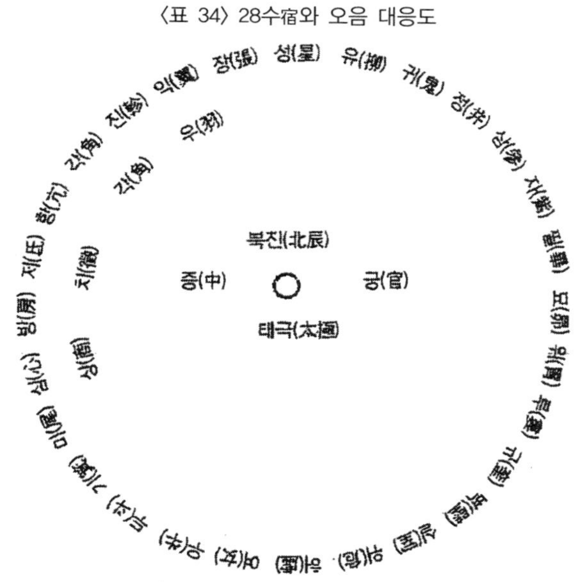

宿인 삼성三星의 주성主星이며, 각음은 역시 동방창룡칠수의 각수角宿의 자리, 치는 동방창룡칠수의 저수氐宿의 자리이다. 그리고 우는 남방주작칠수南方朱雀七宿의 익수翼宿의 자리에 해당한다.

(2) 동물 울음소리 모방설

오음은 소·말·닭·돼지·양의 울음소리에서 따왔다는 것이다. 즉 오음의 중심인 궁음은 소의 울음소리, 우羽음은 말의 울음소리, 상음은 양의 울음소리, 각음은 닭의 울음소리, 치음은 돼지의 울음소리이다.

3) 오음과 오행

(1) 오음별 오행

오음의 첫 번째인 궁宮음은 오행의 토에 속하며 후음喉音으로 매우 길고 낮으며 탁하다. 치徵음은 화에 속하고 궁음宮音에서 발생하는 치음齒音으로 궁음 다음으로 짧고 높고 맑다. 상商음은 치음에서 발생하는 악顎음으로 치음 다음으로 길고 낮고 탁하다. 우羽음은 수에 속하고 상음에서 나오는 순脣음으로 매우 짧고 높고 맑다. 각角음은 목에 속하며 우음에서 나오는 설舌음으로 장단長短·고저高低·청탁淸濁의 중간에 있다.

(2) 오음의 순서

오음을 말할 때 일반적으로 궁·상·각·치·우의 순서로 부른다. 그런데 이런 순서는 음이 가장 낮은 궁음을 기준으로 하여 점점 그 정도가 높아지는 순서에 따른 것이다.

하지만 삼분손익법에 의해 음이 생성되는 순서에 의하면 오음은 궁·치·상·우·각이 된다.

율관은 길이가 긴 것에서 낮은 것의 순서로 음의 고저가 역행한다. 그런데 율관의 길이를 나타내는 수를 율수律數라고 한다. 즉 율수가 높으면 오음의 음량은 낮고, 반대로 율수가 낮으면 음량은 높다. 이렇게 음량을 계산하는 데 쓰는 것을 율수법律數法이라고 한다.

4) 7음七音의 유래

정상적인 음은 5음이 되지만 여기엔 4개의 변음이 있다. 즉 궁음

〈표 35〉 오음·오행·오방 대응도

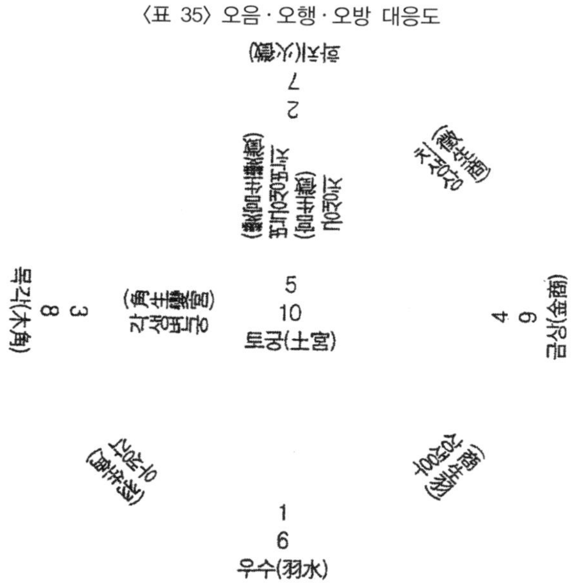

의 변음인 변궁變宮·각음의 변음인 청각淸角·치음의 변음인 변치變徵·우음의 변음인 청우淸羽 등이다.

그래서 옛날엔 정상 5음에 4개 변음을 합하여 9급 음계가 있었다. 하지만 실제는 5음에 청각淸角과 청우淸羽 2개 변음을 더한 7개 음계만을 사용했다.

5) 5음의 실생활 응용

오음은 오행의 특성이 있다. 5방위와 계절 등 시간과 공간으로 구성된 우주변화의 규율을 오행론과 마찬가지로 나타낸다. 오히려 일반적이고 표준모델성의 오행보다 우주변화의 실체적 내용인 기의 변화규율을 잘 표현한다고 할 수 있다.

따라서 5음은 음악의 근본이 될 뿐 아니라 의학 등 실생활에 적용됐다.

예를 들면 『황제내경』은 "하늘에는 오행이 있어서 오위五位를 거느리므로 한·서·조·습·풍의 변화를 낳고, 사람에게는 오장이 있어 5기를 조화시키므로 희·노·사·우·공의 감정을 발생시킨다."[12]고 한다.

이 말은 우주와 하늘은 같은 기로 태어난 동일체이므로 우주의 변화규율을 나타내는 오행과 오음, 그리고 인체의 오장은 서로 반응하고 소통하는 이치가 있어서 인체 오장의 기운의 활동변화는 곧 희·노·사·우·공이라는 오지五志를 통해서 나타난다는 것이다.

그래서 간의 기가 움직여 변화를 나타내면 노怒가 되고, 심장의 기가 움직여 변화하면 희喜가 되고, 비장脾臟의 기가 변화하면 사思가 되고, 폐기가 동변動變하면 우憂가 되고, 신장의 기가 동변하면 공恐이 된다.

그런데 여기서 오음을 오행과 오지에 배합하여 보면 오음으로 사람의 마음을 읽을 수 있다는 분석이 가능한 것이다.

예를 들어 오행의 원리에 의하여 황종의 궁음을 기본으로 하고, 나머지 4음을 평성平聲·상성上聲·거성去聲·입성入聲을 배합한다. 그러면 궁음은 비토脾土, 평성은 간목肝木, 상성은 심화心火, 거성은 폐금肺金, 입성은 신수腎水가 된다.

따라서 5음으로 사람의 심리활동을 파악할 수 있는 것이다.

---

12) 『황제내경소문』「天元氣大論」, "天有五行御五位 以生寒暑燥濕風 人有五臟化五氣 以生喜怒思憂恐"

6) 5음 12율 60음

이제까지 알아본 바와 같이 음은 5종이 있고, 율은 6률이 있다. 하지만 음과 율은 각각 음양의 구분이 있다. 그리하여 5음은 각각 태소太少로 구분돼 10이 되고, 6률 역시 음양으로 나뉘어 12율려가 된다. 그러므로 음으로써 날(일日)에 대응하고, 12율려로 12진十二辰에 응한다.

그리고 1률에는 각각 5음이 있다. 따라서 12율려는 60음을 이루게 된다. 60음은 10간 12지의 조합으로 구성된 60갑자와 같다. 그래서 60음을 6으로 거듭하면 360음을 이루어 1년 360일에 해당한다.

이 때문에 5음 6율을 율력律曆의 수數라고 하고, 천지의 도道라고 하는 것이다.

역학 천문학

1. 역학에서 천문을 알아야 하는 이유

1) 천문天文은 천상天象이다

천문天文은 역易보다 앞선 것이다. 그 근거를 말하기에 앞서 먼저 천문의 의미부터 파악하는 것이 순서일 것이다.

'천天'이란 하늘을 말하는 것이고, '문文'은 모습 또는 모양을 뜻하는 '상象'의 의미다. 『회남자』는 "문은 상이다."[1]고 정의한다. 즉 천문은 '천상天象'이란 말과 같다.

천상은 하늘의 모습 혹은 하늘의 모양이다. 다시 말해 하늘에서 일어나는 현상을 천문이라고 할 수 있다.

천상은 두 가지 경우로 나눌 수 있다. 첫째는 해와 달과 별에 관계되는 현상으로서 성상星象이 있다. 둘째는 지구의 대기층 내에서 발생하는 현상으로서 기상氣象이다. 물론 천문은 성상과 기상 모두를 포괄한다.

그런데 여기서는 성상에 관한 문제를 중심으로 이야기할 것이다.

---

1) 『회남자』「천문훈」, "文者 象也"

2) 역은 천문을 본뜬 것이다

천지자연의 운행법칙을 담은 것이 역易이라고 했다. 그런데 천지자연이란 것이 실은 천문을 말하는 것이다. 사람이 발을 붙이고 사는 곳이 땅이고. 보통 우리는 땅을 기준으로 머리 위의 하늘과 하늘에 떠 있는 해와 달과 별만을 천문이라고 이해한다. 하지만 우리가 살고 있는 땅, 곧 지구도 별의 하나일 뿐이다. 천지라는 말은 곧 하늘과 지구를 말하는 것이다.

그러면 이제 역이 천문을 본뜬 것이라는 사실을 확인하여보자. 『역경』 비賁괘 「단전」에는 "천문을 관찰하여 사시의 변화를 살핀다."[2]고 하는 대목이 보인다. 이 말은 천상을 관찰하여 기상의 변화가 어찌 될 것인가를 안다는 것이다. 한마디로 천문을 파악하는 일이다. 보다 직설적으로 역이 천문을 모의했음을 말하는 대목은 「계사전」에서 확인할 수 있다. 그것은 바로 "역은 천지를 본받은 것이다. 그리하여 천지의 도를 두루 조리條理할 수 있다.[3]"고 하는 대목과 "복희씨가 천하를 다스릴 때 우러러 하늘의 상을 관찰하고, 굽혀서 땅의 이치를 살피고, …… 이렇게 하여 팔괘를 지었다."[4]고 하는 구절이다.

이처럼 천문이 먼저 있고, 이것을 관찰하여 천지의 운행법칙을 정리한 것이 역이다.

따라서 역을 공부하기 위해서는 반드시 천문에 대한 이해가 앞서야 하는 것이다. 『역경』과 『역전』에는 별의 이름이나 별의 역할과 관련한 내용들이 대부분이다. 이에 대한 내용은 이 장의 뒷부분에서 설명하겠지만 여기서 하나만 예를 들어본다.

---

2) 「비賁괘」 「단전」, "觀乎天文 以察時變"

3) 「계사전」 상4장, "易與天地準 故能彌綸天地之道"

4) 「계사전」 하2장, "包犧氏之王天下也 仰則觀象於天 俯則觀法於地 …… 於是 始作八卦"

건乾괘의 효사는 용龍과 관계가 있다. 주지하는 바와 같이 용은 상징의 동물이다. 사람에게는 지도자·군주·제왕·군자 등에 비유된다. 그런데 천문에서는 하늘의 별들을 사상四象으로 구분한다. 4상은 동방창룡東方蒼龍, 남방주작南方朱雀, 서방백호西方白虎, 북방현무北方玄武를 말한다. 그리고 동방창룡은 각角·항亢·저氐·방房·심心·미尾·기箕의 7개 별로 구성된다. 창룡은 자축子丑월 황혼무렵에 땅 속으로 들어가서 보이지 않는다. 즉 잠룡潛龍한 것이다. 그런데 자축월은 건괘 여섯 효 가운데 초효에 해당한다. 그래서 건괘 초효 효사가 잠겨 있는 용이므로 쓰지 못한다고[5] 하는 것이다. 이처럼 건괘 효사에 나오는 재전在田·재연在淵 등은 하늘의 별 이름과 관련된다. 재전의 전은 창룡7수 가운데 각수에 딸린 천전天田이란 별의 이름이다. 천전은 천자天子의 직할영토인 수도권지역을 관할하는 별로 백성의 운을 주관한다고 한다. 재연의 연은 천연天淵이라는 별의 이름이다. 천연은 북방현무 7수七宿의 하나인 두수斗宿에 딸린 별로 논밭에 물을 대고 사람의 일상에 필요한 물을 공급하는 등 관개灌漑를 담당한다.

3) 태양계·은하계·성신星辰

이제 역을 이해하기 위해서는 천문을 알아야 되는 이유가 명백해졌다. 그런데 천문이라고 하면 너무 막연한 감이 있다. 수백억 개가 넘는 성상을 통째로 천문이라고 하면 평범한 인간이 이해하기엔 너무 광범위하다.

그래서 여기서는 이해를 돕기 위해 성상의 유별로 분류하고 개념

---

5) 「乾괘」 초구 효사, "潛龍 勿龍"

을 정리해본다. 그 기준은 사람이 발을 붙이고 사는 지구를 중심으로 하고, 지구가 포함된 태양계와 태양계가 속한 은하계, 그리고 은하계의 별을 통칭하는 성신星辰으로 나누어서 알아본다.

(1) 태양계

지구는 태양을 싸고 도는 태양의 위성(행성)이다. 태양을 중심으로 도는 행성은 태양에서 가까운 순서대로 수성·금성·지구·화성·목성·토성·천왕성·해왕성·명왕성 등이 있다. 태양의 행성을 포함한 별의 군단을 태양계라고 한다. 태양계의 별들 가운데 지구를 기준으로 앞에 있는 수성과 금성, 그리고 뒤에 있는 화성·목성·토성을 5성이라고 한다. 또 지구는 달을 위성으로 갖고 있다. 정리하면 지구에서 볼 때 지구를 제외한 태양의 행성인 수금화목토 5성과 지구의 위성인 달을 합하여 7개의 별이 지구에 1차적으로 가장 많은 인력引力을 미친다고 본다. 즉 해와 달과 수금화목토의 5성을 합하여 7요七曜 또는 칠정七政이라고 한다. 여기서 정政이란 이들 7개의 별이 사람이 사는 세상의 정사를 주관한다는 의미에서 붙여진 것이다.

(2) 은하계

하늘에는 태양계를 포함한 셀 수 없이 많은 별들이 존재한다. 우주에는 수천 억 개 이상의 별·가스성운·암흑성운 등으로 구성된 큰 집단의 은하가 무수히 많다. 이들 은하 중에서 태양계가 속한 은하를 우리는 은하계라고 부른다. 은하계는 태양계를 포함해 대략 1천억 개의 항성과 성단, 그리고 성간 물질로 구성됐다고 한다. 은하계는 지름이 약 1만6천 광년인 구형의 중심부와 지름이 약 10만 광년인 원반 모양의 둘레로 구성돼 있다. 은하 전체의 질량은 태양 질량의 200억 배에 달한다. 은하는 중심으로부터 시계방향으로 돌며, 중심부로 갈수록 회전속도가 빠르다고 한다. 태양계는 은하의 중심에서 3만 광년가량 떨어진 가장자리에 위치하며, 은하계의 중심을 대략 초속 220㎞로 회전하여 2억5천만년 뒤에 원위치한다고 한다.

(3) 성신星辰

보통 천상을 말할 때 우리는 일월오성과 성신을 언급한다. 여기서 일월오성은 태양계를 말하는 것이다.[6]

그러면 성신은 무슨 의미인가? 『천문유초』에서는 "만물의 정수精髓가 위로 올라가서 성星을 이룬다. 그리하여 성을 정수라고 하며, 성은 양의 꽃(영榮)이다. 양의 정수는 해(일日)가 되고, 해가 나뉘어 성이 된다. 그러므로 성星자는 해가 낳아서 된 것이다."[7]고 설명한다. 이 말은 태양계의 지구에서 볼 때 해와 달을 제외하고 은하계를 구성하는 별들 가운데 양의 기운을 받아 반짝이는 물체를 성이라고 한다는 것이다. 즉 별에도 양성의 별과 음성의 별이 있으며, 바로 양성의 별을 성이라고 하는 것으로 해석된다. 이런 분석의 근거는 다음에 설명하는 신辰에 관한 내용을 보면 확신을 더한다.

『천문유초』는 "신은 성이 없는 곳이다."[8]고 설명한다. 양의 정수

---

6) 이 장은 이순지 찬, 김상철 등 역, 『천문유초』, 대유학당. 진준규 저 『중국천문학사』, 대만 명문서국. 이문규 저, 『중국인이 바라본 하늘의 세계』, 문학과 지성사. 소길 저, 김수길 등 역, 『오행대의』, 대유학당. 노앙 저, 『중국고대성점학』, 중국과학기술출판사. 상병의 저, 『주역여역법』, 중국중앙편역출판사 등을 주로 참고함.

7) 이순지 저, 『천문유초』, "萬物之精 上爲列星 星之謂言精也 陽之榮也 陽精爲日 日分爲星 故其字日生爲星"

8) 이순지, 앞의 책, "辰者 便是無星處也"

로 밝게 빛나는 물체인 성이 없는 곳은 어두운 곳이다. 즉 양의 대응 관계는 음이 되고, 밝은 곳의 대립은 어두운 곳이 된다. 따라서 신은 어두운 곳을 말하는 것이다.

또 신은 어두운 별이라는 의미 외에 해와 달이 회합하는 곳이라는 의미가 있다. 하늘의 북극을 중심으로 하여 태양계가 회전을 하는 주기를 주천도수라고 할 때 주천도수는 12곳으로 구분할 수 있다. 여기서 해와 달은 1년에 12번 회합한다. 즉 10월은 석목析木이 되는데 인寅의 방위에서 만나고, 9월은 대화大火라고 하며 묘卯방에서 만나고, 8월은 수성壽星이라고 하며 진辰방에서 만나고, 7월은 순미鶉尾로 사巳에서 만나며, 6월은 순화鶉火로 오午에서 만나며, 5월은 순수鶉首로 미未에서 만나며, 4월은 실침實沈으로 신申에서 만나고, 3월은 대량大梁으로 유酉에서 만나고, 2월은 강루降婁로 술戌에서 만나고, 정월은 추자娵訾로 해亥에서 만나며, 12월은 현효玄枵로 자子에서 만나고, 11월은 성기星紀로 축丑에서 만난다.

또 신은 하늘의 지도리라는 천추天樞의 의미도 있다. 대신大辰이라고도 하는 북신은 하늘의 지도리로서 항상 제자리에 있고 다른 모든 별은 28수와 함께 동일한 운행을 한다. 하늘의 운행은 밤과 낮에도 쉬지 않으며, 북신은 지도리가 되어 마치 수레의 축과 같고 맷돌의 축과 같아서 비록 움직이고자 하여도 움직이지 못한다.

이 밖에도 신은 북극성을 말하기도 한다. 북신의 곁에는 극성極星이라고 하는 작은 별들이 있으며, 극성의 곁에서 움직이지 않은 작은 곳이 북신이다.

정리하면 지구를 중심으로 해와 달과 오성이 속해 있는 태양계와 태양계가 속해 있는 은하계, 그리고 은하계의 빛나는 별로 양의 정수인 성과 어두우면서 해와 달이 만나고 또 천상의 지도리가 되는 신이 역에서 말하는 천상이다.

이하에서는 태양계의 일월오성, 은하계의 사상과 북두극성 및 28수에 대해 약술하고, 28수와 12차, 역의 괘와 28수의 관계, 28수에 의한 역의 해석에 대한 내용을 살펴본다.

2. 일월오성

1) 일 · 월

사람을 포함해 지구에 존재하는 만물의 생존에 절대적인 영향을 미치는 것이 해와 달이다.

해가 가면 달이 오고, 달이 가면 해가 와서 어둠과 밝음이 생겨난다. 이렇게 해와 달의 운행으로 추위와 더위가 번갈아 들면서 한 해를 이룬다.

그래서 역의 도는 일음일양의 도라고 한 것이다.

『오행대의』에서 해는 양의 정기가 시작되는 것이라고 한다.[9] 이처럼 해의 정수精髓는 양기이기 때문에 겉은 뜨겁고 안은 그늘진다. 그래서 팔괘에서 해를 상징한 이離괘는 ☲로 양효가 밖을 싸고, 음효는 안에 갇혀있다.

지구에서 볼 때 해는 하루에 1도를 간다. 이것은 1년을 365.25일로 기준한 것이 아니고, 지구가 태양을 한 바퀴 도는 원의 도수인 360을 기준으로 한 것이다.

또 달은 음의 정精이고, 물의 정이다. 그래서 안은 밝고 기운은 차

9) 『오행대의』, "日爲陽精始"

다. 팔괘에서 달을 상징하는 감坎괘는 ☵ 두 음효가 한 양효를 둘러싸고 있는 모습이다.

달은 음의 정기로 돼있어서 본체는 빛이 없고 해가 비추어야만 밝게 된다.[10)]

달은 하루에 13.25도를 간다.

2) 오성

(1) 세성歲星

오성 가운데 목성을 세성歲星이라고 한다. 세성의 공전주기는 11.86년이나 고대 중국에서는 12년인 것으로 생각했다. 그래서 세성이 하늘을 12등분한 구획인 12차를 순서대로 1년에 하나씩 거쳐 가는 것으로 보고 해를 나타내는 기준으로 삼았다. 즉 목성이 머무는 12차의 별자리 이름으로 그 해의 이름을 붙였다. 이렇게 기년紀年하는 것을 세성기년법이라고 한다. 예를 들면 세성이 12차의 하나인 현효玄枵에 머물면 그해의 이름은 현효가 된다. 또 세성이 성기星紀에 머물면 그해 이름은 성기라고 한다.

목성을 세성이라고 하는 이유는 바로 그것으로 기년했기 때문이다.

목성은 세성이라는 이름 외에도 섭제攝提·중화重華·응성應星·전성纏星·성기紀星·수인성脩人星 등의 별칭이 있다.

세성은 오행으로 목에 해당하므로 방위는 동방이고, 계절은 봄이며, 오상五常으로는 인仁을 나타낸다.

---

10) 『오행대의』, "月爲陰精 體自無光 籍日照之乃明"

(2) 형혹성熒惑星

오성 가운데 화성火星을 형혹성이라고 한다. 화火의 정기로 이루어진 형혹성은 남방에 자리하여 여름을 주관한다. 오행은 화이고, 오상은 예禮를 나타낸다.

형혹성은 벌성罰星이라고도 하고, 집법執法이라고도 부른다.

(3) 진성鎭星

진성은 토성을 말한다. 일명 지후地候라고도 하는 진성은 오행은 토이며, 방위는 중앙을 나타내고, 계절로는 여름과 가을의 경계인 계하를 주관하고, 오상은 신信이다.

(4) 태백성太白星

태백성은 금성을 말한다. 오행의 금에 해당하며, 서쪽에 자리하여 가을을 주관한다. 오상은 의義를 나타낸다.

별칭은 천상天相·천정天政·대신大臣·대호大皓·명성明星·대효大囂 등이 있다.

(5) 진성辰星

오행 가운데 수水의 정기를 가진 진성辰星은 북쪽에 자리하고, 겨울을 주관한다. 오상은 지智를 나타낸다.

안조安調·세극細極·웅성熊星·구성鉤星 혹은 구세鉤歲·사농伺農·면성勉星 등의 별칭이 있다.

〈표 36〉 오성과 역할

오성	세성	형혹성	鎭星	태백성	辰星
오행	木	火	土	金	水
방위	동	남	중앙	서	북
계절	춘	하	사계절	추	동
神	창제의 아들	적제의 아들	황제의 아들	백제의 아들	흑제의 아들
담당	사농	사찰	女候	대장	재상
주관	복·경사	전쟁·도적 초상·기아 난리·질병	덕	흉사	형벌
별칭	섭제·중화 진성·기성 응성·수인성	벌·집법 형혹·천리 현식	地候	중화·소세 백초·천상 천정·대신 대호·명성 계명·장경 대효	안조·세극 웅성·구성 구세·면성 사농

3. 북두극성과 28수

1) 삼원三垣

중국이나 우리나라는 지구의 북반부에 위치해있다. 그래서 동양천문을 관찰하는 사람들의 관찰지점은 당연히 지구의 북반부가 된다. 관찰지점에서 머리를 들어 하늘을 보면 북극이고, 이것이 하늘의 중앙이 된다.

그런데 하늘의 중간인 북극을 중심으로 동북과 동남방에는 많은 별들이 모여 있고, 서남과 서북방향에는 비교적 별의 수가 적다. 그래서 천문관측자는 별들이 집중된 북극의 중심부와 동북, 동남의 세 방향을 각각 한 구역씩으로 하여 3개 구역을 설정하고, 중앙은 자미원, 동북은 태미원, 동남은 천시원이라고 칭하였다.

여기서 원垣은 담장의 의미다. 즉 각각의 3원의 별자리를 살펴보면 별들의 배열이 담장을 둘러친 모습과 같아서 원이라고 이름한 것이다.

삼원이란 말은 중국 전국시대에 나온『감석성경甘石星經』[11]에서 처음 등장한다.

(1) 자미원紫微垣

자미원은 삼원의 중원으로, 북쪽 하늘의 중앙에 위치하고 있다. 그래서 중원이라고도 하고, 중궁中宮이라고도 칭한다. 간략하게 자원紫垣 또는 자궁紫宮이라고 한다.

자미궁은 황궁의 의미이며, 각 별은 적당한 관직명과 기타의 이름을 갖고 있다. 북극을 중심으로 동서로 나뉘어 병풍 모양을 이루며, 두 개의 활대가 서로 합하여 담장처럼 둘러싼 모습이다. 동쪽에 8성, 서쪽에 7성이 자리한다.

〈표 37〉 자미원 소속 별

별자리	별의 수	역할
자미원紫微垣	좌 8, 우 7, 총 15	천자 직할 궁정, 명운 命運·도수度數 관장
북극北極	5	하늘의 지도리로 일 월오성 관장
사보四輔	4	북극성 보좌, 법도·정령 관장
천일天一	1	전쟁 길흉 예측, 음양 조화
태일太一	1	풍우 가뭄 홍수 병란 기근 질병
음덕陰德	2	덕을 베풀고 백성을 다독임
상서尙書	5	임금에 충언하고 자문함

11) 『감석성경』은 전국시대 楚나라의 감덕甘德이 지은『天文星占』과 魏나라 석신石申이 지은『天文』을 합본한 것이다.

주하사柱下史	1	왕의 언동 기록
여사女史	1	시간을 알리고 궁중의 일 기록
여어女御	4	후궁
구진句陳	6	궁궐 후궁의 일, 삼공의 역할
육갑六甲	6	음양과 24시절 관장
천주天柱	5	오행 운용 관장
대리大理	2	형벌 옥사 평결
천황天皇	1	영혼과 모든 신 통솔, 자미원 최고의 신
오제내좌五帝內座	5	천자의 병풍
화개華蓋	7	천황의 일산
전사傳舍	9	북쪽 사신의 숙소
내계內階	6	천황이 정사를 보는 뜰
천주天廚	6	천궁의 주방
팔곡八穀	8	흉풍의 주관
천봉天棓	5	천자의 선봉장군
천상天床	6	천궁의 휴게소
내주內廚	2	천궁의 음식 주관
문창文昌	6	천궁의 법도 총괄기획
태존太尊	1	황제의 친척
천뢰天牢	6	귀인용 감옥
태양수太陽守	1	무력 방비를 주관하는 대장 대신
세勢	4	내시內侍
상相	1	백관 총괄
삼공三公	6	천자의 덕을 시행하고, 음양 칠정의 조화 주관
현과玄戈	1	북방 경비
천리天理	4	귀인용 감옥
천창天倉	3	무력 방비
북두北斗	7	음양오행과 칠정의 운행 주관
보輔	1	북두성 보좌
강杠	9	화개의 자루

〈표 38〉 자미원 구성도

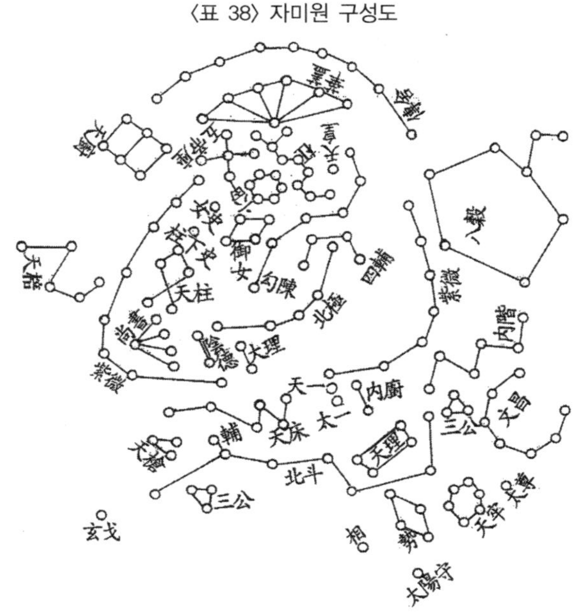

(2) 태미원太微垣

태미원은 3원 가운데 상원上垣으로 자미원 아래 동북쪽, 북두의 남방에 자리한다.

태미는 정부政府의 의미다. 그래서 별의 이름도 관직명을 많이 쓴다. 예컨대 좌집법左執法은 정위廷尉를 상징하고, 우집법右執法은 어사대부御史大夫에 해당한다. 동서의 울타리별의 이름은 상승상上丞相, 차승상次丞相, 상장군上將軍, 차장군次將軍 등이다.

〈표 39〉 태미원 구성도

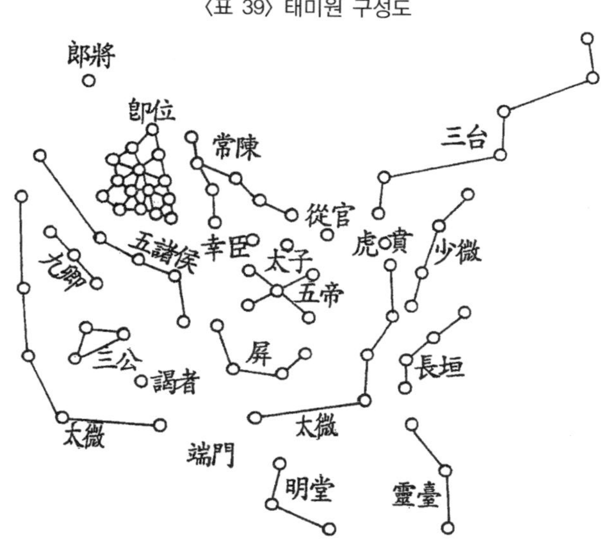

(3) 천시원天市垣

천시원은 삼원 가운데 하원으로 자미원 아래 동남에 자리한다. 천시원은 백성의 운을 주관하는 별로, 주로 저울을 맡으며, 사람을 모으는 일을 한다. 사람을 죽이고 형벌을 주는 일도 한다. 일명 천기정天旗庭이라고도 한다.

천시는 천자가 제후를 통솔하여 열어놓은 시장이다. 그래서 천시원은 동서 울타리에 각 11개 성이 있고, 모두 지방제후의 이름을 붙였다. 이들 별 이름은 전국시대 나라 이름이므로 천시원의 제정은 전국 이후일 것으로 추정한다.

〈표 40〉 천시원 구성도

2) 사상四象

하늘의 성상星象을 구획하는 방법으로 3원 말고도 사상四象이 있다. 성상의 사상은 하늘의 중앙, 즉 북극에 자리한 자미원을 중심으로 하여 사방에 28수의 별로 구성된다.

동방은 창룡蒼龍, 남방은 주작朱雀, 서방은 백호白虎, 북방은 현무玄武라고 하는 4신四神의 이름을 붙인다. 그리고 각 신상神象에는 7개의 별이 소속돼 모두 28수가 된다.

동방 창룡에는 각角·항亢·저氐·방房·심心·미尾·기箕, 남방 주작에는 정井·귀鬼·유柳·성星·장張·익翼·진軫, 서방 백호에는 규奎·루婁·위胃·묘昴·필畢·자觜·삼參, 북방 현무에는 두斗·우牛·여女·허虛·위危·실室·벽壁이 소속한다.

〈표 41〉 28수와 사상四象도

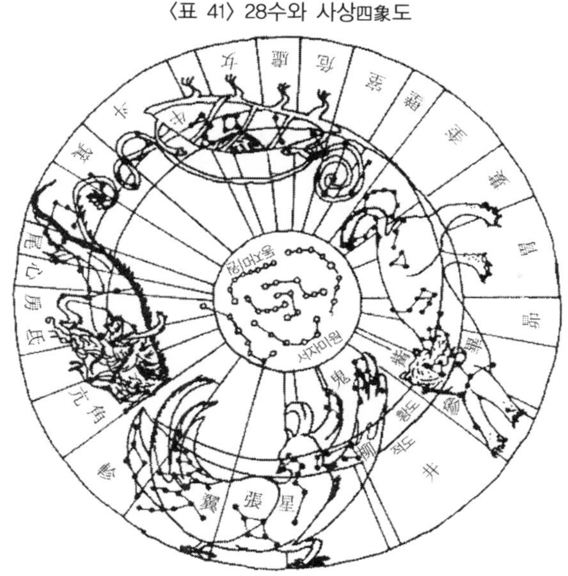

지구에서 1년에 봄·여름·가을·겨울의 4철이 4상을 이루는 것과 같이 하늘에서도 4철을 주관하는 성상이 동서남북 4방에 자리하고 있는 것이다. 즉 동방의 창룡은 목의 기를 가지고 만물을 낳아 자라게 하는 일을 주관하고, 남방의 주작은 화의 기운으로 만물을 무성하게 키우고 꽃을 피우며, 서방의 백호는 금의 기운으로 만물의 결실을 유도하며, 북방의 현무는 수의 기운으로 만물을 잠장시키는 역할을 한다.

이렇게 보면 하늘에는 4상만 있고 오행의 토는 없는 것으로 오해할 수 있다. 하지만 하늘의 성상에는 사상의 중앙이 토의 기운을 주관하며, 하늘의 황제 역할을 한다.

그런데 사상에 딸린 28수는 한 번에 모두 출현하는 것이 아니고, 계절에 따라 조금씩 다르게 보인다.

〈표 42〉 봄의 사상 위치도

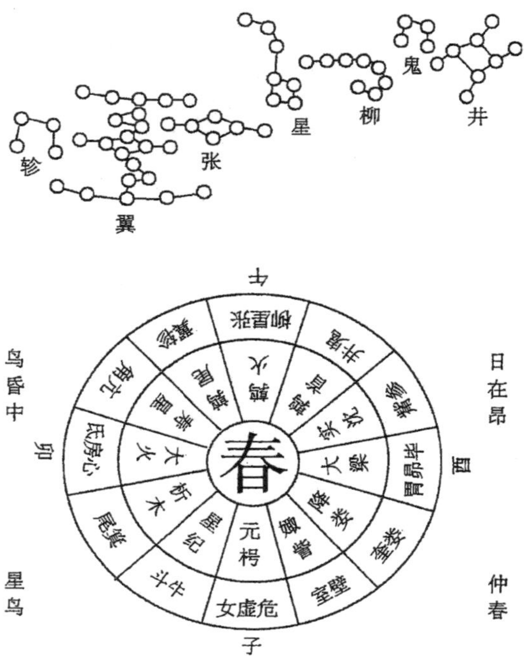

곧 봄에는 창룡7수가 동방, 주작7수는 남방, 백호7수는 서방, 현무7수는 북쪽에서 보인다.

여름에는 서쪽으로 90도 회전하여 북방현무가 동쪽, 동방창룡이 남쪽, 남방주작이 서쪽, 서방백호가 북쪽에 위치한다.

가을에는 다시 서쪽으로 90도 회전하여 서방백호가 동쪽, 북방현무가 남쪽, 동방창룡이 서쪽, 남방주작이 북쪽에 자리한다.

겨울에는 남방주작이 동쪽, 서방백호가 남쪽, 북방현무가 서쪽, 동방창룡이 북쪽으로 다시 각각 90도 이동한다.

이렇게 사상의 성상이 계절에 따라 위치가 바뀌는 것은 고대의 사

〈표 43〉 여름의 사상 위치도

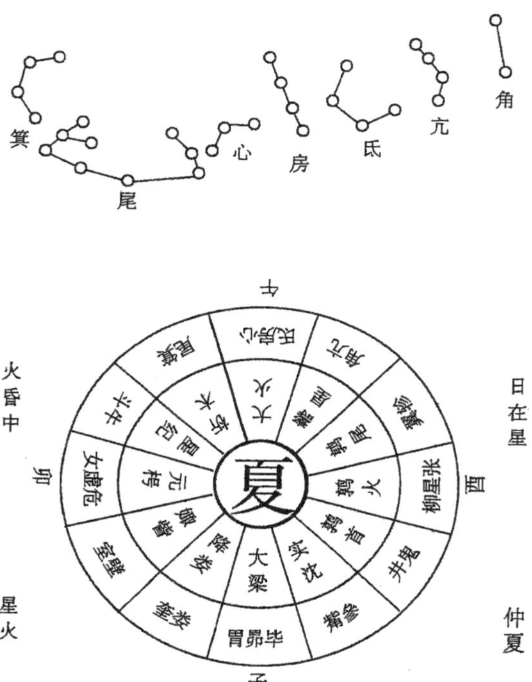

람들은 봄의 하늘을 천문관찰의 기점으로 삼았기 때문이다. 즉 관찰의 기점인 봄의 성상은 동방창룡, 남방주작, 서방백호, 북방현무로 나타나지만 성상은 변화하므로 계절에 따른 별자리가 달라지는 것이다. 이것은 「설괘전」에서 "제帝가 진震에서 나온다. 진은 동방이다."[12]고 한 것에서 알 수 있다.

12) 「설괘전」, "帝出乎震 震東方也"

〈표 44〉 가을의 사상 위치도

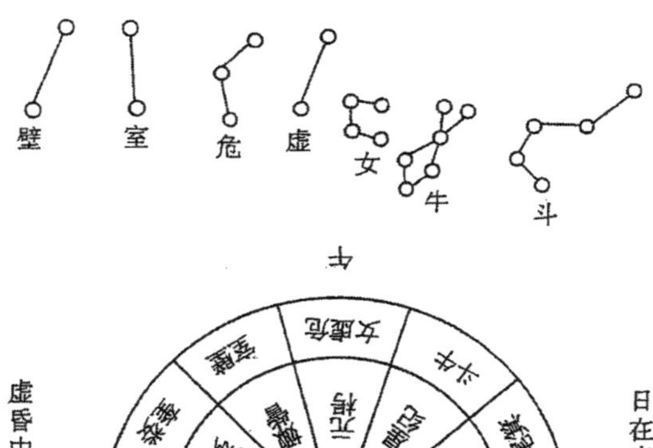

3) 북극과 북두칠성

(1) 북극성

동양 고대인들은 하늘의 별자리를 북극성을 중심으로 4방(혹은 4상), 28수 체계로 정리했다. 여기서 4방 혹은 4상에 중앙의 북극성을 더하면 5방 내지 5행이 되는 것이다.

앞서 성신星辰을 설명할 때 말한 바와 같이 신辰은 일반적으로 하늘의 북극 즉 북신北辰을 가리킨다. 하지만 여기서는 성좌의 이름으로서 북극성을 의미한다.

북극성은 하늘의 별자리를 3원, 4상으로 구분할 때 3원 중에서는

〈표 45〉 겨울의 사상 위치도

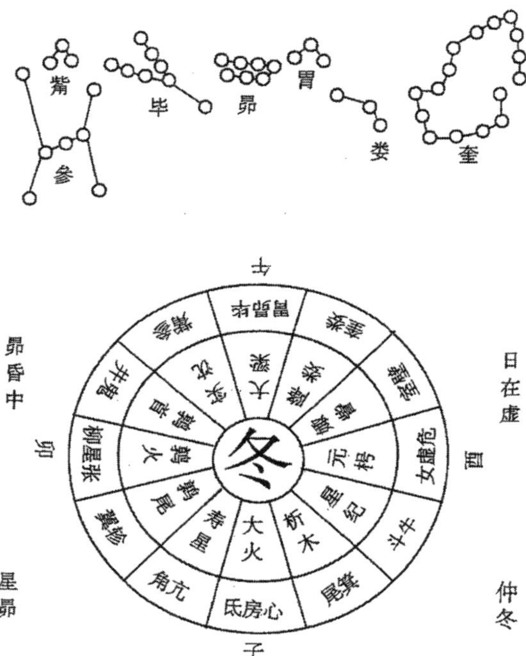

중원인 자미원의 중앙에 위치하며, 4상으로 말하면 역시 4상의 중앙 부분에 자리한다.

북극성은 하늘의 중앙에 위치하여 움직이지 않고, 나머지 다른 별들이 북극성을 중심으로 회전한다.

즉 천구天球는 북극성을 하늘의 축으로 삼고, 북두칠성을 지도리로 하여 동에서 서를 향하여 쉬지 않고 돌아간다.

그러므로 북두칠성의 자루가 가리키는 방향이 끊임없이 이동하고, 이렇게 북두성의 자루가 움직이며 가리키는 360도의 방향을 12차로 나누어서 차례대로 월月과 시진時辰을 구분할 수 있는 것이다.

〈표 46〉 북극성 구성도

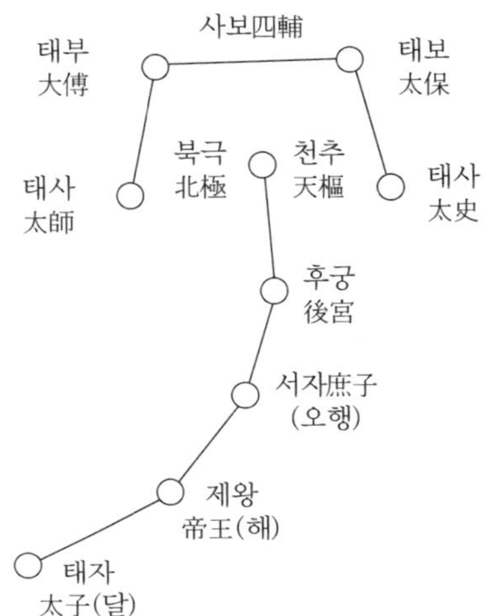

북극성은 태자太子 · 제왕帝王 · 서자庶子 · 후궁後宮 · 북극北極(또는 천추天樞)의 5개 별로 구성된다.

북극성을 이루는 5개의 별은 각자 역할이 있다. 즉 1번의 태자는 달을 주관하고, 2번 제왕은 해를 주관하고, 3번 서자는 오행을 담당하고, 4번 후궁과 5번 천추는 태자의 안위에 관계된다고 한다.

하늘의 별 가운데 북극성의 다섯 별이 가장 존귀하지만 그 중에서도 5번 별인 천추만을 북극성이라고 부르기도 한다.

(2) 북두성

① 북두성의 별 이름

북두성北斗星은 천추天樞 · 천선天璇 · 천기天璣 · 천권天權 · 옥형玉衡 · 개양開陽 · 요광搖光의 7개 별로 이루어진다. 그래서 북두칠성北斗七星

이라고도 한다.

북두칠성 가운데 천추·천선·천기·천권의 4개 별을 괴魁라고 하고, 옥형·개양·요광의 3개 별은 표杓라고 한다. 또 『상서위尙書緯』에서는 괴를 선기璇璣, 표를 옥형玉衡이라고 부른다.

칠성의 명칭은 문헌에 따라 다양하다. 『황제두도黃帝斗圖』는 순서대로 탐랑貪狼·거문巨門·녹존祿存·문곡文曲·염정廉貞·무곡武曲·파군破軍이라고 한다.

『공자원진경孔子元辰經』은 양명성陽明星·음정성陰精星·진인성眞人星·현명성玄冥星·단원성丹元星·북극성北極星·천개성天開星이라고 하며, 『둔갑경遁甲經』은 괴진성魁眞星·괴원성魁元星·권구극성權九極星·괴세성魁細星·필강성魓剛星·보기성魒紀星·표현양성飄玄陽星이라고 칭한다.

② 칠정과 북두칠성

앞에서 일월오성을 칠정七政이라고 했다. 그런데 하늘에서는 북극성이 중심축이 되고, 북두성이 지도리역할을 하여 돌면서 4방·8방·24향을 가리킨다.

즉 북두성의 자루가 가리키는 방향에 따라 사시사철·24절기와 매달의 바뀜, 음양오행의 변화가 가려진다. 예를 들어 북두성의 자루가 자子방을 가리키면 달로는 자월을 나타내며 시간은 자시가 된다. 또 인寅방을 가리키면 인월이 되고 인시가 된다.

다시 말해 북두성이 하늘의 황제인 북극의 지시에 따라 칠정을 부린다고 한다. 한편에서는 북두칠성을 칠정이라고 부르기도 한다.

③ 칠성별 역할

첫째 별은 정성正星이라고 하여 하늘 내지는 천자天子의 모습(상象)으로 양陽의 덕을 주관한다.

둘째 별은 법성法星으로서 땅이 되며, 음성적陰性的 일과 형벌을 주관한다. 황후(여주女主)의 상이다.

셋째 별은 영성令星으로서 재해를 주관하며, 사람이 된다.

넷째 별은 벌성伐星으로서 천리天理에 따라 무도함을 벌하며, 때(시時)가 되고, 물(수水)이 된다.

다섯째 별은 살성殺星으로서 중앙을 관장하며 사방을 돕고, 죄가 있으면 죽이며, 음이 되고, 토土가 된다.

여섯째 별은 위성危星으로서 천창天倉의 오곡을 주관하며, 법령이 되고, 목木이 된다.

일곱째 별은 응성應星으로서 병사에 관한 것을 주관하며, 성星이 되고, 금金이 된다.

〈표 47〉 북두칠성 명칭도

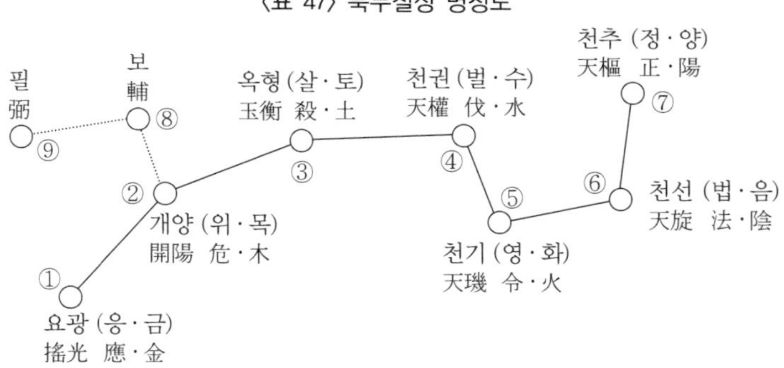

① 파군, ② 무곡, ③ 염정 3성은 표杓라 하고
④ 문곡, ⑤ 녹존, ⑥ 거문, ⑦ 탐랑 4성은 괴魁라 함

4) 28수

앞서 4상을 말하면서 28수의 이름은 모두 소개가 됐다. 여기서는 28수에 대한 개략과 28수에 딸린 별의 이름을 알아보는 선에서 정리해본다.

(1) 동방칠수

① 각수角宿

각수는 2개의 주홍색별이 남북으로 바르고 곧게 배열돼 있다. 주천도수 중에서 12도를 담당한다.

딸린 별은 각角, 평도平道, 천전天田, 진현進賢, 주정周鼎, 천문天門, 평平, 고루庫樓, 주형柱衡, 남문南門 등 10개다.

② 항수亢宿

항수는 네 개의 주홍색 별로 이루어졌으며, 활모양과 비슷하고 주천도수 중에서 9도를 맡고 있다.

항수에 속한 별은 항亢, 대각大角, 절위折威, 섭제攝提, 돈완頓頑, 양문陽門 등 6개다.

③ 저수氐宿

저수는 네 개의 주홍색 별이 말(두斗)을 기울여 쌀을 되는 형상이다. 주천도수에서 15도를 맡는다.

딸린 별은 저氐, 천유天乳, 초요招搖, 경하梗河, 제석帝席, 항지亢池, 기관騎官, 진거陣車, 거기車騎, 천폭天輻, 기진장군騎陣將軍 등 11개다.

④ 방수房宿

방수는 네 개의 주홍색 별이 곧바로 아래로 향한 모습이다. 주천도수에서 5도를 담당한다.

딸린 별은 방房, 건폐鍵閉, 구검鉤鈐, 벌罰, 양함兩咸, 일日, 종관從官 등 7개다.

⑤ 심수心宿

세 개의 붉은 색 별로 구성됐으며, 주천도수에서 5도를 담당한다.

딸린 별은 심心, 적졸積卒 2개다.

⑥ 미수尾宿

갈고리 모양의 9개의 붉은 색 별로 이루어졌으며, 주천도수 18도를 담당한다.

딸린 별은 미尾, 구龜, 천강天江, 부열傅說, 어魚, 신궁神宮 등 6개다.

⑦ 기수箕宿

네 개의 붉은 색 별로 곡식을 까부르는 키(기箕)의 모습을 하고 있다. 주천도수 11도를 맡는다.

딸린 별은 기箕, 목저木杵, 강糠 등 3개다.

(2) 남방칠수

① 정수井宿

여덟 개의 주홍색 별이 횡으로 두 줄을 지어 있다. 주천도수의 33도를 담당한다.

딸린 별은 동정東井, 월鉞, 양하兩河, 천준天樽, 오제후五諸侯, 적수積水, 적신積薪, 수부水府, 수위水位, 사독四瀆, 군시軍市, 야계野鷄, 장인丈人, 자손子孫, 관구關丘, 랑狼, 호弧, 노인老人 등 18개다.

② 귀수鬼宿

네 개의 주홍색 별이 정방형의 나무궤짝 모양을 하고 있다. 주천도수의 4도를 담당한다.

딸린 별은 여귀與鬼, 적시積尸, 관爟, 천구天狗, 외주外廚, 천사天社, 천기天紀 등 7개다.

③ 류수柳宿

여덟 개의 주홍색 별이 머리를 구부려서 버드나무 가지가 땅에 드리운 모습을 하고 있다. 주천도수 15도를 맡고 있다.

딸린 별은 류柳, 주기酒旗 2개다.

④ 성수星宿

주홍색 별 일곱 개가 낚시바늘처럼 유柳수 아래 위치한다. 주천도수 7도를 맡는다.

딸린 별은 성星, 헌원軒轅, 내평內平, 천상天相, 직稷 등 5개다.

⑤ 장수張宿

장수는 여섯 별이 진수軫宿와 비슷한 형태로 성수星宿 곁에 위치하며, 주천도수의 18도를 담당한다.

딸린 별은 장張, 천묘天廟가 있다.

⑥ 익수翼宿

모두 22개의 주홍색 별로 이루어졌으며, 주천도수의 18도를 담당한다.

딸린 별은 익翼, 동구東甌가 있다.

⑦ 진수軫宿

네 개의 별로 이루었으며, 장수張宿와 비슷한 모습으로 익수와 가깝다. 주천도수의 17도를 담당한다.

딸린 별은 진軫, 장사長沙, 좌할우할左轄右轄, 군문軍門, 사도司徒 혹은 토사공土司空, 청구靑丘, 기부器府 등 7개가 있다.

(3) 서방칠수

① 규수奎宿

규는 열여섯 개의 별로 이루어졌으며, 허리부분이 가늘고 머리부분이 뾰족한 해진 신발모양을 하고 있다. 주천도수의 16도를 맡는다.

딸린 별은 규奎, 외병外屛, 천혼天溷, 토사공土司空, 군남문軍南門, 각도閣道, 부로附路, 왕량王良, 책策이 있다.

② 루수婁宿

루수는 세 개의 별로 이루어졌으며, 주천도수의 12도를 담당한다.

딸린 별은 루婁, 좌경左梗, 우경右梗, 천창天倉, 천유天庾, 천장군天將軍이 있다.

③ 위수胃宿

위수는 세 개의 별이 솥의 다리 형상을 하고 은하수 밑에 위치한다. 주천도수의 14도를 담당한다.

딸린 별은 위胃, 천름天廩, 천균天囷, 대릉大陵, 천선天船, 적시積尸, 적수積水가 있다.

④ 묘수昴宿

묘수는 7개의 별이 하나의 별처럼 모여 있으며, 주천도수의 11도를 맡는다.

딸린 별은 묘昴, 천하天河, 월月, 천음天陰, 추고芻藁, 천원天苑, 권설卷舌, 천참天讒, 여석礪石이 있다.

⑤ 필수畢宿

필수는 여덟 개의 별이 마치 오이의 갈래처럼 나와 있으며, 주천도수의 16도를 담당한다.

딸린 별은 필畢, 부이附耳, 천가天街, 천절天節, 제왕諸王, 천고天高, 구주주구九州珠口, 오거五車, 삼주三柱, 천황天潢, 함지咸池, 천관天關, 삼기參旗, 구유九斿, 천원天園이 있다.

⑥ 자수觜宿

자수는 세 개의 별이 서로 가까이서 꽃술을 만들고 있다. 주천도수의 2도를 담당한다.

딸린 별은 자觜, 좌기坐旗, 사괴司怪가 있다.

⑦ 삼수參宿

10개의 별로 된 삼수는 자수와 서로 영역을 침범한다. 주천도수의 9도를 담당한다.

딸린 별은 삼參, 벌伐, 옥정玉井, 병屛, 군정軍井, 천측天厠, 천시天屎가 있다.

(4) 북방칠수

① 두수斗宿

두수는 여섯 개의 별로 이루어졌으며, 자미원의 북두칠성과 비슷하다. 주천도수의 26과 1/4도를 담당한다.

딸린 별은 두斗, 천변天弁, 입立, 별鼈, 천계天鷄, 천약天鑰, 구국狗國, 천연天淵, 구狗, 농장인農丈人이 있다.

② 우수牛宿

우수는 여섯 별로 이루어졌으며, 주천도수의 8도를 담당한다.

딸린 별은 우牛, 천전天田, 구감九坎, 하고河鼓, 직녀織女, 좌기우기左旗右旗, 천부天桴, 나언羅堰, 점대漸臺, 연도輦道가 있다.

③ 여수女宿

여수는 4개의 별이 기旗 같은 모습을 하고, 주천도수의 12도를 담당한다.

딸린 별은 여女, 십이국十二國, 이주離珠, 포과匏瓜, 패과敗瓜, 천진天津, 해중奚仲, 부광扶筐이 있다.

④ 허수虛宿

허수는 두 개의 별이 각기 위와 아래로 구슬을 이은 것 같은 모습이며, 주천도수의 10도를 담당한다.

딸린 별은 허虛, 사명司命, 사록司祿, 사위司危, 사비司非, 곡哭, 읍

泣, 천루성天壘城, 패구敗臼, 이유離瑜가 있다.

⑤ 위수危宿

위수는 세 별이 곧지 않게 놓여 있으며, 주처도수의 17도를 담당한다.

딸린 별은 위危, 인성人星, 저杵, 구臼, 거부車府, 천구天鉤, 조보造父, 분묘墳墓, 허량虛梁, 천전天錢, 개옥蓋屋이 있다.

⑥ 실수室宿

실수는 2개의 별로 이루어졌으며, 주천도수의 16도를 맡는다.

딸린 별은 실室, 이궁離宮, 뇌전雷電, 누벽진壘壁陳, 우림羽林, 부월鈇鉞, 북락사문北落師門, 팔괴八魁, 천강天綱, 토공리土公吏, 등사螣蛇가 있다.

⑦ 벽수壁宿

벽수는 2개의 별로 이루어져서 주천도수의 9도를 맡는다.

딸린 별은 동벽東壁, 벽력霹靂, 운우雲雨, 천구天廏, 부질鈇鑕이 있다.

4. 12진十二辰과 12차十二次

1) 12차

해와 달은 황도를 따라서 운행한다. 그러면서 매달 1차례씩 만난다. 이것을 회합會合한다고 한다. 해와 달이 회합하는 때가 삭일이다. 이렇게 해와 달이 만나는 곳을 차次라고 한다.

그러므로 황도상에는 12차가 있게 된다. 해와 달이 이렇게 만나는 12곳을 나타내는 용어가 12성차星次다.

12성차는 11월 현효玄枵, 12월 성기星紀, 1월 석목析木, 2월 대화大火, 3월 수성壽星, 4월 순미鶉尾, 5월 순화鶉火, 6월 순수鶉火, 7월 실침實沈, 8월 대량大梁, 9월 강루降婁, 10월 추자娵訾다.

2) 12진

세성으로 기년紀年할 때는 12성차星次로 매년의 이름을 붙였지만 간지로 기년하게 되면서 12진, 즉 12지지가 성차를 대신하게 되었다.

앞의 성차를 12진과 대비하면 현효는 자, 성기는 축, 석목은 인, 대화는 묘, 수성은 진, 순미는 사, 순화는 오, 순수는 미, 실침은 신, 대량은 유, 강루는 술, 추자는 해가 된다.

3) 12분야

하늘과 땅과 사람은 서로 대응한다는 사상에 의하여 하늘의 차와 땅의 분야가 서로 대응한다는 논리에서 나온 것이다.

예를 들면 하늘의 12차 중 현효는 땅에서는 중국의 제나라와 청주, 성기는 오.월과 양주, 석목은 연과 유주 등의 지역에 대응한다는 것이다.

4) 28수와 차·진·분야의 관계

하늘의 주천 360도를 12등분하여 12차와 12진이라고 하고, 이것을 땅에도 대응하였으므로 역시 주천 360도를 담당하는 28수로 12차, 12진, 12분야와 대응시킬 수 있는 것이다.

〈표 48〉 12차·12진·28수 대응표

十二星次	寿星	大火	析木	星纪	玄枵	娵訾	降娄	大梁	实沈	鹑首	鹑火	鹑尾
二十八宿	角亢	氐房心	尾箕	斗牛	女须虚	危室壁	奎娄	胃昴	毕觜参	东井舆鬼	柳星张	翼轸
地之分野	郑兖州	宋豫州	燕幽州	吴越杨州	齐青州	卫并州	鲁徐州	赵冀州	魏益州	秦雍州	周三河	楚荆州
二十辰	辰	卯	寅	丑	子	亥	戌	酉	申	未	午	巳

〈표 49〉 북두성·28수와 절기 대응도

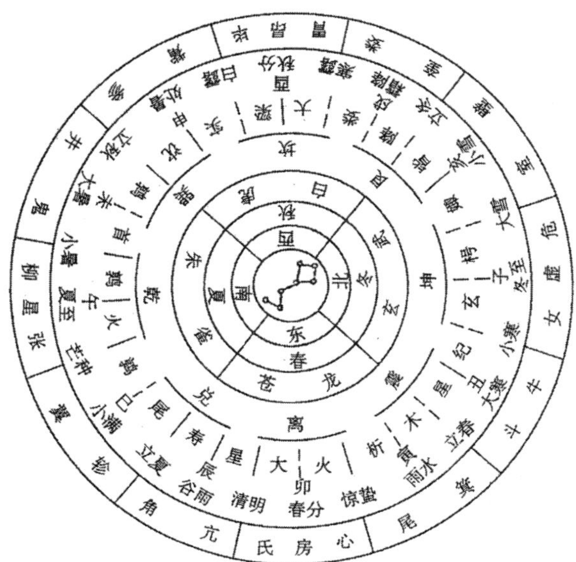

5) 세차歲差

북극성과 28수는 비교적 항상 고정된 천체이다. 하지만 실제로는 극미하게 이동하므로 많은 시간이 지나서야 비로소 이들 별이 이동한 것을 알 수 있다.

그러나 고대인들도 오랫동안 항성을 관찰하면서 항성이 이동하는 현상을 발견했다. 이것을 세차歲差라고 하는 것이다.

북두극성도 대략 70년에 1도 가량 서쪽으로 이동한다고 한다.

5. 역괘易卦와 28수

1) 괘와 28수의 대응

『주역』 64괘 가운데는 거꾸로 놓으나 바로 놓으나 변하지 않는 부도전괘가 8개 있다. 곧 건乾 곤坤 감坎 이離괘와 대과大過 소과小過 중부中孚 이頤괘가 해당된다.

64괘에서 이들 8개 부도전괘를 제외하면 나머지56개 괘는 도전괘로서 사실상 28개 괘가 된다. 그러므로 부도전괘 8개와 도전괘 28개를 합하면 역괘는 모두 36개인 셈이다.

그런데 부도전괘 8개 가운데 하늘을 나타내는 건괘를 북극으로 보고, 나머지 7개 부도전괘는 7정으로 배치하고, 도전괘 28개 괘를 28수의 위치에 놓고 원도를 작성하면 36괘궁도와 일치한다.

〈표 50〉 28수와 역괘 36궁도

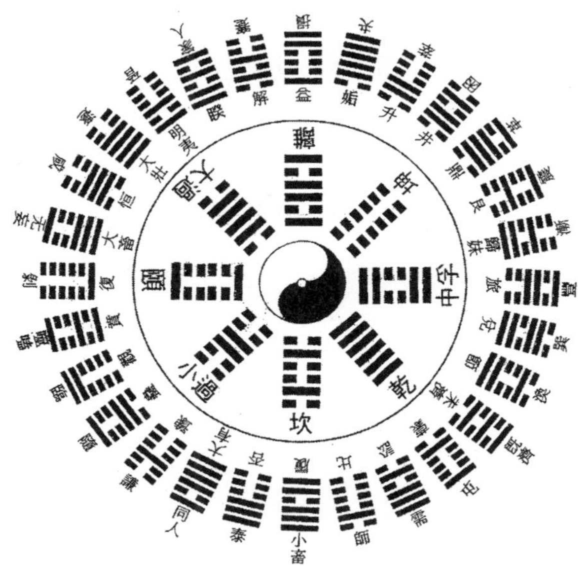

2) 28수에 의한 역의 해석

지금까지 역학과 관련한 천문의 개략을 살펴봤으므로 이제 성상星象과 역에 관련된 부분들을 이야기해보자.

「계사전」은 역은 복희씨가 천문을 관찰하여 지은 것이라고 한다. 이 대목에 대한 일반적 해석은 "우러러 하늘의 상을 관찰하고, 굽혀서 땅의 이치를 살피며, 새와 짐승의 무늬와 천지의 마땅함을 관찰하여 …… "[13]라고 한다.

그런데 문제의 인용 글 중에서 '새와 짐승의 무늬'라고 하는 부분의 일반적 해석이 과연 본의에 부합하는 것인지 의문을 갖지 않을

---

13) 「계사전」 하2장, "仰則觀象於天文 俯則觀法於地 觀鳥獸之文與地之宜 ……"

수 없다. 이 문제의 해답을 제시하기 전에 먼저 몇 가지 분석을 해보기로 한다.

먼저 인용한 「계사전」의 "우러러 하늘의 상을 관찰하고, 굽혀서 땅의 이치를 살피며, 새와 짐승의 무늬와 천지의 마땅함을 관찰하여 ……"라는 대목의 문장 구성을 보자. 이 말의 요지는 복희씨가 하늘의 상과 땅의 이치를 관찰하였는데, 그 관찰대상은 하늘에서는 '조수지문鳥獸之文', 땅에서는 '지지의地之宜'이라는 것이다.

그렇다면 '조수지문'은 하늘에서 '새와 짐승의 무늬'라는 말이 된다. 물론 하늘을 나는 새가 있을 수 있지만 짐승은 땅에 발을 붙이고 사는 동물이다. 새 또한 하늘을 날지만 천문에 포함되는 하늘을 나는 것이 아니고, 지구의 대기권을 나는 것에 불과하다.

이런 분석을 토대로 '조수지문'에 대한 일반적 해석을 생각해보면 논리적으로나 현실적으로 적절하지 않다는 사실을 금방 알 수 있다.

그러면 '조수지문'의 적절한 해석은 어떻해야 될까.

앞서 하늘의 성상은 북극을 중심으로 4상 28수로 구분할 수 있음을 알았다. 그리고 4상에는 동창룡, 남주작(주작은 새를 말함), 서백호, 북현무(현무는 신령스런 거북이라는 의미가 있음)라는 조수의 명칭이 붙어 있다. 또 '문文'이라는 글자는 '무늬'라는 뜻도 있지만 '상象'의 의미도 있다는 것을 고대 문헌이 확인하고 있다.

따라서 '조수지문'은 '창룡, 백호, 주작, 현무라고 표현되는 4상 28수의 천체성상'이라고 해석해야 적절하다고 할 수 있다.

이처럼 『역경』과 『역전』에는 천체성상에 관한 내용이 산재한다. 예를 들면 건乾괘의 여섯 효 가운데 3효와 4효를 제외하고 나머지 4개 효사에는 '용龍'이 등장한다. 하늘의 4상 가운데 창룡에서 연유한 것이다. 또 건괘 효사 중에는 '재전在田', '재연在淵' 등이 나오는

데, 이 역시 하늘의 28수에 속한 별들인 '천전天田', '천연天淵'과 관련이 있다.

또 택화혁澤火革괘의 구오 효사 "대인이 호랑이 변하듯 하므로(대인호변大人虎變)"나 천택리괘의 괘사 "호랑이 꼬리를 밟아도(이호미履虎尾)", 산뢰이山雷頤괘의 초구 효사 "사이영구舍爾靈龜", 풍뢰익風雷益괘의 육이 효사 "익지십붕지구益之十朋之龜", 뇌산소과雷山小過괘 괘사 "비조유지음飛鳥遺之音" 등에도 하늘의 사상을 나타내는 조수의 이름이 등장한다.

그러므로 『주역』을 제대로 알기 위해서는 무엇보다 먼저 천문에 대한 이해가 필요한 것이다.

참고문헌

『論語』

『孟子』

『老子』

『莊子』

『管子』

『列子』

『尙書』

『詩經』

『史記』

『新唐書』

『舊唐書』

『漢書』

『後漢書』

『晉書』

『隋書』

『周禮』

『禮記』

『朱子語類』

『性理大全』

許愼, 『說文解字』, 中華書局, 2009.

呂不韋 門客 저, 關賢柱 등 역주, 『呂氏春秋全譯』, 중국 貴州人民出版社, 1997.

左丘明 저, 『春秋左傳全譯』, 중국 貴州人民出版社, 1996.

廖中 저, 『五行精紀』, 중국 華齡出版社, 2010.

鄧球柏 저, 『帛書周易校釋』, 중국 湖南人民出版社, 2002.
張其成 주편, 『易學大辭典』, 중국 華夏出版社, 1995.
吳洛 저, 『中國度量衡史』, 대만 商務印書館, 민국 64.
劉安 저, 『白話淮南子』, 岳麓書社, 1998.
瞿縣悉達 저, 『開元占經』, 중국 九州出版社, 2012.
鄒學熹 저, 『易經易學教材6種』, 중국 中醫古籍出版社, 2006.
權依經 등 편저, 『五雲六氣詳解與應用』, 중국 甘肅科學技術出版社, 2008.
江曉原 저, 『天學眞原』, 중국 遼寧教育出版社, 2004.
常秉義 등 저, 『六十四卦與歷史』, 중국 中央編譯出版社, 2010.
盧央 저, 『中國古代占星學』, 中國科學技術出版社, 2007.
常秉義 저, 『周易與曆法』, 중국 中央編譯出版社, 2009.
陳遵嬀 저, 『中國天文學史』, 대만 明文書局, 민국 74.
陳來 저, 『竹簡 五行篇講稿』, 중국 三聯書店, 2012.
李尙信 등 整理, 『周易圖釋精典』, 중국 四川出版集團, 2004.
劉大鈞 등 저, 『象數精解』, 중국 四川出版集團, 2004.
聞晨植 저, 『五行結構論』, 중국 學林出版社, 2012.
任俊華 저, 『易學與儒學』, 中國書店, 2001.
梁韋弦 저, 『漢易卦氣學研究』, 중국 齊魯書社, 2007.
郭彧 저, 『京氏易傳導讀』, 중국 齊魯書社, 2003.
翟奎鳳 저, 『以易測天』, 中國社會科學出版社, 2012.
焦延壽 저, 尙秉和 주, 『焦氏易林注』, 중국 光明日報出版社, 2005.
焦延壽 저, 尙秉和 주, 『焦氏易詁』, 중국 光明日報出版社, 2005.
焦延壽 저, 尙秉和 주, 『周易尙氏學』 중국 光明日報出版社, 2005.
黃道周 찬, 『易象正』, 중국 中華書局, 2011.
朱伯昆 저, 『易學哲學史』, 昆侖出版社, 2005.
朱伯昆 주편, 『易學基礎教程』, 중국 九州出版社, 2011.
邵雍 저, 常秉義 注釋, 『皇極經世導讀』, 中央編譯出版社, 2011.
宋錫同 저, 『邵雍易學與新儒學思想研究』, 중국 華東師範大學出版社, 2011.
周敦頤 저, 『周敦頤集』, 중국 岳麓書社, 2002.

尙宏觀 저, 『周易自然觀』, 중국 山西出版集團, 2008.
張景岳 저, 『類經圖翼』, 중국 四川出版集團, 2013.
路日亮 저, 『天人和諧論』, 中國商業出版社, 2010.
盧央 저, 『易學與天文學』, 中國書店, 2003.
侯敏 저, 『易象論』, 北京大學出版社, 2006.
黃宗羲 찬, 『易學象數論』, 중국 九州出版社, 2007.
朱震 찬, 『漢上易傳』, 중국 九州出版社, 2012.
來知德 찬, 『周易集注』, 중국 九州出版社, 2004.
程顥 程頤 찬, 『二程集』, 中華書局, 2006.
張載 찬, 『張載集』, 中華書局, 2006.
李鼎祚 찬, 『周易集解』, 중국 九州出版社, 2003.
王弼 韓康伯 주, 孔穎達 소, 『周易正義』, 중국 九州出版社, 2004.
揚雄 찬, 司馬光 집주, 『太玄集注』, 中華書局, 2006.
胡渭 찬, 『易圖明辨』, 中華書局, 2008.
張隱庵 저, 『黃帝內經靈樞集注』, 山西科學技術出版社, 2012.
牛兵占 肖正權 주편, 『黃帝內經素問譯注』, 중국 中醫古籍出版社, 2009.
王弼 저, 樓宇烈 교석, 『王弼集校釋』, 中華書局, 2009.
邵雍 저, 『邵雍集』, 中華書局, 2010.
田合祿 田峰 저, 『周易眞原』, 山西科學出版社, 2006.
黃朴民 저, 『天人合一』, 중국 岳麓書社, 1999.
張其成 저, 『象數易學』, 中國書店, 2003.
林忠軍 저, 『易緯導讀』, 齊魯書社, 2003.
김석진 역, 『주역전의대전』, 대유학당, 2006.
고회민 저, 신하령 등 역, 『상수역학』, 신지서원, 1994.
고회민 저, 숭실대동양철학연구실 역, 『중국고대역학사』, 숭실대학교출판부, 1994.
심재열 강술, 『연해자평정해』, 명문당, 2004.
소길 저, 김수길 윤상철 공역, 『오행대의』, 대유학당, 2008.
이순지 저, 김수길 윤상철 공역, 『천문유초』, 대유학당, 2001.

이문규 저, 『고대 중국인이 바라본 하늘의 세계』, 문학과지성사, 2000.
정해임 저, 『주역과 율려』, 소강, 2007.
김병훈 저, 『율려와 동양사상』, 예문서원, 2004.
주춘재 저, 김남일 강태의 역, 『의역동원 역경』, 청홍, 2003.
료명춘 등 저, 심경호 역, 『주역철학사』, 예문서원, 2004.
채원정 저, 이후영 역주, 『율려신서』, 문진, 2011.
좌구명 저, 『국어』, 인산사랑, 2005.
한동석 저, 『우주변화의 원리』, 행림출판사, 1993.
김진희 저, 『주역 읽기 첫걸음』, 보고사, 2012.
김진희 저, 『주역의 근원적 이해』, 보고사, 2010.
주희 저, 김상섭 해설 『역학계몽』, 예문서원, 1999.
주백곤 저, 김학권 역, 『주역산책』, 예문서원, 2000.
김수길 윤상철 공역, 『주역입문2』, 대유학당, 2007.
이은성 저, 『역법의 원리분석』, 정음사, 1985.
곽신환 저, 『주역의 이해』, 서광사, 2003.
소옹 저, 노양규 역, 『황극경세서』, 대원출판사, 2002.
이창일 박사학위논문, 「소강절의 선천역학과 상관적 사유」, 한국학중앙연구원, 2004.
김진희 박사학위논문, 「문왕서법과 경방서법의 비교연구」, 공주대학교대학원, 2008.

▮ 김진희

한문 교육학박사
저서 : 『주역의 근원적 이해』, 보고사, 2010.
『주역 읽기 첫걸음』, 보고사, 2012.

알기 쉬운 상수역학象數易學

2013년 8월 26일 초판 1쇄 펴냄
2015년 11월 6일 초판 2쇄 펴냄

지은이 김진희
펴낸이 김흥국
펴낸곳 도서출판 보고사

책임편집 이경민
표지디자인 오동준

등록 1990년 12월 13일 제6-0429호
주소 경기도 파주시 회동길 337-15 보고사 2층
전화 031-955-9797(대표)
02-922-5120~1(편집), 02-922-2246(영업)
팩스 02-922-6990
메일 kanapub3@naver.com / bogosabooks@naver.com
http://www.bogosabooks.co.kr

ISBN 979-11-5516-054-1 03180

정가 15,000원

이 도서의 국립중앙도서관 출판시도서목록(CIP)은 서지정보유통지원시스템 홈페이지(http://seoji.nl.go.kr)와 국가자료공동목록시스템(http://www.nl.go.kr/kolisnet)에서 이용하실 수 있습니다. (CIP제어번호: CIP2013012432)